高中数学教与学的实践与研究

刘志红 ◎ 著

问题提出的数学教学研究　　高中数学教学策略的研究
培养思维能力的教学探究　　探究数学教学的有效性

从刚踏上讲台的第一天起,我就开始了对"理想数学课堂"的苦苦追寻,30多年来的不懈努力,构建了我对数学课堂的基本观念,即"简约而不简单"

光明日报出版社

图书在版编目（CIP）数据

高中数学教与学的实践与研究 / 刘志红著. -- 北京：光明日报出版社，2018.9
ISBN 978-7-5194-4665-9

Ⅰ.①高… Ⅱ.①刘… Ⅲ.①中学数学课—教学研究—高中 Ⅳ.①G633.602

中国版本图书馆 CIP 数据核字（2018）第 224153 号

高中数学教与学的实践与研究
GAOZHONG SHUXUE JIAOYUXUE DE SHIJIAN YU YANJIU

著　　者：刘志红	
责任编辑：王　庆	责任校对：赵鸣鸣
封面设计：中联学林	责任印制：曹　净

出版发行：光明日报出版社
地　　址：北京市西城区永安路 106 号，100050
电　　话：010-67078251（咨询），63131930（邮购）
传　　真：010-67078227，67078255
网　　址：http://book.gmw.cn
E - mail：wqer@126.com
法律顾问：北京德恒律师事务所龚柳方律师
印　　刷：三河市华东印刷有限公司
装　　订：三河市华东印刷有限公司
本书如有破损、缺页、装订错误，请与本社联系调换

开　　本：170mm×240mm	
字　　数：221 千字	印　张：14
版　　次：2019 年 1 月第 1 版	印　次：2019 年 1 月第 1 次印刷
书　　号：ISBN 978-7-5194-4665-9	
定　　价：55.00 元	

版权所有　　翻印必究

前　言

著名的美国心理学家布鲁纳认为：任何学科的内容都可以用更为经济、富有活力的简约方式表达出来，从而使学习者易于掌握。我心中理想的"数学课堂"所追求的简约化，并不是单纯的简单化，它是一种教学的策略。教师要善于将各种知识模块、教学要素有机整合，用最低的教学成本取得最大的教学效益。

从刚踏上讲台的第一天起，我就开始了对"理想数学课堂"的苦苦追寻，30多年来的不懈努力，构建了我对数学课堂的基本观念，即"简约而不简单"。我始终认为，课堂教学上不能有太多的情境或环节，但内容要充实丰满；语言不能有过多的华丽辞藻，但要能使学生心领神会；不能盲目地追求现代媒体，而要充分发挥传统教学手段的功效。因为简约的数学课堂教学，是情节明快、集中，便于学生集中精力和时间对问题做深入有效的研究讨论，可以避免繁杂的情节造成教师的调控失衡而顾此失彼，可以避免使学生因应接不暇而思路混乱，新课程追求的应是复杂中的简约，简约才是内功，简约才叫真实，简约才会有用，简约才算艺术，才是教育的真谛，才是教改的目标。"简约"的数学课堂，意味着学生有足够的时间潜心会文，学生有足够的空间表现自我，教师有足够的机会促进生成，化繁为简，以简驭繁。

在高中新课程改革的背景下，我渐渐明白，理想的数学课堂是"为学生的数学学习服务"的，是引领学生自主建构的过程，是真实有效的师生互动过程，是以动态生成的方式推进教学活动的过程，是追求真实自然下的动态生成……真实的课堂摒弃演练和作假；有效的课堂追求简单和实用；互动的课堂讲究对话和共享；生成的课堂需要耐心和智慧。追求简简单单教数学，扎扎实实促发展。

"大道至简"数学课只有追求更高层次的简约求实的境界才会彻底解放学生，才能充分展示教师的个性，为学生的数学学习提供持续的动力，这才是我心中理想的数学课堂。

目 录
CONTENTS

第一章 问题提出的数学教学研究 …………………………… 1
  一、数学问题提出研究的意义 / 3
  二、数学问题提出研究的理论依据 / 9
  三、高中数学问题提出研究的方法 / 16
  四、数学问题提出的教学实践 / 25
  五、数学问题提出研究的教学成效与思考 / 51

第二章 高中数学教学策略的研究 …………………………… 58
  一、数学教学策略研究的意义 / 58
  二、数学教学策略研究的理论依据 / 69
  三、高中数学教学策略 / 81
  四、高中数学教学策略运用的调查 / 114
  五、教师教学策略运用的案例与分析 / 121
  六、优化教学策略的思考 / 130

第三章 培养思维能力的教学探究 …………………………… 145
  一、课堂教学中,思维能力的培养 / 145
  二、解题教学中,学生直觉思维能力的培养 / 148
  三、学生创新能力的培养 / 157

四、单元教学培养思维的系统性 / 162

五、案例分析与思考——"函数教与学" / 170

第四章 探究数学教学的有效性 …………………………… 179

一、"有效教学"的概念及组织形式 / 179

二、让教学发挥更大的作用 / 184

三、初高中数学的衔接教学 / 186

四、信息技术与教学的有效整合 / 192

五、学生数学学习心理探究 / 199

六、数学乐学心理的培养 / 203

七、有效教学设计案例 / 208

第一章

问题提出的数学教学研究

人类创新史和已有的研究表明:所有的创新都源于问题。爱因斯坦曾经说过:提出一个问题往往比解决一个问题更重要,因为解决一个问题也许仅仅是一个科学上的实验技能而已,而提出一个新的问题、新的可能性以及从新的角度看旧的问题,都需要创造性的想象力,而且标志着科学的真正进步。

问题提出已经成为 21 世纪教育关注的新焦点,对问题提出进行专门而系统的研究迫在眉睫。美国的 NCTM 强调提出问题的重要性,认为"这个活动是做数学的核心"。Wakefield 的研究结果发现,问题提出能力与几种创造潜力有关,并能够对创造潜力做出预测。Wertheimer 认为,在重大的发现中,最重要的是发现问题,提出丰富的问题通常是比找出一个问题的解决方法更重要、更伟大的成就。Beveridge 将能否发现合适的研究问题作为学生是否具有研究天赋的一个标准。我国学者郑毓信也指出:"我们不能将创新唯一地理解为'问题解决',努力培养学生提出问题的能力是素质教育,特别是创新精神的必然要求。"[①]由此可见,善于提出问题是当今教育最重要的基础方法。为培养有创新精神的人才,我国此次新课程改革中各科均将探究列为课程标准的主要组成部分,而提出问题的能力又居于探究要素之首。集合论的奠基人康托尔提出:"在数学的领域中,提出问题的艺术比解答问题的艺术更为重要(引自中科院网)。"

数学始终以问题为中心,是借助问题提出与问题解决得以发展的。因此

---

① 李祥兆.基于问题提出的数学学习——探索不同情境中学生问题提出与问题解决的关系[D].华东师范大学博士学位论文,2006

问题提出的数学教学为培养学生的创造和创新能力提供了基础。然而，我国的数学教育教学现实是令人担忧的。许多学生的数学学习能力并未随着学习时间的增加而水涨船高，许多数学教师持熟能生巧的古训，缺少向教育科研要效益的意识与能力。在数学教学中，年复一年、日复一日地采取时间战术、题海战术是一种众所周知的表现。教学效率不高还表现在许多升入大学的学生，因为对一些高校的数学教师教学方法注重"实质上"的启发，缺少大量习题的训练而不适应高校的数学学习，这正是中小学数学教学效率不高的后遗症。目前高中生数学学习效率低下，课堂教学多表现为高投入低产出。学生认为数学难学，处于被动应付学习的状态，学得辛苦，课堂吸收率低；教师认为学生笨，教得痛苦，教学效率低。究其原因，一个很重要的因素是教师的课堂教学缺少问题提出。教师的教学重点大多是放在分析问题和解决问题上，问题提出一般都是教师，课堂教学中设置的提问也大多是为分析和解决问题的需要，因此，大部分学生的问题意识和提出问题的能力都非常差。学生的问题意识差，问题提出能力就差，自然学习的主动性就差，上课听讲的效果就差，课后自主学习时就会断章取义，用自己错误的观点指导学习，错上加错，花了很长时间就是积累错误，没有解决问题反而增加了新问题，学生的数学学习热情急剧下降。

基于问题提出的数学教学的重点是要提高学生课堂学习的效率，而学生在课堂学习的高效性的动力来源于学生对数学学习感兴趣，怎样让学生对数学感兴趣，有针对性的问题提出是难点。学生数学观点的提升是课堂学习的高效性的有力保障，学生数学观点的提升又源于对事物的深入认识与理解。怎样让学生真正达到对事物的深入认识与理解呢？有针对性的问题提出能够起到至关重要的作用。在问题提出的教学中，教师应把学生视为自主的、发展的、有潜力的个体，要充分发挥学生的主观能动性，培养学生主体参与意识和创新意识，在课堂上开发学生的创造潜能，提高数学课堂教学的效率。[①]

---

① 韩琴.课堂互动对学生创造性问题提出才能的影响[D].华中师范大学博士学位论文，2008.

一、数学问题提出研究的意义

数学问题提出的研究在当前新课标倡导的核心素养培养大背景下越来越引起人们的关注,究其原因是因为数学问题提出不仅对数学学习有很大的帮助作用,同时也是数学课堂教学的得力助手,是提高教学效率的有力手段,问题提出的相关研究意义深远。

(一)时代发展的需要

当今世界,数学已被世界各国列为核心课程,其与社会发展的紧密性和对社会发展的重要性不言而喻。随着课程目标与课程内容的改革,各国、各地区数学教学也相继进行了改革。美国教学中提倡学生在活动中"做数学",其主要特点是充分体现学生的主体性;英国、荷兰在数学教学中,充分关注学生的个别差异,实行区别化教学,国家课程区别化、教学方式多样性、教材进度灵活性;韩国提出的差别化数学教育课程也充分体现了教学过程的区别化;日本新数学课程,它提倡以学生为主体的数学学习,其纲要提供了大量学生主体性活动的指导:户外活动、制作活动、利用实物探索数量和图形的活动、调查、应用、综合知识、探究、提出新问题的活动等等。

这些事实说明一个现象:数学在时代发展中占有举足轻重的作用,世界各国都重视数学教育改革。中国在这种环境下对数学教育的改革是全新的,开放的。新的数学课程标准特别提出了"提高从数学角度发现和提出问题的能力"。这是因为在数学教育的研究和实践中,人们逐渐体会到问题提出能力的重要性。数学问题提出的数学教学是时代发展的需要。

(二)现实与教学的需要

刚进入高中的学生,时常感到数学难学。一方面是因为数学符号化、形式化加强,高度抽象,另一方面是用字母代替数的思想方法学生不习惯。学生对所学知识理解不到位,思维的层次还是静止的,不能用变化的观点看问题。学生有力使不上,效率低下。随着年级升高,由于学业考与高考的压力,高中教师在课堂教学中主要关注解题方法和解题技巧的训练,高耗低效的熟练度训练与让学生有效率学习相违背,学生学习动力不够,一些数学教师又缺少行之有效的教学手段,学生内在的数学学习兴趣渐渐降低。

现实环境让教师深思:时代发展告诉我们问题提出的能力需要培养,现实中又让我们发现课堂教学的效率急待提高,学生对数学学习的有效性亟待解决。

国内外研究表明:问题提出能使学生在课堂教学中发挥主体作用,勇于提出问题,积极主动地去优化自己的知识结构,丰富自己的知识。这样的教学过程,学生的思维得到启发、思想得以活跃,他们由此可以获得丰富的情感体验,个性品质得到锻炼,主体性得到逐步形成和发展,如果加上教师的正确引导,数学学习效率自然会得到大幅提高。因此,研究基于问题提出的高中数学教学,探索通过提高学生的参与度来提高数学教学效率具有重要的实际意义。

(三)国内外研究的相关理论

1. 国外研究的相关理论

(1)数学教学的一个重要组成部分是"问题提出"

美国教育工作者研究认为数学教学的一个重要组成部分是问题提出。他们在长期教育实践中总结出10条判断和衡量学生学好数学的能力标准:①善于观察,并能作类比、推理的方法表达;②敢于对权威性的观点提出疑问;③凡事喜欢寻根究底,弄清事物的来龙去脉;④能耐心听取别人见解并从中发现问题或受到启发;⑤能发现事物与现象间的逻辑关系;⑥对新鲜事物充满好奇心;⑦凡遇到问题总是喜欢在解决方法上另辟蹊径;⑧具有敏锐的观察能力和提出问题的能力;⑨总是从中发现成功的启示;⑩在学习上常有自己关心的独特的研究课题。上述的多个指标反映了问题提出的重要性。著名数学家阿达玛认为:发现关键的研究问题的能力是优秀的数学天才。努力培养学生提出问题的能力是素质教育,特别是创新精神的必然要求。美国的 NCTM 多次强调提出问题的重要性,并且认为"这个活动是做数学的核心"。其关键是培养学生的观察能力,观察能力强意味着学生问题提出能力也强。当代建构主义教学观认为,我们应意识到将问题提出作为教学活动一部分的重要性。

(2)将"问题提出"视为有效的或更好的解决问题的一种手段

当克尔认为,问题解决包括对初始问题连续的再阐述;对一个复杂问题的解决过程包括提出一些连续的更精炼的问题——更能体现已知信息与目标之间关系的问题。这一系列问题提出的同时,也将总的解决问题的目标分解为一层一层的次目标,通过逐次对次目标的实现,达到对原问题的最终解决。因而,戴维斯也认为:"问题提出与解决应手拉手前进,在探究问题的过程中相互引发。"因为在解决问题的过程中能够让人们提出更多的问题,达到有效的课堂教学气氛,促使学生的思维得到很好的训练。

(3)"问题提出"是一种相对独立的数学活动

全美数学教师委员会认为:我们的数学教学应该给学生提供这样的机会——从给定情境中提出问题,或通过修改已知问题的条件去产生新的问题。美国《数学课程与评价标准》中指出:"在提供的情境中,数学思想是由学生而非教师产生的。"设计培养学生不断产生疑问的情境,鼓励学生成为自我引导性的学习者,常规的从事建构、符号化、应用与概括数学思想。哈特要求学生编数学问题来符合给定的运算,其目的是让学生如何利用具体情境来描绘符号表示。艾勒腾使用创造性写作作为一个窗口来探测学生的数学理解能力,他认为:"学生通过创造自己的问题表达数学观念,不仅展示了他们对数学概念发展的理解和水平,而且也反映了他们对数学本质的理解。"这些理论都在说明问题提出是一种相对独立的数学教学活动,在数学教学中不应该被忽视。

2. 国内研究的相关理论

(1)"提出问题"已经被列入课程目标

我国《普通高中数学课程标准》(2017)在课程目标中提到"提高从数学的角度发现和提出问题的能力、分析和解决问题的能力"。由此可见,我国的课程决策者对提出问题给予了很大的关注。许多研究者从课堂教学的角度对数学问题提出进行了很多有益的探究。

(2)数学"情境—问题"教学

吕传汉和汪秉彝研究了"数学情境与提出问题"的教学对研究性学习的推动作用。他们指出:数学"情境—问题"教学是指中小学生在教师的指导下,从熟悉或感兴趣的数学情境中,通过主动探究,提出问题、研究问题和解决问题的过程,获得适应未来社会生活和进一步发展所必需的数学知识、数学思想方法和应用技能,发展勇于探索创新的科学精神的学习活动,这种教学模式渗透于研究性学习。①

(3)青浦实验

顾泠沅教授作为青浦实验的总设计师,非常重视教学效率。他认为,教学效率是学生的学习收获与教师、学生的教学活动量在时间尺度上的量度。这种量度毫无疑问应以教学目标为根据。青浦数学教学改革实验经过"十年生聚,十年教训"的艰辛历程,获得了数学教学效率得以显著提高的效果。青浦实验之所以大面积提高了数学教学质量,与其在正确的思想指导下是分不开的。他们提出了让所有学生都有效学习的基本原理。

情意原理:

该原理认为激发学习者的动机、兴趣和追求的意向,加强教育者与学习者的感情交流,是促进认知发展的支柱和动力。配合该原理的措施包括:其一,以问题作为出发点。通过认知冲突,激发学生的求知欲望。其二,让学生面对适度的困难。通过不断设置学生可以跨得过去的障碍,让学生体验克服障碍的喜悦,体会解决问题的喜悦感。其三,调整学习情感。学生碰到学习上的困难,要帮助他们,使他们增强克服困难的信心。学生学习顺利,要让他们克服骄傲的情绪。

序进原理:

为了将知识经验转化为学习者认知结构中的知识,教育者应根据学习者的学习水平,循序渐进地让学生掌握知识。措施包括:其一,每节课目的明确,重点突出。其二,教学安排注意由浅入深、由易到难、由简到繁、先单一后综合。其三,使新学习的知识与学习者认知结构中的相关知识建立起实质性的联系。其四,注意帮助学生构建良好的认知结构。其五,加强概念的教学,重视对概念的理解。

---

① 郑洁.王光明.数学问题提出的研究述评[J].天津市教科院学报,2006.(12).

活动原理：

为防止机械模仿,要组织探究活动。措施包括:在启发式教学指导下,通过组织一些观察、实验等探究活动,引导学生边听边想边尝试,经历发现问题、提出问题、分析问题和解决问题的过程。

反馈原理：

通过及时反馈,调节教学与学习。注意事项包括:处理好认知水平与思维能力培养的关系;处理好练习反馈与考试反馈的关系;处理好外部强化与内部学习动机激发的关系;引导学生学会自我评价。

这四条原理,具有内在的联系。情意原理是为了学生在迫切要求下学习,情意原理构成了学习的动因;序进原理是对教学内容与过程的要求;活动原理是对教学方法的要求;反馈原理是对教学结果的要求。

(4) GX 实验

"G""X"为"高效"的汉语拼音的首写字母的大写,该实验由曾任西南师范大学校长的陈重穆教授主持,实验目的是减轻学生数学学习负担,提高数学教学效益。实验方法为编写 GX 教材,开展教法综合改革。实验指导思想为:①积极前进,循环上升。该思想认为只要学生理解了基本事实,掌握了基本技能,就可以前进,遗留问题在前进中再认识,在循环中解决,这是 GX 实验的学习观。②淡化形式,注重实质。该思想认为要从课程的角度出发,适度淡化数学科学的形式化特征,通过适当淡化规范性、逻辑性和严密性,有助于大面积提高数学教学质量,这是 GX 实验的大众教学观。③开门见山,适当前进。该思想是指尽快引出数学内容,重视数学知识的联系。该思想是 GX 教材的编写和使用策略。④先做后说,师生共做。该思想是指学生先做,然后才说,师生共做共说。教师做引导和总结。这是 GX 的教学观。

GX 实验通过编写教材,实验教师使用教材,收到了提高数学教学效率的目的,说明课程内容是影响教学效率的重要因素,组织良好的课程内容,有助于提高数学教学效率。但需要注意,教材只是供教师使用的材料,教师要对教材内容进行再加工,优秀教师会弥补教材的不足。教师不能自由选择教材,在教材已固定的情况下,如何提高数学教学效率更是需要加以研究的。

以上实验的策略、措施不尽相同,但均在不同程度上提高了教学效率,说明提高教学效率的方法众多,各种方法各有千秋,可谓无分轩轾。

3. 问题的提出

国外的上述研究,展示了问题提出的重要性,从学生的智力因素与非智力因素加以分析,认为问题提出是教学的重要组成部分,可以引导学生正确认识数学教育,对数学产生兴趣,对学好数学充满期待。不足之处是缺乏课堂内外问题提出对课堂教学效率影响的具体研究。

国内的一些研究集中在说明"情景—问题"教学的优势,可能导致学生思维缺乏想象力;青浦实验从教学效率的视角看也存在着不足,他们对影响教学效率的因素缺乏深入探究,对教学应该达到的效果缺少明确认识,对教师的教学考虑与论述过多,对学生的学习效率缺少深刻论述;GX实验忽略了课堂教学不是一个孤立个体,课堂教学与课外活动有紧密的联系。

综上可见,国内外研究在以下几个方面依然存在不足:

(1)关于问题提出的研究对象。主要研究了儿童青少年一般性问题提出能力,而研究关于高中生问题提出的教学不多,且研究的大多是针对学生的问题,提出对问题解决的影响。

(2)关于课堂高效率教学的研究。大多停留在关注教师教学过程中的传授能力,缺少对教学过程中师生间相互探讨,更缺少问题提出对教学效率影响的研究。

(3)关于学生的数学观的研究。主要是对数学的认识、对数学学习价值的认识以及对自我数学学习的认识等的研究[1],以往的研究关注的是数学的运用,缺少对学生数学观点的建立,尤其是数学观点变化的认识。

数学的问题提出是由数学的特点所决定的,数学内容不只是文字语言,还有符号语言、图形语言和逻辑语言。这些内容如果只是想在课堂上解决,让同学们马上理解、记忆,往往效果并不理想。因为在课堂上学生的大脑始终是处在受刺激状态、高度的兴奋和紧张状态,没有一个休整时期,从心理学角度来讲,这是不利于学习的。一张一弛才有利于学习。一方面,问题提出不是自

---

[1] 韩琴.课堂互动对学生创造性问题提出才能的影响[D].华中师范大学博士学位论文,2008.

学，不要求把所有的知识都看懂、想清楚。只要对内容有个大概了解，对一些符号、图形有初步的认识。问题提出以后你可能还是模糊的，但这种模糊已经形成一种观念，当它在课堂上再次被激发时，就会有巨大的释放。另一方面，问题提出是要坚持的，要让问题提出成为一种习惯。习惯也是一种思维，从心理学角度来讲，习惯是一种定势，又是一种依赖。由于数学的学习不是靠死记硬背得来的，它是靠在大脑中形成一种"图像"，一种思维的"图像"。只有通过问题提出让这种"图像"，在大脑中先占一席之地，形成一种"影像"。有了这种模糊图像，然后再通过重复刺激，才能达到记忆的长久性、稳定性。

基于上述情况，本研究主要针对学生数学课堂学习的被动性问题，研究教师如何利用问题提出的方法引导学生改变数学观，逐渐步入自主学习的状态，多方位、多角度地利用资源组织学生提高课堂的教学效果，从而提高单位时间内课堂教学的效率。

二、数学问题提出研究的理论依据

基于问题提出的数学教学，探索问题提出对课堂教学效率的影响，研究的理论基础源于教育心理学。学生的学习不应该只关注知识的积累，教学中学生知识结构的合理性与知识结构的重组性对数学的学习是很有帮助的，尤其是对高中数学概念的生成教学，是学生数学学习中的重要支柱。教学的作用应该体现在学生观点的改变，对事物深层次的认识及良好习惯的形成。

(一)课题研究的理论基础

1. 建构主义理论

建构主义是在认知主义基础上发展起来的独特的学习观，他认为"学习不应该被看成是对教师授予知识的被动接受，而是学习者以自身已有的知识和经验为基础主动的建构活动"。也就是说，学生学习过程是在教师创设的情境下，借助已有的知识和经验，主动探索，积极交流，从而建立新的认知结构的过程。它主张学习是学习者主动建构自己知识经验的过程，是通过新经验与原有知识经验的相互作用而不断充实、丰富和改造自己已有知识经验的过程。它强调学习的主动性、实践性、创造性和社会性,并对学习与教学提出了许多新的见解和思想。

社会建构主义学习观认为,教学是以合作学习作为主要策略,教学是教师与学生合作共同建构知识。这一理念非常鲜明地告诉我们,现代教学不应该是教师一个人讲到底的单向的信息传递,而应是师生间、学生间的双向交流与多向交流活动,应该让学生在师生互动、生生互动中,在各种信息的反馈中,循序渐进地锻炼和提高学生洞察力和分析力,促进对知识的理解,从而形成共享的、学习过程的主动建构。[①]

2. 皮亚杰的发展理论

皮亚杰认为,社会经验知识(语言、价值、规则、道德和符号系统)只能在与他人的相互作用中才能习得。皮亚杰主义传统上十分注重守恒的研究。皮亚杰派的理论认为,当个体在环境中进行合作时,产生了社会认知上的冲突,进而导致不平衡现象,此现象反过来又激发个体认知上的发展。在各种合作的努力中参与者讨论时会出现认知冲突,这些冲突也会解决,而其中若有推理不足之处也会被提出来并加以修正。已有大量的实证研究支持这样一种观点,即同伴的相互作用能帮助非守恒者成为守恒者。许多研究证明,当年龄大致相同的守恒者与非守恒者协同完成要求守恒的任务时,非守恒者会逐渐形成和保持守恒的概念。实际上,有些研究发现,如果持不同意见的非守恒者配对就守恒问题达成一致,那么,他们会获得守恒。

在上述研究和其他一些研究的基础上,许多皮亚杰主义者呼吁学校要增加对合作活动的运用。他们指出,学生们就学习任务所进行的相互作用本身便可以提高学生的成绩。学生们将能从中相互学习,因为在问题的讨论中,必将产生认知冲突,不充足的推论会得以暴露,最终会导致高质量的理解。

3. 概念学习相关理论

概念指一类具有共同特征的事物或观念的符号。概念是观念的、抽象的,

---

① 韩琴.课堂互动对学生创造性问题提出才能的影响[D].华中师范大学博士学位论文,2008.

在现实世界中并不存在,但存在于个别的事例中。概念具有以下特征:①对多个同类事物共同特征的概括;②概念将大量信息组成有意义的单位,大大简化了人的思维过程;③概念是用词来表达的;④概念是有层次的,它是一个由低级到高级的系统。概念是由定义特征和概念规则两个因素构成的。概念的获得,实质上就是要理解一类事物共同的关键属性,也就是说,使符号代表一类事物而不是特殊的事物。获得概念的两种基本形式是概念的形成和概念的同化。学生只能从大量的例子出发,从他们实际经验的概念肯定例证中,以归纳的方式抽取出一类事物的共同属性,从而获得某些初级概念。从同化过程中可以看出,在以下定义的方式进行的概念同化中,学生必须积极地进行认知活动,而不是被动地接受知识。

4. 学习要涉及深层意义

深层意义指驱动我们并控制我们的目的感的任何事物。当涉及深层意义时,人们就会有激情,因此,深层意义是内在动机的核心。深层意义是我们生存所追求的。表层知识是这样一些知识,即机器人能通过被编程而"明白"的知识。表层知识几乎没有什么意义。表层知识是"惰性的知识"。它包含了任何学科的构成——所有那些可以通过记忆而获得的事实、程序和行为。它由那些几乎专门储存在分类记忆系统中的信息组成,无论那些程序是多么的精致化。它是机械记忆的结果,并且是今天教育的主要产品。凯恩谈到:"今天的教育特别强调我们所说的'表层知识',从根本上说,这种知识剥夺了对学习者的意义。我们认为,学习者所需要的知识是对自然知识的扩大。我们并不是在建议取消记忆,记忆在某些情境中是重要的。关键之处在于,记忆应该发生在获得理解的过程中。"上述观点启发我们,如果数学学习只涉及对知识、技能和题型的记忆与模仿,不涉及数学的精神、思想等深层意义的领悟,那么,这样的学习是难以真正激发学生的内在学习动机的,学生没有内在学习动机,就会缺少学习数学精神、思想的意识与动力,形成恶性循环。如果数学教学不涉及学生对数学精神、思想的领悟,不涉及对数学的深刻理解,那么这样的教学是低效的。[①]

---

① 王光明.数学教学效率研究[D].南京师范大学博士学位论文,2005.

5. 习惯相关作用

在印度和泰国随处可见的是,一根小小的柱子,一截细细的链子,拴得住一头千斤重的大象。大象可以轻易挣脱绳索,为什么它们不去挣脱呢?原因是大象从小就被绑在柱子上,那时它们是无论如何也挣脱不了的。小象渐渐习惯了不挣扎,直至长大。可以说,小象是被链子所束缚,而大象则是被习惯所束缚。习惯一旦养成,就会产生巨大的力量。同样养成高效率的学习习惯也至关重要,在基础教育中,培养学生高效率的学习习惯,对他一生的成长都非常重要。著名教育家叶圣陶先生说:"什么是教育?简单的一句话就是要养成习惯,教师的任务就是帮助学生养成良好的习惯。"习惯是在长时间里逐渐形成的行动方式,是短期内不容易改变的行为倾向。质疑习惯的形成对提高提出问题的能力来说至关重要,是它的有力保证。

(二)数学问题提出的相关概念

1. 问题

数学的学习与教学在学校教育中最主要,最基本的内容是问题。心理学认为问题就是意识到有一个疑问或者意识到解决这个疑问的困难,即意识到寻求解答疑问的方向,是对心理活动的一个刺激,是根据再适应的需要把心理活动指向一定的方向。问题是给定信息和要达到的目标之间有某些障碍需要克服的刺激情境。从数学的角度来说问题是要求解答的题目,需要研究解决的疑问和矛盾。问题有很多类别,分许多层次。

2. 问题提出

问题提出是数学问题的最基本的表现形式。问题提出是以提出问题为导向,以挖掘问题、表达问题、归结问题、处理问题为线索和切入点的一套数学学习理论和教学管理方法。也可以说,问题提出就是借助问题进行的教学。

3. 基于问题提出的数学教学

教学是学校教育最主要、最基本的表现形式。也是学校实现培养目标的最基本途径。教学是一个复合词。包括教和学两个方面,意味着教和学是不可分割的。教学是教和学相结合或相统一的活动,是由教师的教和学生的学所组成的双边活动过程。作为这个活动的中心并贯串这个活动的始终是学生在教师的引导下,用人类积累起来的知识财富丰富自己的精神世界,从而获得知识和形成能力。在教学过程中,学生获取知识,既要通过学习书本知识,又要通过亲身实践,得到直接经验。在这个意义上说,教学过程作为学生的认识过程,是在直接经验的基础上把间接知识转化为学生个体的精神财富的过程。教学既是给学生传授知识的过程,又是发展学生认识能力和塑造学生健康人格的过程。

提问是认知策略,问题就是意识到有一个疑问或者意识到解决这个疑问的困难,即意识到寻求解答疑问的方向,是对心理活动的一个刺激,是根据再适应的需要把心理活动指向一定的方向。提问是一种有效的学习方法,是一种有效的认知发展途径,是一个认知过程。有些研究者将提问和阅读理解紧密联系起来,认为提问是一种提高阅读理解的认知策略,在产生问题的过程中,学生仔细阅读课文、组合信息、注意不同观点之间的关系,且集中注意检查是否理解了主要观点和内容。也有研究者指出,提问已经不仅仅是认知策略,它还是一元认知策略。[①] 大多数教育学家和心理学家都赞同的问题提出的定义是指从已有情景或经验中创造新问题,并用语言表达出新发现的问题。[②]

问题作为言语活动的一种形式,是用来跟其他人交际的,通过它可以实现人的社会需要和个体需要,问题作为一种思维活动,它被用来获得新知识。对提问的定义虽然众说纷纭、各执一词、各有侧重,有的强调外在行为表现,有的强调提问过程伴随的情绪情感,有的强调内在心理状态,有的重视提问的目的,有的重视提问的过程,有的重视提问带来的效果。在此基础上,有研究者综合各定义的精髓,强调问题的创新与发现,将问题提出定义为:从已有情境或经验中创造新问题,并用语言表达出新发现的问题,简称为提问。问题提出能力应具有以下重要的品质特征:(1)流畅性。指在单位时间里列出所提出的相关性问题的数量。(2)灵活性。指善于从不同的角度、不同的方面去提出问

---

① 韩琴.课堂互动对学生创造性问题提出才能的影响[D].华中师范大学博士学位论文,2008.

② 韩琴.课堂互动对学生创造性问题提出才能的影响[D].华中师范大学博士学位论文,2008.

题,善于应用不同的知识,用不同方法正确地提出问题,提出的问题具有多样性、合理性。(3)独创性。指有自己独特的提问方式,善于采用新的方法进行提问,并可以在广阔的领域内思考并提出问题。问题提出能力不仅体现在学生提出问题的数量上,而且体现在提出问题的类型上,而更重要的是提出问题的新颖性、独特性。此外,创造性问题提出需要创造性思维与创造性想象作基础。

以此为基础,基于问题提出的数学教学定义为:根据学生数学思维品质发展的要求,教师运用已有情境或经验,创造问题并表达发现问题的教学过程,在此过程中,通过师生共建、生生互动的学习模式,引导学生主动构建数学的思维方式,改变原先的数学观点,用新的数学观点认识不同的事物,从而深层次地构建自己的数学思维模式。

4. 基于问题提出的数学课堂教学的高效性

教学效率可从两个方面来认识。在学生的时间投入方面,指能够充分利用时间,全身心、积极、主动地参与数学学习;在数学教学结果方面,指多方面的学习效果——认知成绩、效率意识和数学学习能力。教学效率是相对概念,同样的学习结果,学生用时间较少,则教学效率高;同样的学习时间,学习效果好而多样,则教学效率高。这里的要点有:一是综合效果,二是时间的充分利用,这是效率的两个方面。它们的确切关系是:教学效率=(教学综合效果/教学时间)×100%。之所以这样认为是出于以下四点的考虑:

(1)在所有的教育(学习)资源中,"时间"是最为珍贵的。特别是对于学生来说,每个人的青春只有一次,真是"一寸光阴一寸金",如果我们的数学教学浪费了他们的时间,如果我们的教师不能指导学生学会学习,充分、高效地利用时间,那么将造成最大的浪费。

(2)各种教育资源的效益,往往通过转化为时间资源而体现出来。比如,在课堂教学中,通过设计好的课件,有效地运用多媒体辅助教学,加深学生对教学内容的理解,这是提高了设备的效率;同时,加大了教学密度,提高了时间的利用率。一般来说,提高了时间的利用率,往往也伴随着其他教育资源的有效利用,特别是学生和教师精力资源的有效利用。

(3)以时间论效率特别令人关注,古今中外莫不如此。

(4)时间资源是客观的,每个人都有,都平等一致,不像其他资源那样是人为的,往往差别很大。因此,这个以时间为标准的狭义效率易于研究,相对地比较容易量化,以它为基础的研究成果,具有代表性、普遍性。

高效率的课堂要有一个坚定的目标,就是不能依赖课前或课后给学生多留任务的方式让学生掌握知识。要尽力把问题解决在课堂上。上课最重要的是要让学生认识清楚,印象深刻。在拥有相同的学习时间内,学生在一定的知识技能准备的条件下,教师以问题提出为载体,提高学生学习的动机,使学生顺利完成学习任务,由此获得的满意程度比同类学生多,自我调节能力强,接受新事物快的这样一种教学模式。数学课程的课堂教学效率是对数学课程教学活动进行合理性评价的一项重要内容。它在量上表现为数学课堂内实际教学时间与有效教学时间的比率,它在质上表现为在单位时间内,以师生必要的精力消耗,让尽可能多的学生在数学知识与技能掌握、数学思维训练、数学策略优化、数学情感态度价值孕育等方面得到最大化的实际效益。[1]

问题提出的教学有一定的结构、任务、目的和解决的过程,而问题提出是最有效的认知策略之一,因为提出问题可以激励学习者进一步针对他们自己真正想知道的内容去寻求问题的答案,在相关理论的基础上,教师事先计划和安排学生学习的任务,学生在课前以问题提出的形式,展开探究,在此基础上教师实际在课堂上的问题提出是对学生课前学习活动的监察、评价、反馈,课后的问题提出是学生对自己的学习活动进行调节、修正及整个认知活动进行总结和反思。

国内有学者谈到优化教学过程,提高数学教学效率,从三个方面优化教学过程:①创设问题情景,激发学生思维的积极性,培养学生的探索精神;②鼓励学生积极地提出解决问题的方案,培养学生善于提出猜想以及对某种猜想进行评价的能力;③在教学过程中注意引导学生从数学的思想方法上做必要的概括。有学者谈到可以采用以点带面、新旧联系来培养学生举一反三的能力;渗透思想,重视方法,培养学生的优良思维品质;优化手段,加大容量,激发学

---

[1] 张振海.提高数学课堂教学效率的内涵与策略[J].数理化教学,2009,(3).

生学习兴趣,提高数学教学效率。也有学者谈到可以从充分发掘数学中的美学因素;在宏观和微观上都要选择最合理的顺序和速度采用多种方式培养学生的分析问题和解决问题的能力;保证学生的独立活动等途径提高数学教学效率。还有学者从促进迁移谈到五条措施:新旧联系,建立积极的心向;类比迁移,注意发现共同成分;抽象概括,促进迁移顺利发展;渗透拓宽,高层次地再迁移;合理调整,不断提高迁移水平。还有学者谈到运用现代化教学手段,提高数学教学效率。

基于问题提出的数学课堂教学的高效性表现为:数学教师在有限的课堂中按教学要求完成教学任务,学生能够掌握新旧联系、抽象概括、合情推理、类比迁移、归纳演绎、渗透拓宽等多种优良思维品质,能与同学、教师共同探究问题,提出有意义的见解。这样的教学是问题提出的高效教学。

三、高中数学问题提出研究的方法

(一)研究的方法

教师在课堂上教学效率低,原因分析如下:第一,数学知识的具体与抽象之间的脱节。学生在书本上学到的都是简洁的、抽象的数学定理或形式化的表达式,而学生在生活中遇到的现实问题及一般化的问题等有时很难与课本知识联系起来。第二,学习的迁移带有盲从性。由于初中的学习是较简单的一种迁移学习,迁移的过程附加的条件比较少,同时学生的数学抽象能力差,有张冠李戴的学习习惯,这为教师的高效教学带来不少的阻力。第三,由具体的数字到字母角色的转变缺少衔接的桥梁。而这座桥梁的建立是初中到高中的必经之路,如果缺少这座桥梁,高中的学习效率是低下的。第四,有限与无限的认识不够。学生对数学的理性认识源于有限与无限的认知,在学习中二者的混淆是数学观点混乱的表现。第五,数学概念的理解不够深刻,对语言的作用认识欠缺。第六,定理、公式推证的过程就蕴含着重要的解题方法和规律,教师没有充分暴露思维过程,没有发掘其内在的规律,就让学生去做题,试图通过让学生大量地做题去"悟"出某些道理,结果是多数学生"悟"不出方法、规律,理解浮浅,记忆不牢,只会机械地模仿,思维水平较低,有时甚至生搬硬套,照葫芦画瓢,将简单问题复杂化。

高中数学问题提出教学研究主要分三个阶段:

第一阶段:主要是分析初中学生刚进入高中,学习数学的方法与思想需要改变,此时,学生想当然的情况较多,学习的积极性较高,适宜课前与学生交流。以课前问题提出为总的指导方针,分析课前问题提出对课堂高效教学的影响的操作利于实验。以皮亚杰的发展理论为指导思想改变学生的观点,改善学生的学习习惯,把想当然的坏习惯去掉。课前的问题提出以如下6个问题为中心来展开:①下节课内容的总体构思是什么?(从对比的方式来说明数学内容的特点,还是从具体事实中发现共同的特征,等等)②下节课对你来说主要矛盾是什么?③你想怎样解决矛盾?④与你的观点发生冲突的原因是什么?⑤你学习数学的操作工具是什么?⑥课堂上我应该关注的对象是什么,我的不足之处是什么?

第二阶段:主要是课堂中问题提出的探究,在课前问题提出的有利条件下,学生已经具备一定的数学思想与方法,探讨课堂问题提出成为可能,教师采取问题提出的教学形式,以多种方式来促进学生的课堂学习效率。课堂的问题提出主要是教师,教师提问依据建构主义理论,以学生知识结构的重组、概念的形成为主导思想,在问题提出的过程中强化学生观点的改变,强调数学思想与方法的重要性,学习要涉及深层意义。

具体研究分两部分:新课的讲授与习题课的讲解。

新课的讲授主要提出5个问题:①本节课的矛盾冲突是怎样形成的?(或者说引起矛盾冲突的主要原因是什么?)②课本中用什么方法层层递进来解决矛盾的?③课本中具体用到的数学工具是什么?④知识结构是怎样重组的?⑤数形结合是怎样来说明问题特征的?

习题课的讲解主要提出4个问题:①解决问题的指导思想是什么?②知识的迁移?③形式的变化,采取的措施是什么?④条件的作用是什么?

第三阶段:课后问题提出主要关心反思,从两方面来反思:一方面研究学生的反思的效用;另一方面研究教师的反思,研究教学相长对课堂教学的促进作用。

学生的反思主要提出2个问题:①课堂教学过程中概念是怎样形成的?②过程与结果的关系?

教师的反思主要提出2个问题:①课本中材料组织的指导思想是什么?②数学思想通过什么方式传达给学生?

研究对象的选择:

研究对象:高中一年级的学生为研究对象,研究选择在天津市河东区区属市重点中学四十五中学进行,主要是考虑到四十五中学是河东区比较有代表性的学校,生源中有很大部分学生是市内优秀生,还有一部分是中等学生,在研究过程中,学生的选择具有一定的代表性。对象特选天津市第四十五中学高一(1)班为实验班,高一(4)班为对照班,共88名学生。学校分班以中考的分数为标准,按名次先编号,取奇数分到高一(1)班,偶数分到高一(4)班,每班44名,一位数学教师同时教这两班。

研究方法的选择:

考查的主要问题是"问题提出对提高课堂教学效率的影响",如何选择研究方法,对研究对象的深入挖掘是至关重要的。研究中先用问卷调查了解学生对数学所持的观点,然后在问卷调查的结论指引下,通过实证研究、访谈、小测验来说明学生观点的改变源于问题的提出。

(二)问卷调查

问题提出的教学有一定的结构、任务、目的和解决的过程,而问题提出是最有效的认知策略之一。问题提出可以激励学生对他们自己真正想知道的内容去寻求问题的答案。教师事先计划和安排学生学习的任务,学生在课前以问题提出的形式展开探究,在此基础上教师在课堂上的问题提出是对学生课前学习活动的监察、评价和反馈;课后的问题提出是学生对自己的学习活动进行调节、修正及整个认知活动进行总结和反思。基于上述考虑,拟定问卷调查,为后续的实证研究做好准备。

1. 调查目的

课堂教学效率是一个多因素结构,问题提出是否直接关系师生间思维互动、情感互动,提高课堂教学效率? 本研究的目的就在于通过问卷了解问题提出对课堂教学效果的影响原因。

2. 调查的假设

高中生学习效率与教师课堂教学效率源于学生有问问题的习惯。课堂上仅仅依赖教师的提问,学生的学习是被动的,学生只是在教师画的圈子里思考,思维得不到锻炼。如果在课前问题提出上加强培养,提出新的问题,从新的角度去看问题,学生会在很多情况下有独立的思考空间,从而提出与众不同的问题,通过对问题多层次的认识,逐步达到理解的程度。通过问题这种载体,让学生慢慢体会数学思想的重要性。

3. 调查对象

本研究选择在天津市河东区区属市重点中学四十五中学进行,主要是考虑到四十五中学是河东区比较有代表性的学校,生源中有很部分学生是市内优秀生,还有一部分是中等学生,在研究过程中,学生的选择具有一定的代表性。调查的对象特选天津市第四十五中学高一(1)班与高一(4)班,共88名学生。

4. 技术与手段

全部调查结束后,对问卷调查的结果用 SPSS11.5 进行数据的录入和处理,进行统计,利用主成分分析与因子分析法。

5. 问卷调查的编制

问卷的具体内容设计参阅唐剑岚、周莹、汤服成关于"数学问题解决中的元认知问卷量表的设计"使用的调查问卷。通过重测信度、同质信度和因素分析的结果表明该问卷有良好的信度和效度。具体步骤如下:

(1)进行深入的理论探讨,建构问题提出的调查问卷的理论框架;

(2)在被试所在的高中二个班级通过师生座谈和向部分学生发放开放式阅卷,了解影响高中生数学课堂教学效率的主要方面,结合数学学科的学习特点,还参考了部分数学教育专家、几位数学课程与教学论专业研究生和中学数学教师的意见,初步编制了问卷,并选取部分学生进行小样本首次试测;

(3)在此基础上,修订调查问卷。通过这个过程发现了问卷中的一些问题,如:有些问题的问法欠妥;有些问题的选项设置不合理,容易造成多选。针对这些问题,对问卷进行了多处修改,并将修改稿征求了部分数学教育专家、几位数学课程与教学论专业研究生和中学数学教师的意见,又针对这些意见再次进行了修改,确定了影响高中数学问题提出的教学高效的三个方面:观点的改变,数学概念的形成,好习惯的培养。并通过查阅文献,进行归纳、整理形成考察每个方面的具体项目,确定调查问卷。重新选取部分学生(与上面被试不重复)对试编问卷进行了小样本再次试测;

(4)运用SPSS统计软件对问卷进行测量学分析,进一步修订问卷项目。

(三)结果分析

对被试数据进行主成分分析与因子分析,说明数据适合进行因素分析。我们选择了提取公因子的方法为主成分法,因此输出中的因子即主成分。表1是六个主成分方差百分比,表2是初始因子载荷阵。

表1 Total Variance Explained

Component	Initial Eigenvalues			Extraction Sums of Squared Loadings		
	Total	% of Variance	Cumulative %	Total	% of Variance	Cumulative %
1	5.533	21.281	21.281	5.533	21.281	21.281
2	2.375	9.136	30.417	2.375	9.136	30.417
3	1.829	7.035	37.452	1.829	7.035	37.452
4	1.466	5.638	43.090	1.466	5.638	43.090
5	1.312	5.047	48.137	1.312	5.047	48.137
6	1.268	4.876	53.013	1.268	4.876	53.013

Extraction Method:Principal Component Analysis.

表2 Component Matrix(a)

	Component					
	1	2	3	4	5	6
A1	-.090	.623	.153	-.306	.192	-.073
A2	-.192	.576	.206	-.158	.103	-.047

续表

	Component					
	1	2	3	4	5	6
A3	,376	.199	-.046	.391	.159	.144
A4	.449	.192	.206	.292	.311	.287
A5	.652	.065	.233	-.204	-.248	.204
A6	.595	.118	.320	.-378	-.220	.059
A7	.689	.101	-.116	-.080	-.042	-.016
A10	.457	.264	-.385	.029	-.193	-.003
A11	.575	-.073	-.437	-.075	-.023	.042
A12	.551	.117	-.538	-.154	-.022	-.157
A13	.002	.649	.109	-.065	.079	-.015
A14	.399	.059	.228	.284	-.420	-.286
A15	.459	.274	.102	.246	-.335	-.084
A16	.485	-.059	.0278	-.424	.086	-.182
A17	.451	-.199	.223	.137	.165	.325
A18	.645	-.164	.023	-.045	.203	.058
A19	.627	-.039	.312	-.331	-.169	-.018
A20	.506	-.255	.251	.029	.0281	.365
A21	.327	.234	.035	.429	-.376	.117
A22	.346	.053	.160	.369	.113	-.516
A23	.536	-.139	-.060	.164	.135	.171
A26	-.079	.631	-.144	.100	-.058	.202
A27	-.281	.573	-.029	-.011	.165	.253
A28	.388	.061	.206	.099	.448	-.535
A29	.484	.042	-.648	-.227	.106	-.006
A30	.440	.126	-.207	.116	.317	-.144

Extraction Method：Principal Component Analysis 6 components extracted.

表3

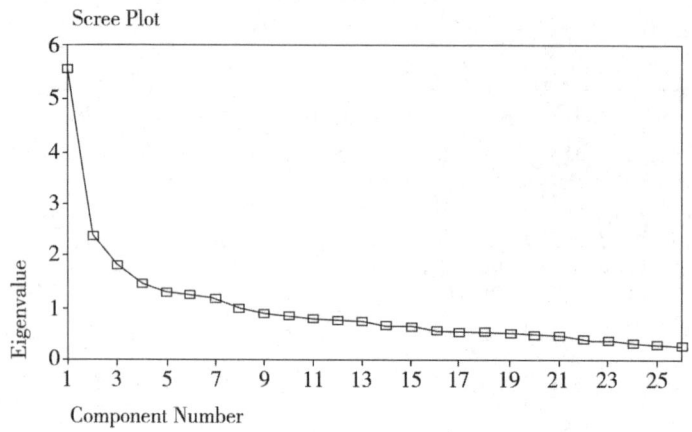

从表1看出前6个因子可以解释总方差的近53%,符合我们研究的具体情况,使我们研究的对象更加明确、清晰。为我们研究结论提供科学的数据依据。表2是提取的6个因子的因子矩阵,它体现了交叉点对应的因子(列)在对应变量(行)的影响程度。表3是直观地看出前6个特征值间的变差很大,从图中可以看出取前6个因子是正确的。统计的结果分析,其中A18、A19、A7是因子1的主成分占的比重最大,调查显示学生课前问题提出后,学习数学的兴趣浓厚。课外问题提出对课堂是否有影响,极少数的学生因对数学的正确认识不够引起的兴趣缺乏,也有因为长期的误导使学生害怕数学,让学生认为数学空洞。选项A1、A2、A13是因子2的主成分占的比重最大,反映学生问题提出对思维品质的训练是目前学习过程中最好的形式。问题提出和研究性教学方法改变学生的观点。选项A18可以说,学生有许多问题急待教师提供合情合理的方式去挖掘,让教师与学生更好地去交流,这如有了问题的源头之水,何愁学生提不出新鲜问题呢。课堂教学效率是一个多因素结构,而课前问题提出直接关系师生间思维互动、情感互动。具体的结论如下:

(1)课前问题提出对学生数学观点有影响

问卷调查显示,其中第7项:如果课前不与同学交流数学问题,上数学课时,就觉得比平时容易紧张或着急,在第1成分中占68.9%;第12项:我习惯课前预习,在第1成分中占55.1%。说明问题提出的多少,本质上反映学生学习的状态。问题提出的越多证明学生对问题的重视程度越高,对问题的思考就深刻,理解数学的概念、方法、思想就达到一定的水平,认识数学的层次上了一个阶梯。我们说,学数学,正常的听讲、训练、完成作业,只是反映一个学生足够用功,但从心理学上讲可能并没有用心,即心智没有达到一定水平,也就是元认知水平没有提高。只是人云亦云,鹦鹉学舌,照猫画虎而已。如果学生问题问得多,就反映学生在思考,对教师的教和自己的学做一个新的认识,教与学真正统一时,学生的心理状态犹如吃了人参果,全身心的爽,否则,总认为学的东西与实际有冲突,究其原因,思考得过少,盲目认可教师的教,忽略了批判的眼光,形成教条主义。

问题提出的数量客观上说明学生有表达自己较为成熟的观点,这也是学生的数学概念形成的必备条件。

(2)课前问题提出对提高课堂教学效率的影响

问卷调查显示,课前的问题提出对学生的课堂学习起到很好的调节作用。选项1:课前不预习,上数学课时,我觉得心里空荡荡的,占第2成分的62.3%;选项2:如果数学概念课下没有问明白,数学课上我就紧张,占第2成分的57.6%。这些数据清楚地说明课前的问题提出对课堂教学有很大的促进作用。课前问题提出的过程从性质上来说具有元认知的一些特征,比如对控制的执行、对理解的监控,以及自我测试等。课前提问的训练可以帮助学生对数学理解进行积极的监控,并更好地对所阅读的材料进行理解,而且,课前提问训练在帮助学生解决问题以及发展高级思维技能等方面所取得的成功,从根本上来说是由其提问策略的元认知方面所起的作用。个体所学到的就是一连串刺激。每个刺激都是经由盲目的尝试与错误的渐进过程,由开始的错误反应多于正确反应到最后的全部为正确反应的结果。在课前的问题提出中,影响刺激与反应间的关系建立。个体在某种刺激情况中学习的刺激与反应的联结,将有助于其他类似情况中学习新的刺激与反应的联结。选项27:课后总结学数学的经验,在第2成分中占57.3%,明确说明课前问题提出的重要性,也进一步说明课堂教学的效果来源于——课前的大量准备。

(3)学生观点的改变对学生课堂学习效率有影响

调查过程中发现学生的学习观点的改变是提高课堂学习效率的关键,选项10:我做数学题时总用初中的一些方法,在统计中约占50%的学生选择此项。从这个角度说明,学生学习主体性的体现,并不是学生在形式上和表面化地参与活动,而是内在积极主动地参与活动。因此课堂教学中学生参与活动的程度是体现学生主体地位的重要标志。数学课堂教学应变"教师教数学"为"学生学数学"的过程,就必须从本质上提高学生参与程度。为了凸现学生的主体地位,充分发挥学生的主体作用,促进学生学习能力的发展,对学生参与课堂活动的程度、提高数学课堂教学效率进行了研究尝试,课前的问题提出是目前的最佳选择。"在课堂上被学生问得瞠目结舌的教师""师生为一个问题争得面红耳赤、互不相让"这样的情景只有在学生观点的改变下,将来才能成为现实。"满堂问"真正出现在师生之间,而不再是教师问学生答了。学生观点的改变包括学习中借助问题提出明白是非,看见任何事物都是好奇的眼神,充满了探求的欲望。

(4) 学生元认知水平的高低影响学生课堂学习效率

问卷调查显示:在人的认知过程中,除了有指向客体的认知外,还有一个以自身认知为对象的认知过程,即一个二级认知,这就是元认知。选项21:课前的探究学习对我的课堂学习很有帮助,统计中约有32.7%的学生选择。选项29:根据不同的学习任务选择不同的学习方法,大约有48.4%的学生选择。而选项30:认为多做数学练习题是学好数学的唯一途径,也占有44%。提出问题的策略是元认知在认知策略方面的知识。首先,质疑一般在新旧知识的衔接处,教学内容的重点难点处,概念的形成过程中,解题思路的分析及推理过程中,动手操作的实践中。我们可以正面质疑,也可以从反面或侧面提问。其次,利用合情推理提出问题。合情推理主要包括归纳推理、拓广推理、似然推理、类比推理、逆向推理、统计推理。通过对一个情境或给定的问题寻求结论、探求条件、改变结论、改变条件、隐藏条件、隐藏结论、寻求关系、改变关系、转化问题、分解问题等从而提出新的问题。希尔弗称为"挑战已知"是产生问题的一种重要方法,这方法与布朗沃尔特的"否定假设法"异曲同工。

四、数学问题提出的教学实践

上述一系列的前期工作,尤其是问卷调查为教学实践提供了许多有意义的参考。课前问题提出对学生数学观点有影响,课前问题提出对提高课堂教学效率的重要影响,学生观点的改变对学生课堂学习效率有影响,学生元认知水平的高低影响学生课堂学习效率。基于此,实证研究中,第一步,以课前问题提出为总的指导方针,分析课前问题提出对课堂高效教学的影响。第二步,以课堂中问题提出为中心,探究课堂问题提出对数学教学的影响。第三步,以课后问题提出为出发点,研究课后反思对后续课堂高效教学的作用。

(一)课前问题提出的教学实践

以课前问题提出为总的指导方针,分析课前问题提出对课堂高效教学的影响。主要是分析初中学生刚进入高中,学习数学的方法与思想需要改变,此时学生想当然的情况较多,学习积极性较高,适宜课前与学生交流。

实验假设:课前教学生提出问题,开阔学生的眼界,使他们的思想与境界上层次,学生通过课前问题提出,在教师精心设计的问题中逐渐改变数学的观点,加强对数学本质的理解,理解数学的思想,培养和训练学生的思维,达到教学的高效性。

实验目的:分析课前问题提出对课堂高效教学的影响,改变学生的观点,培养和训练学生的思维,达到教学的高效性。

实验自变量:课前提出如下6个问题中的一部分就可以。6个问题分别为:①下节课内容的总体构思是什么?(从对比的方式来说明数学内容的特点,还是从具体事实中发现共同的特征,等等)②下节课对你来说主要矛盾是什么?③你想怎样解决矛盾?④与你的观点发生冲突的原因是什么?⑤你学习数学的操作工具是什么?⑥课堂上我应该关注的对象是什么,我的不足之处是什么?

实验无关变量:主要是控制教师课下给学生讲授新课,学生的提问带有交差的现象。

实验因变量:学生观点的变化,做题时(尤其是运算)想当然减少,学生的作业认真。

实验程序:实验在高一年级第一学期进行,整个实验持续一个月,采用训练—调查的实验设计。因为学校在分班时依据的是中考分数,具有很高的信度,两班没有什么区别。

训练:从开学第一周进入训练阶段。训练共分8次课,持续四周,每周两次,每次训练时间为15分钟。

调查:课前提出问题的数量个数(学生的平均数),每节课前花15分钟看课文的学生数,对数学课感兴趣的学生数,喜欢数学老师的学生数,认为数学能够启发人的思维的学生数,认为数学抽象能体现数学价值的学生数,认为上数学课的效果比先前提高的学生数。

实验材料与教师的指导:

材料1:从数和数的运算角度建立各种关系,用文字代表数,在数的运算过程中遇到各种各样的矛盾,在解决各类矛盾中,综合各类情况,建立起数量关系。

教师指导:

问题1:实数系就是一些数的组合吗? 运算的作用?

问题2:数的发展告诉我们什么?

解说:实数及其运算和大小关系。在我们学习数学的过程中,对自然数的认识是最早的。自然数是本来存在的事物,我们从小学开始接触的就是自然数。加法运算产生计数的矛盾,十进制的引入解决了计数矛盾,而十进制占有统治地位与人类用十个手指数有着密切的联系。指数的引入解决了大数表达的困难。随着社会的进步,加法不能解决更多大数间运算问题,乘法的进入解决了此问题。减法观点的产生为负数的发明奠定了基础,除法为分数的认识立下汗马功劳。随着运算的深入发展,有理数、无理数得以分类,根式的认识得益于开方运算,对数的发明源于科技发展需要很复杂的运算。由此可见运算在实数系中占有举足轻重的地位。而实数系是一切具有运算体系的榜样。任何具有运算体系中的内容、方法与思想,都能从实数的对比中受到启发。

教师指导：

问题3：字母代替数的好处是什么？

问题4：方程思想有什么作用？

解说：用字母代表数，就有 a、b、c、d、x、y、z 等变量。数和变量一起运算的结果就形成代数式，代数式之间也有加、减、乘、除等运算，代数式及其运算的结合为我们后续的学习打下了基石，它的产生也让我们领略到高度抽象的数学之美。代数式及其运算也可以说是大大开阔了我们的眼界，它使我们的思想与境界上了很高的层次，这也是数学成为基础学科的关键之一。如果令两个含有变数的代数式相等就成为我们所学的方程，方程是变量间数量关系的呈现方式。数和代数系的建立是必要的，它的创立使方程的建立成为可能，有水到渠成的流畅之美。另外有代数式就有"恒等"变换，而"恒等"变换是只变其形不变其质的数学推理，目的是为了从"好"的形式中看出其本质。如一元二次多项式分解成一次因式的乘积、代数式的恒等变换、三角函数的恒等变换、方程的同解变换。

材料2：高中函数

教师指导：

问题1：初中学习了函数，高中又学函数，深层次的原因是什么？

问题2：函数的定义来源于实际问题的抽象，他们的共性是什么？抽象的工具是什么？

问题3：函数的定义与初中的定义不同点是什么？高中引用了什么工具来说明函数定义的？

问题4：高中对函数的描述工具 $y=f(x)$，$x \in A$ 怎样去认识？$y=f(x)$ 好处是什么？

问题5：函数的符号作用是什么？集合语言怎样体现它的运动观点？

解说：高中函数的教学就是通过五个具体的例子抽象得到的。高中是学完了集合知识后学函数的。这样安排是为函数刻画运动的状态提供最佳法宝。说到这，先介绍集合的一些特征。我们知道只要研究问题，就有研究对象，在数学中我们把这些研究对象称为元素，如果把一些元素放在一起作为一个整体看待，就形成了集合。这样的好处是让集合、元素在数学中处处存在。

集合语言的引进使辩证法在数学中成为可能。从而使集合论的语言就自然地成为数学的基本语言。如果我们在学习集合语言过程中时刻把哲学的观点引进我们的学习中,那我们的数学学习就会事半功倍,思维方式就会有一个质的飞跃。

函数刻画了一个变量随着另一个变量的变化所呈现的状态,它是描述运动变化的绝好工具。函数思想是把不同对象联系起来的一个好观点。数学的研究思想、方法等都有可能在其他理论中得到应用。现在回到函数中来,有了函数的集合定义就从初中的简单定义中脱离出来,用集合的观点定义的函数有覆盖广、高度抽象等特征,这使得函数具有统帅作用。比如说,数可以看成特殊函数,数的运算可以看成特殊的二元函数,代数式通过改造可得出一个函数,我们学过的数列就是特殊的函数,解一元方程就是求一个函数的零点,因此解方程也可以用函数的观点来分析。

学生通过上述的观点,在教师精心设计的问题中逐渐地理解数学的思想。数学的认识也上了一个层次。问题提出的教学方法使学生习惯用数学观点认识问题,通过对比发现初中与高中函数的区别,从而加强对函数概念的理解。

学生的访谈与相关数据:

因为探究的过程中会有争论,争论可使学生的思维始终处于活跃状态,通过争论解决问题,理解特别深刻,其实际效果是一般性讲解所无法达到的。容易引起争论的,往往是生活中碰到的现实与数学模型表面上相矛盾,或者平时形成的概念与严格定义的数学定义不一致的问题,设计一些问题,引起学生的争论,对澄清学生的错误认识大有好处。

通过访谈,学生观点的改变如下:

学生1:通过教师的引导,对原有数的观点有新的认识,不在孤立地看待实数。

学生2:真没想到数的发展史隐藏这么多的数学知识。

学生3:从来没有想过运算有这样大的功能。

学生4:用字母表示数,我总是觉得很怪,通过教师的讲解,才知道它的动态特征。

学生5:看来高中数学就是与初中数学有区别,课前的问题提出,尤其是老师给出的6个问题对我的数学观点改变很大。

学生6:看见高中又学函数,我眼前全是初中的二次函数,这有什么好学的呢?通过老师的课前问题的引导,我才发现数学知识的高深。

学生7:真没想到 $y = f(x)$ 的作用,还能够表达对称性,太神奇了。

学生8:我对数学的抽象有点明白了,学习数学有趣了。

相关数据统计:

问题	实验班(一)班	对照班(四)班
课前提出问题的数量个数(学生的平均数)	3.5	1.3
每节课前花15分钟看课文的学生数	40	15
对数学课感兴趣的学生数	44	30
喜欢数学老师的学生数	42	31
认为数学能够启发人的思维的学生数	43	30
认为数学抽象能体现数学的价值的学生数	40	20
认为上数学课的效果比先前提高的学生数	35	22

实验结果:

研究中以课前问题提出为总的指导方针,分析课前问题提出对课堂高效教学的影响。开阔了学生的眼界,使他们的思想与境界上了层次,在学习过程中时刻把哲学的观点引进我们的学习中,思维方式有一个质的飞跃。学生通过课前问题提出,在教师精心设计的问题中逐渐地理解数学的思想,数学的观点改变了。问题提出的教学方法使学生习惯用数学观点认识问题,通过对比发现初中与高中数学区别,从而加强对数学本质的理解,改变学生的观点,培养和训练学生的思维,达到教学的高效性。

通过对比,实验班的学生显然优于对照班的学生,学生不仅问题提出的数量比对照班多,而且学生对数学的兴趣也比对照班多,学生观点的改变也是优于对照班。总体上说课前问题提出对学生的观点有很大的作用。

在课前问题提出的有利条件下,学生已经具备一定的数学思想与方法,探讨课堂问题提出成为可能,教师采取问题提出的教学形式,以多种方式来促进学生的课堂学习效率。课堂的问题提出主要是教师,教师提问的是以学生知识结构的重组,概念的形成为主导思想,在问题提出的过程中强化学生观点的改变,强调数学思想与方法的重要性。

(二)课堂上问题提出的教学实践

基于问题提出的数学课堂教学的高效性表现为:数学教师在有限的课堂上按教学要求完成教学任务,学生能够掌握新旧联系、抽象概括、合情推理、类比迁移、归纳演绎、渗透拓宽等多种优良思维品质,能与同学、教师共同探究问题,提出有意义的见解。

实验假设:

课堂的问题提出以学生概念生成性教学策略研究为中心,使学生知识结构发生重组,学生观点的改变,概念的形成到位。使学生注重数学思想与方法的学习。通过问题提出的教学和研究性教学改变学生的观点,促进教师教学的创新,多种方法的引导,高效率让学生形成概念。培养和训练学生的思维,学生的课堂学习效率会有明显的提高。

实验目的:

通过课堂的问题提出,促使学生的概念的形成。改变学生的学习习惯与学习观点,学生注重数学思想与方法的学习。培养和训练学生的思维,学生的课堂学习效率有明显的提高,教师教学上有创新。

实验自变量:

新课的讲授主要提出5个问题:①本节课的矛盾冲突是怎样形成的?(或者说引起矛盾冲突的主要原因是什么?)②课本中用什么方法层层递进来解决矛盾?③课本中具体用到的数学工具是什么?④知识结构的重组?⑤数形结合是怎样来说明问题特征的?

习题课的讲解主要提出4个问题:①解决问题的指导思想是什么?②知识的迁移?③形式的变化,采取的措施是什么?④条件的作用是什么?

实验无关变量:

学生的作业量不能够超过教学大纲的要求,学生课外数学学习时间最好不要超过1.5小时。

实验因变量:

学生观点的变化,学生的作业认真,数学思想方法明确、概念清晰。

实验程序：

实验在高一年级第二学期进行，整个实验持续一个月，采用训练—调查的实验设计。因为学校在分班时依据的是中考分数，具有很高的信度。两班没有什么区别。

训练：从开学第一周进入训练阶段。训练共分 8 次课，持续四周，每周两次，每次训练时间为 45 分钟。

调查：

问题（单位：人数）	实验班一班	对照班四班
以归纳的方式抽取出一类事物的共同属性，经常用		
类比是伟大的领路人，类比是学习的好帮手		
数学史更能给我们智慧，课外读数学史		
联系的观点解决相应的数学问题，哲学很有用		
概念的学习是核心，注重概念的学习		
利用问题提出促使学生掌握概念学习		
做数学题时常用数形结合		
问题提出的作用是引导观点的变化		
矛盾使你的观点发生变化		
集合的符号是动静结合的典范		
数学史即一部完整的数学思想史		
通过类比、联想、知识的迁移和应用来学数学		

实验材料：

材料 1：数学归纳法。

材料 2：数系的扩充与复数的引入。

材料 3：向量的线性运算。

材料 4：高考题：在 ΔABC 中，a、b、c 分别是角 A、B、C 所对的边，且满足 $a\cos B = 3$，$b\sin A = 4$，求边长 a。

材料 5：集合概念的理解。

实验过程与结果：

1. 问题提出引发矛盾是学生观点发生变化的源泉。

说明：概念的获得最常见的是矛盾的生成，矛盾使学生的观点发生变化，由先前的感性认识上升到理性认识，从学生实际经验的概念否定例证中，以归纳的方式抽取出一类事物的共同属性。

材料1：关于"数学归纳法"教学

实验过程中教师课堂上的问题：①本节课的主要矛盾是什么？②引起本节课的主要矛盾是什么？③本节课介绍特殊证明方法，它特殊的地方是什么（与以往对比）？④本节课的视频的作用是什么？生活语言和数学语言的区别与联系？⑤本节课的学习中用到的方法与技巧是什么？

教师的引导：

第一步，提出产生问题的主要矛盾。教师呈现引起问题冲突的原因：无限的穷举与有限的操作产生的矛盾。目的是澄清学生的思维空间中的一个误区：学生在学数学时，局限于用部分说明整体，或者用特殊替换整体。学生对原问题的理解上升到一个规律性的认识，学生的思维空间也得到了进一步的发展。

第二步，教师提出问题、解决问题的另一个难点：任意相邻之间的传递关系如何操作？学生探究设置假设 $n=k$，$(k\in z^*)$，命题成立来证明 $n=k+1$ 命题成立的作用。经过师生的共同探究，用集合的工具很好地解决了教师提出的问题。这种方式不仅使学生掌握集合的思想，而且也使学生在探索中理解和掌握特殊化和一般化的思想方法，并学会如何在探究中运用这种方法。通过探究学生不仅为发现一个新的结论而感到高兴，而且更加激发了学生进一步探究的热情和欲望。同时，学生的思维空间也得到了进一步的丰富和发展。

第三步，教师提出问题：归纳假设的第一步是否可以省略？教师借助视频先从感性上让学生认识它的重要性，在课后的大讨论中利用反例来强化说明教师提出的问题的重要性。数学来源于现实生活，也要服务于现实生活。通过视频的引用，能使学生感受到数学与生活的紧密联系。同时，学生对感性的认识转化到理性的思考，对问题的理解也更为深刻。

第四步,教师提问,假设$n=k$,$(k\in N^*)$,命题成立的作用是什么?这是一个重要的假设,为证明$n=k+1$命题成立提供了一个重要的条件。

第五步,教师提问,数学归纳法学习让我们知道理性思维与感性认识的联系和区别。

第六步,教师提问,在讲解过程中的视频的真正作用是什么?类比是伟大的领路人。

说明:这是一些开放性的问题,对于学生的思维具有一定的拓展性与探索性,能够诱导学生对问题进行进一步的探索,这就导致了学生的思维空间有不断扩大的可能。在这些问题的支持下,深化了学生对原问题的认识。学生能从多种角度来对问题进行思考,并能尝试运用特殊化与一般化的方法提出新问题。对于这个课题的探究,历时两节课,第一节课主要包括前六个步骤,即对问题的探究局限于数学归纳法的证明过程,第二节课是对数学归纳法的思想的一个概括以及对数学思想与方法的一个再认识。通过对问题进行横向和纵向的拓展,通过不断的问题空间的转换,努力使学生处于一种"一波未平一波又起"的问题情境之中,为学生营造了一个又一个波澜起伏而又自由的适合学生发展的学习空间,使学生对问题有了更深层次的认识,通过学习明确了数学归纳法的真正内涵,也明白了概念教学的重要性。

学生9:原先总认为用举例子的方法就可以说明问题,现在明白自己观点的不足之处。

学生10:数学归纳法的学习不仅仅是两个部分的叙述,关键是思想的形成,感性认知与理性的证明区别太大。

学生11:原来矛盾是个很好的事物。

学生12:数学语言太有趣了,能够把数学内容表达得这么准确。

2. 引入数学史来解决矛盾而生成概念

数学命题的叙述,它既有知识结论,又记录了数学知识形成的思维过程及活动。数学史即一部完整的数学思想史。在教学中,我们要言而中的,既"授之以鱼",又"授之以渔"。因为思想方法具有更高的学习价值,它是使学生受用终生的东西。教学时,要有意识地参照史料。数学中的负数、无理数、虚数等概念,历史上发展缓慢,并且遭到过极大的反对。数学史告诉我们,为什么这些概念会遭到反对？它们又是怎样得到了承认？当我们把这些问题的来龙去脉搞清楚后，就能占领制高点。根据皮亚杰的观点，真正理解一个概念或理论意味着主体重新创造这个理论。

材料2：关于"数系的扩充与复数的引入"教学

教师引导提出的问题：

问题1：考虑所教内容对应数学史中哪部分知识？历史的知识是怎样选择成教学内容的？为什么要这样来组织？采用什么方式来教？教材内容如何转化为"课堂数学"？

问题2：历史有什么启示，能利用它的某些部分吗？能利用它找到突破难点的方法吗？如何构造一个恰当的辅助问题帮助学生修正认识上的偏差？

问题3：如何创设更有益于学生思考的数学活动情境？

教师说明：这些问题的回答要求挖掘数学史中一些事件的联系并找出规律性的东西，正确预测学生学习中的困难之处，捕捉学生思维发展的生长点，通过一些不难而又能引导学生进入某一门户的典型问题，有效地监控学生的思维。弗赖登塔尔也告诫教师要"遵循数学发展所表明的渐进系统化的过程，活动的数学，就应教学生再创造的方法"，如何引导学生进行"再发现"过程的学习呢？就虚数的引进，我们提倡适当暴露思维过程，即概念形成的过程，结论推导的过程，方法思考的过程，问题被发现的过程，数学规律被揭示的过程，不提倡在课堂上讲虚数的历史。这是因为教师自己有一桶水，给学生的却只应该是一杯水，不能把一桶水都浇到学生头上，同时，"再发现"过程的学习远非历史过程的简单重演，教学时更不应该在外围徘徊，而应迅速接近问题的核心，在不增加学生负担的情况下积极前进，将新知识和旧经验建立联系，怎样理解虚数是数，"理解数学无非是在观看数学现象，观看是通过数学的感觉去知觉形象"，如 $x^2+1=0$ 的解是一种我们尚不认识的新数，原因是实数给我们的限定，必须扩充实数集，确立i是数的观点。这个例子帮助学生打开了思路，突破了定势，起到了阿里巴巴"芝麻开门"的咒语作用。这样做不是把学生背进来、抱进来，而是"诱"进了复数大门，逼上了"虚数山"。

数学科学给我们知识，而数学史更能给我们智慧。我们认为，不重视智慧训练的数学教学是没有前途的。就培养学生的数学思维能力而言，前人数学思维发展中的经验教训是最有借鉴意义的,数学知识不会离开数学发展史而凭空产生。"一个坏的教师奉送真理,一个好的教师教人发现真理",尽快克服关门思考的"降落伞"式的教学,多读点数学史。①

数学史对于理解数学有难以替代的作用,数学有两个侧面:一方面,以最后确定的形式出现的定型的数学,表面上看来像是笛卡尔所说的"推理的长链";另一方面,从创造数学的过程来看,却好像是一门实验性的归纳科学。教科书的表述通常都是"落后的",它隐去了数学发现的思维过程,它的内容的抽象性和逻辑性往往掩盖了数学的本来面貌。这正如英国哲学家席勒所说:"逻辑分析没有去描述科学实际发展所凭借的方法,而是任意按照自己的偏见重新安排了实际的行动步骤,以求证的规程代替发现的规程。"现在的根深扎在过去,不读点数学史,就难以理解数学何以成为现在这个样子,就可能片面地认为数学就是单纯的知识、技巧堆砌,就是单纯的逻辑推导的一个天衣无缝的体系。②

学生13:数学史让我发现了数学家的聪明。

学生14:读史使人明志,而数学史的学习却使人变得睿智。

学生15:数学史让我有思想。

学生16:数学史教我创新的方法。

3. 层次性问题提出的数学教学能培养学生的自学能力

数学问题提出是一个逐步深入的过程,随着学生认知水平的提高和问题意识的增强,学生逐渐主动提出问题,提出的数学问题也会更具价值。在学习的不同阶段,学生对数学问题的提出可以有不同的层次。对数学问题提出的层次问题,主要观点简述如下:

朱福根认为:在数学教学中,学生"提出问题的能力"分为五级水平,即:敢于提出问题水平、简单模仿水平、初具意识的思考后提问题水平、带着问题学并研以后提问题水平、融会贯通和深思熟虑后提问题水平。这五个水平包括了提出数学问题所经历的全过程,后一个水平比前一个水平在层次上都递进

---

① 曹东辉. 数学史的教学价值[J]. 数学教师,1996.(9).
② 曹东辉. 数学史的教学价值[J]. 数学教师,1996.(9)

了一步,是前一个水平的拓广。

黄立俊和黄本利在朱福根研究的基础上,提出数学教学中学生"提出问题"能力发展的五个阶段:初级阶段、萌动阶段、幼稚阶段、成熟阶段、升华阶段。初级阶段是敢于独立、主动地提出问题的阶段,学生对于听课中不懂的知识、不会做的习题,敢于向老师和同学提问。萌动阶段是指学生通过简单模仿以后提出问题的阶段,提出的问题往往还比较简单,但已表明他们是在思考的基础上提出来的。幼稚阶段是学生初步学会思考以后提出问题的阶段,学生开始有意识地思考问题,试图提出一些有新意的问题,他们将自我见解和个人观点充分体现在所提问题中。成熟阶段是通过学生深入钻研以后提出问题的阶段,提出的问题有一定的深度和难度,学生对问题的本质有较高的把握,体现了一定的能力和水平。升华阶段是通过学生研究猜测以后提出问题的阶段,学生提出的问题既抓住问题的本质,又揭示问题的规律,具有猜测、发现之特征。达到这一阶段的水平的学生已初步具备了向数学更高领域探索的基础,已获得了终身学习和发展的基础和能力。研究数学问题提出的层次,对数学问题提出的培养策略的研究,以及实施"情境—问题"教学都有重要作用。目前,对数学问题提出的层次研究相对较少,而且研究存在局限性。朱福根的研究,对每一层次只做了笼统的划分,没有说明每一层次的具体表现,所以可操作性不强。黄立俊和黄本利的研究,虽然为我们的研究开辟了新的视角,但不适用于所有的问题,不具有普适性。

材料3:以"向量的线性运算"的知识结构图为例的教学实践

教师的研究思路:学生在高中学习集合、函数之后,初步体会到辩证的哲学观点对数学的指导作用,为了更好地把这种指导作用强化给学生,设计教学时,要注意将联系的观点自然渗透其中。讲解过程中,可借助一些通俗易懂、来源于学生已有知识的例子以及形象的图形为学生开辟一条思维之路,重点指出引起联系的关键事物,引导学生学会应用联系的观点解决相应的数学问题。

如图所示：

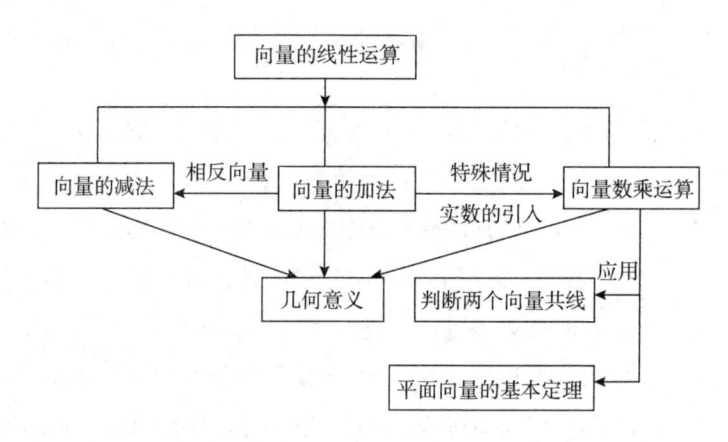

```
                    ┌──────────────┐
                    │ 向量的线性运算 │
                    └──────────────┘
                    ↙       ↓       ↘
        ┌────────┐  相反向量 ┌────────┐ 特殊情况  ┌──────────┐
        │向量的减法│←────────│向量的加法│────────→│向量数乘运算│
        └────────┘          └────────┘ 实数的引入 └──────────┘
              ↘              ↓                      ↓
              ┌──────┐   ┌──────────────┐    应用
              │几何意义│   │判断两个向量共线│←────────
              └──────┘   └──────────────┘
                              ↓
                        ┌──────────────┐
                        │平面向量的基本定理│
                        └──────────────┘
```

教师引导提出的问题：

问题1：课本中介绍向量的加法运算法则的依据是什么？给我们的启示是什么？（观点的改变）

问题2：向量的加法有三角形法则和四边形法则，它们有没有联系呢？

问题3：课本中处理向量的减法运算的方法是什么？给我们的启示是什么？

问题4：实数在向量的运算中有什么作用,它的优点是什么？给我们的启示是什么？

说明：通过问题的层次性，借助给学生画向量的线性运算的知识结构图，首先说明向量的加法运算的核心作用。介绍三角形法则和平行四边形法则后，相反向量的引入，为向量的加法与减法运算的联系创造了条件。向量的线性运算的另一个特点是它有深刻的物理背景和几何意义,因此在引进一种向量运算后，总是要考察一下它的几何意义。正因为向量运算的几何意义,使得向量在解决几何问题时可以发挥很好的作用。因此教师通过其几何特征,逐步引导学生在图形上接受向量的减法运算,同时加强了对向量的加法运算的认识。这样解释说明向量的减法就是向量加法运算的一个深入。向量的数乘运算则是向量的加法运算的特殊形式,而实数的介入使向量的加法与向量的数乘结合得更加紧密起来。通过对该知识结构的讲解,用联系的观点可以很好地把知识的来龙去脉、前因后果叙述清楚,学生接受得更快。

事物是普遍联系的,运用联系的观点,加上问题的提出可以强化数学概念的形成。向量是高中的一个重要知识点,用联系的观点来加以分析具有代表性。

向量的加法、减法及向量的数乘统称为向量的线性运算。有了向量的线性运算,平面中的点、线段(直线)就可以用向量表示,这就为用向量法解决几何问题奠定了基础。引入向量的数乘运算后,可以发现数乘向量与原向量是共线的,据此可以判断两个向量共线。向量的线性运算的另一个特点是它有深刻的物理背景和几何意义,因此在引进一种向量运算后,总是要考察一下它的几何意义。正因为向量运算的几何意义,使得向量在解决几何问题时可以发挥更好的作用。教学中应注意沟通各部分内容之间的联系,通过类比、联想、知识的迁移和应用等方式,使学生体会知识之间的有机联系,感受数学的整体性,进一步理解数学的本质,提高解决问题的能力和提出问题的能力。基于此,用联系的观点引导学生学习向量的线性运算,组织教学讨论能增强学生对数学本质的认识。

教师作为学生探究的发动者和促进者,主要起到一个"引导"的作用,特别是学生不知从何处入手进行探究时,教师此时应该提出问题,来支持学生的进一步探究。但教师不是"主导"学生进行探究,而是为学生的探究提供一个方向。

实验过程中需要注意循序渐进问题提出的数学教学的原则。欲速则不达,对教学工作者来说,循序渐进问题提出的数学教学的原则是首先应遵循的原则之一。在问题设计中,应当达到如下要求:从学习者的角度来看,"问题"必须具有可接受性、障碍性和探究性;从教师角度来看,"问题"应当有可控性;从数学内部来看,"问题"要具有可生成性、开放性。在问题的设计中,教师必须创造性地加工和处理教材,对教学内容做到舍取有度,符合如下原则:

①现实性原则,构建真实的问题情境,激励与促使学生全身心地投入到学习活动。

②思考性原则,设计的问题必须要有思考性,要为学生提供一定的思考空间。

③针对性原则,问题的设计必须要有针对性。把握教材内容的核心和相

关的问题,提供数学知识的"原型",让学生亲历数学的转化过程。

④挑战性原则,在学生的"最近发展区"提出有挑战性的问题,刺激和激励学生积极探索。

⑤开放性原则,问题的设计要有开放性,学生在探究的过程体验数学思想与方法。①

针对上述的实验,教师为了加强学生的观点又给出4个讨论的问题让学生体会层次性提出问题与联系的观点的作用。

问题1:单位向量的应用

单位向量相加有其特殊性,表现在几何性质上。它的几何性质介绍如下:

$\frac{\vec{a}}{|\vec{a}|} + \frac{\vec{b}}{|\vec{b}|}$ 的几何意义如图所示:

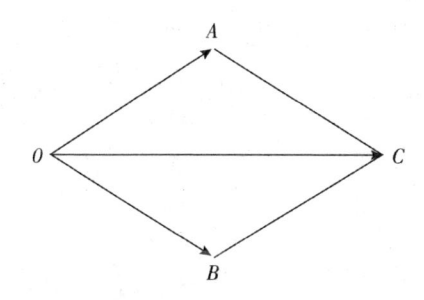

由平面向量加法的平行四边形法则,及该平行四边形邻边相等特征可以看出此平行四边形为菱形(向量共起点),其和向量与两已知向量的夹角相等。

问题2:若$\vec{OA} = \vec{a}, \vec{OB} = \vec{b}$,则$\angle AOB$平分线上的向量$\vec{OM}$为( )

(A) $\dfrac{\vec{a}}{|\vec{a}|} + \dfrac{\vec{b}}{|\vec{b}|}$ (B) $\lambda \left(\dfrac{\vec{a}}{|\vec{a}|} + \dfrac{\vec{b}}{|\vec{b}|} \right)$

(C) $\dfrac{\vec{a} + \vec{b}}{|\vec{a} + \vec{b}|}$ (D) $\dfrac{|\vec{b}|\vec{a} + |\vec{a}|\vec{b}}{|\vec{a}| + |\vec{b}|}$

设计意图:单位向量的特征是其模长为1,如果有两个不共线的单位向量

---

① 潭曙光.以问题为导向的高中数学课堂教学策略的研究与实践.广东仲元中学,2007.

$\vec{a}$ 与 $\vec{b}$ 相加,结合平行四边形,其中 $\vec{a}+\vec{b}$ 与 $\vec{a},\vec{b}$ 的夹角就很有特色,它正好与其角平分线共线。联系初中的平行四边形的分类,两邻边相等的平行四边形就是菱形,菱形的对角线平分两对角。这就为解决角平分线的问题创造了条件。这个例子虽然简单,但是它反馈的知识却很多,它包含了向量的加法与向量的数乘,有一定的代表性,适合学生在学习新知识的过程中,借助于联系的观点很好地把知识运用到几何图形中去。

事实上把单位向量的应用作为研究对象来源于学生的研究与探索中,是学生的问题提出让教师产生的灵感。在设计问题时注意三个原则:①目标性原则:针对学生实际,针对课堂教学所要构建的知识结构,针对教学目标。②启发性原则:能启发学生深入思考,有利于学生思维的训练,有利于培养学生的科学探究能力;③改变观点的原则:所选问题都是在学生已有的知识基础上,能够改变学生的观点,学有所得。

问题 3:(探究)在 $\triangle ABC$ 中,P 为一动点,它满足:$\overrightarrow{OP}=\overrightarrow{OA}+\lambda\left(\dfrac{\overrightarrow{AC}}{|\overrightarrow{AC}|}+\dfrac{\overrightarrow{AB}}{|\overrightarrow{AB}|}\right)$,问点 P 的轨迹一定经过 $\triangle ABC$ 的(　　)

(A)重心　　　　　　　(B)内心

(C)外心　　　　　　　(D)垂心

设计意图:此题是一道高考题。它的知识背景就是向量的线性运算的几何特征。观察 $\lambda\left(\dfrac{\overrightarrow{AC}}{|\overrightarrow{AC}|}+\dfrac{\overrightarrow{AB}}{|\overrightarrow{AB}|}\right)$,就可以发现与单位向量相加一致,可以肯定与角平分线有关。此题作为学生探究的题具有很好的代表性。其一,此题包含了向量的加法运算、减法运算、向量的数乘运算,内容丰富。其二,它的几何性很强,通过它能很好地说明向量运算的几何意义与初中几何特征的紧密联系。通过运算整理:$\overrightarrow{OP}=\overrightarrow{OA}+\lambda\left(\dfrac{\overrightarrow{AC}}{|\overrightarrow{AC}|}+\dfrac{\overrightarrow{AB}}{|\overrightarrow{AB}|}\right),\overrightarrow{OP}-\overrightarrow{OA}=\lambda\left(\dfrac{\overrightarrow{AC}}{|\overrightarrow{AC}|}+\dfrac{\overrightarrow{AB}}{|\overrightarrow{AB}|}\right)$,$\overrightarrow{AP}=\lambda\left(\dfrac{\overrightarrow{AC}}{|\overrightarrow{AC}|}+\dfrac{\overrightarrow{AB}}{|\overrightarrow{AB}|}\right)$,则 AP 在 $\angle BAC$ 的平分线所在直线上,故点 P 的轨迹一定经过 $\triangle ABC$ 的内心。

问题提出的依据:①学生认知结构中必须具有同化新知识的相应知识基础(能学);②学生必须具有获得材料的学习动机(愿学)。问题情境的提出以激发学生好奇心为出发点提问,启发学生进行发散性思维的提问,设定区域范围,引导学生通过观察类比发现问题。在情景创设中教师与学生探讨,学生的元认知水平是影响学生形成问题意识的重要因素。充分发挥教师的示范作用以培养学生问题意识,让学生主动参与教学过程,积极发表独立见解,鼓励标新立异,促使问题意识的自然强化。

问题4:(探究)在 $\triangle ABC$ 中,M,N 分别是线段 AB 与 AC 上的点. $\overrightarrow{AM} = \frac{1}{3}\overrightarrow{AB}, \overrightarrow{AN} = \frac{1}{3}\overrightarrow{AC}$,求证:$\overrightarrow{MN} = \frac{1}{3}\overrightarrow{BC}$。

设计理由:向量不仅有大小,而且有方向,那么两个向量通过线性运算后所得向量的大小、方向是什么? 它的工具性能够让学生轻松地接受吗? 此例子以学生熟悉的相似三角形为背景,通过"探究"引导学生进行实验,使学生形成如下感知"既有大小,又有方向"的向量不仅仅是知识,更是我们借以解释一些数学问题的好工具。另外证明线段平行是初中学生最熟知的知识点,现在的问题是要求学生借助向量这个工具加以认识,学生在证明的过程中就出现了思路不过关的问题。一方面是已知的东西,无法借用;另一方面是对未知的知识体系,不知道从何入手。教学中,应当让学生认真回忆数学中关于三角形相似的知识,并给以适当的操作机会,使学生形成对向量线性运算的充分感知。本题的意图是借助向量的三角形法则来让学生认知熟悉的事物,加深学生理解共线与向量的线性运算是有本质联系的。建立平面几何与向量的联系,用向量来表达问题中所涉及的几何元素,将几何问题转化为向量问题,借助向量的运算来说明几何元素的关系,是本案例的一个亮点。

学生17:向量线性运算的复习,让我明白运用向量工具的好处。

学生18:向量的复习教会我自学方法。

学生19:数学学习中也有联系的观点。

学生20:数学概念的理解在解题过程中能够重新得到认识。

4. 在解决问题的过程中形成概念

探索常规数学问题的问题提出与问题解决的关系,重点放在学生解决问题过程中如何提出新问题来形成概念进行探究。我们对原问题的设置是结构相对较为简单的,不是那种比较复杂的数学问题,因而解决原问题就相对会容易得多,不需要经过复杂的解题过程。此外,提出的问题其数学结构基本相同,解决方法都可以用类似的方法来解决,学生在解决其提出的问题方面存在较小的困难,学生会花费大量的时间来提出新问题,驱动其进行新的探究。这也与研究的问题性质有关。

通过问题的解决来引导问题提出,利用问题提出促使学生掌握概念。概念的学习是实验的核心,解决问题是投石问路的工具,问题提出引导学生悟出概念的内涵。

材料4:以高考题为例的教学实践

例1 在 $\triangle ABC$ 中,a,b,c 分别是角 A,B,C 所对的边,且满足 $a\cos B = 3$,$b\sin A = 4$,求边长 a.

解:(方法一)因为 $\dfrac{a}{\sin A} = \dfrac{b}{\sin B}$,所以 $a\sin B = b\sin A$.

因为 $b\sin A = 4$,所以 $a\sin B = 4$,又 $a\cos B = 3$,所以 $a = 5$.

问题1:用方程的思想来指导,求一个 a 只需列一个方程,列方程的依据是什么?正弦定理的作用是什么?借助换元法,减少变量。

问题2:此题的背景是什么?

方法二:因为 $a\cos B = 3$,$b\sin A = 4$,所以 $\dfrac{a\cos B}{b\sin A} = \dfrac{3}{4}$.

又 $\dfrac{a}{\sin A} = \dfrac{b}{\sin B}$,所以 $\tan B = \dfrac{4}{3}$,故 $\cos B = \dfrac{3}{5}$,所以 $a = 5$.

这道高考三角函数题,虽然简洁但不简单,它是在考查正弦定理的同时,考查学生的观察能力。

问题3:正弦定理及同角三角函数关系作用是什么?指导思想是什么?

例2 若非零向量 $\vec{a},\vec{b}$ 满足 $|\vec{a}+\vec{b}| = |\vec{b}|$,则(   )

(A) $|2\vec{a}| > |2\vec{a}+\vec{b}|$ (B) $|2\vec{a}| < |2\vec{a}+\vec{b}|$

(C) $|2\vec{b}| > |\vec{a}+2\vec{b}|$ (D) $|2\vec{b}| < |\vec{a}+2\vec{b}|$

解:(方法一) $|\vec{a}+\vec{b}|=|\vec{b}|$,两边平方得 $\vec{a}^2+2\vec{a}\cdot\vec{b}+\vec{b}^2=\vec{b}^2$,即 $\vec{a}^2=-2\vec{a}\cdot\vec{b}$.

针对 A,B 选项,由 $4\vec{a}^2-(4\vec{a}^2+4\vec{a}\cdot\vec{b}+\vec{b}^2)=-4\vec{a}\cdot\vec{b}-\vec{b}^2=2\vec{a}^2-\vec{b}^2$.

因为 $2\vec{a}^2-\vec{b}^2$,从条件中得不出结论,故 A,B 选项被排除。$4\vec{b}^2-(\vec{a}^2+4\vec{a}\cdot\vec{b}+4\vec{b}^2)=-4\vec{a}\cdot\vec{b}-\vec{a}^2=2\vec{a}^2-\vec{a}^2=\vec{a}^2>0$,所以选 C.

问题4:本题考核的指导思想是什么?它是借助向量认识不等式,那么它们有什么联系?

教师引导:如果单纯以计算的形式,时间太久,不符合出题者的意图。出题者的意图是什么?

解:(方法二)

用几何法。

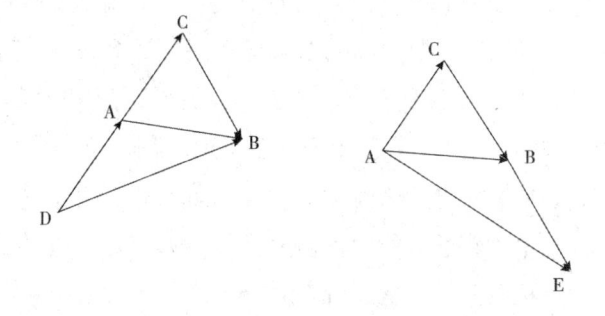

①如图所示,设 $\vec{AC}=\vec{a},\vec{CB}=\vec{b}$,则 $|2\vec{a}|=|\vec{DC}|,|2\vec{a}+\vec{b}|=|\vec{DB}|,|\vec{DC}|$ 与 $|\vec{DB}|$ 无法判定大小,故排除选项 A,B.

② $|2\vec{b}|=|\vec{CE}|,|\vec{AE}|=|\vec{a}+2\vec{b}|,|\vec{AB}|=|\vec{CB}|=|\vec{BE}|=|\vec{b}|$,故 △AEC 为直角三角形,所以 $|\vec{AE}|<|\vec{CE}|$,因此选 C.

实验说明:这道高考选择题,出题新颖,有独到之处。乍一看本题就是考察向量的长度,借助向量的数量积处理等式,在形式上转化为 $\vec{a}^2=-2\vec{a}\cdot\vec{b}$,然后利用此等式,分别来验证四个选项,能很好地考察学生的运算能力及对向量数量积的深刻理解。这里的方法是借助向量的线性运算中的核心内容——加法的三角形法则来处理,收到了很好的效果,$|\vec{a}+\vec{b}|=|\vec{b}|$ 得到等腰三角形,然

后画出两种可能情况的图形,很快得出答案。此种解法告诉学生,代数和几何的结合仍旧是高中学生应该牢牢掌握的方法,常用它对于数学思维的培养是非常有益的。

对解题过程和结论的反思,引导学生反思命题的意图,考察的是哪个知识点。问题解决包括对初始问题连续的再阐述,对一个复杂问题的解决过程包括提出一些连续的更精炼的问题——更能体现已知信息与目标之间关系的问题。这一系列问题提出的同时,也将总的解决问题的目标分解为一层一层的次目标,通过逐次对次目标的实现,达到对原问题的最终解决。因为在解决问题的过程中能够让人们提出更多的问题,达到有效的课堂教学气氛,促使学生的思维得到很好的训练。完成一道数学题后,教师还必须引导学生认真进行如下探索:命题的意图是什么?考核哪些方面的知识和能力?验证解题结论是否正确合理?论证过程是否判断有据?本题有无其他解法?哪一种解法最简捷?把本题的解法和结论进一步推广,能否得到更有益的普遍性结论,即举一反三,多题归一?数学知识环环相扣,解题思路灵活多变,解题方法途径繁多,但最终却能殊途同归。即使第一次解答得合理正确,也未必能保证解法是最优最简捷的。教师还应该引导学生进一步反思,探求一题多解、多题归一的问题,从沟通知识、掌握规律、权衡解法优劣等方面来进行总结,使学生的解题能力更胜一筹。学生对新学习的知识需要进行整理、归纳,通过反思,使学生体会知识之间的有机联系,感受数学的整体性,进一步理解数学的本质,提高概念的形成能力。

材料3:集合概念的教学实践

为了强化学生对解题有一个重新的认识,教师单独以集合概念的理解为例,举出五个是集合的例子。

①全体整数为研究对象

②全体实数为研究对象

③天津市第四十五中学2016年9月入学的所有高一学生为研究对象

④中国古代的四大名著为研究对象

⑤地球上的火山为研究对象

问题1:上述五个例子用数学语言来说出其共同属性是什么?

问题2:研究的目的是什么?

问题3:怎样描述集合,怎样用数学的语言表述集合?

问题4:列举2个例子,借助对比的方法来说明集合的特征。

①中国境内的大桥为研究对象

②五班学生中高个子学生为研究对象

问题5: $A=\{1,2,3\}$, $B=\{x|x\in A\}$,求集合 B.

问题6:怎样用集合表示奇数集合,在表达过程中主要的困难是什么?

问题7: $A=\{x|x=2k+1,k\in Z\}$, $B=\left\{x\left|\dfrac{x-1}{2}\in Z\right.\right\}$,求 A 与 B 的关系。

实验说明:问题1、2通过问题提出为学生学习集合语言提供了思维空间,集合语言来源于生活,高于生活,是高度的抽象语言。问题3用来解决在数学的学习过程中,注意用符号语言来表述抽象的语言。问题4通过对比进一步加深对集合定义的了解。问题5、6、7用来说明形式与内容的统一,也为后面集合的应用做了铺垫。通过问题7的解决进一步让学生明确形式与内容的统一问题。此外,在对问题3的研究中,我们也进行了一个预研究。从前面的一个预研究中发现,学生提出问题只是由于知识经验和情境的刺激,并没有掌握一些问题提出的策略,这使得他们在解决常规的数学问题后,很难再对问题进行深层次的探索。鉴于此,我们对学生进行了一个针对常规数学问题的"问题提出"训练,如问题5、7,训练的目的是使学生掌握一些基本的问题提出策略。

学生21:集合的符号真是动静结合的典范。

学生22:原先没有注意集合的作用,以为很简单。

学生23:原先对集合的概念理解不到位。

学生24:对数形结合认识水平又有提高了。

实验数据统计:

问题(单位:人数)	实验班一班	对照班四班
以归纳的方式抽取出一类事物的共同属性,经常用	33	23
类比是伟大的领路人,类比是学习的好帮手	36	20
数学史更能给我们智慧,课外读数学史	30	20
联系的观点解决相应的数学问题,哲学很有用	40	23
概念的学习是核心,注重概念的学习	41	30
利用问题提出促使学生掌握概念学习	33	20
做数学题时常用数形结合	44	24
问题提出的作用是引导观点的变化	37	18
矛盾使你的观点发生变化	43	20
集合的符号是动静结合的典范	44	20
数学史即一部完整的数学思想史	40	15
通过类比、联想、知识的迁移和应用来学数学	30	18
合计	451	251

实验结果：

以学生概念生成性教学策略研究为中心,通过问题提出的教学和研究性教学改变了学生的观点,促进了教师教学的创新,多种方法的引导高效率让学生形成概念。课堂的问题提出使学生知识结构发生重组,学生观点的改变很快,概念的形成到位。学生注重数学思想与方法的学习。培养和训练了学生的思维,学生的课堂学习效率有明显的提高。通过数据说明,学生在实验中的表现是可观的。实验的学生不仅仅是观点发生改变,而且对数学的认识也发生了根本性的改变。另外就是学生学习数学的方法也灵活了,学生对数学概念的认识也上了层次。

(三)课后问题提出的教学实践

课后学生的问题提出是学生数学思想的一个升华;课后学生的问题提出是学生调整学习状态,是下一节数学课的开端;课后学生的问题提出是课堂教学的延续。对于教师来说,课后问题的提出并不亚于课堂上的教学。

实验假设:课后问题的提出主要关心反思,注重在数学思想的指导下学生对解题过程与结果的关系的了解。试图改变以往注重习题的重复训练,只注重课堂教学效果等的单一思维模式。引导学生,注重数学史、哲理,倡导用生活说话,让学生明白学习即生活。改变学生的学习态度与学生的学习习惯。

实验目的:课后问题提出弥补课堂教学的不足,课后的问题提出促使教师教学思想在学生的头脑中的渗透,提高学生课堂教学的效果。

实验自变量:学生的反思主要提出 2 个问题:①课堂教学过程中概念是怎样形成的?②过程与结果的关系?

教师的反思主要提出 2 个问题:①课本中材料组织的指导思想是什么?②数学思想是通过什么方式传达给学生?

实验无关变量:学生的作业不能够超出课程标准的要求,学生课外数学学习时间最好不要超过 1.5 小时。

实验因变量:课后问题的提出主要关心反思,从两方面来反思:一方面研究学生的反思的效用;另一方面研究教师的反思,研究教学相长对课堂教学的促进作用。

实验程序:

实验在高一年级第二学期进行,整个实验持续一个月,采用训练—后测的实验设计。因为学校在分班时依据的是中考分数,具有很高的信度。两班没有什么区别。

训练:从开学第一周进入训练阶段。训练共分 8 次课,持续四周,每周两次,每次训练时间为 15 分钟。

后测:见附录小测验。

实验材料与教师的指导:

材料 1:向量的线性运算的知识结构图

材料 1 教师课后问题提出:否定之否定的规律:否定是对事物的质的根本否定,但不是对旧事物的简单抛弃,而是变革和继承相统一的扬弃。事物发展过程中的每一个阶段,都是对前一阶段的否定,同时它自身也被后一阶段再否定。把这种认识的规律运用到我们的学习上是十分有利的。同学们在小学和初中阶段的学习,都是一个模式下的学习,是接受学习,没有多加考虑学习它的意义,即它的思想性,而主要是机械性的演算。这是一种缺乏指导的盲目演算。不是锻炼学生思维的好方法。而它的负面影响就是使学生形成学数学的一种错误模式,数学就是盲目的变形演算,忽略了思想的数学学习是可怕的。全靠记忆学数学也是可怕的。把观念改一改,学生就不会认为数学是枯燥单调的了。而向量的线性运算的核心是向量的加法。那么向量的减法与向量的数乘运算怎样学习得到呢?借助问题的提出,否定之否定,重新组织学习观点,构造思想为后续自己学习做铺垫。

根据教师常规教学活动的内容及教学程序,教学反思一般可分为教学实践活动前的反思、活动中的反思、教学实践活动后的反思。就数学学科而言,其教学活动是一个完整有序、前后衔接、相互联系的有机整体。在教学过程中,教师、学生和教材是通过怎样的教学活动去实现既定的教学目标的?这种教学活动是否适合学生的兴趣能力,教学效果是否实现了教学目标?只有通过教学后的反思、课后问题的提出才能够描述现状,分析优劣,指出改进的方向。通过对学生反馈的信息做科学的分析与判断,以问题提出为技术手段,实际就是对教学进行规律性探索的一次尝试,通过教学实践、教学反思、问题提出、教学实践,这样反复的实践和探索,促使教师进行自我反省,注意积累成功的教学经验,吸取失败的教训,及时改进教学中存在的问题,对症下药,弥补不足,这样,日积月累,可以增强自己的教材处理能力和应变能力,提高驾驭课堂的能力,促进业务水平的提高。课后问题提出有助于在教学中及时对教案进行修正补充,扬长避短,提高教学效率,客观决定主观,主观必须符合客观。课后教学反思毕竟属于主观的东西,要使课后教学反思有实用价值,必须如实地反映教学的客观性,用问题提出的形式弥补不足方面。

一节教学效果好的课,必定在教学的总体设计上把握了教学目标、学生的学情,体现了思维的坡度,调动了学生的积极性,有着可取之处。在课后反思中,教师首先就要肯定自己的教学设计并进一步思考其在达成知识与技能、过程与方法、情感态度价值观的三维目标上的效果,据此总结这个设计成功在哪里,还有哪些可以改进的地方。课堂上师生情感和智慧碰撞出的"奇思妙想,奇问妙答"往往蕴含着创新的火花,成为课堂上闪光的瞬间。在课后反思中,教师不仅要把自己形象贴切的比喻、引人入胜的导入语、留有悬念的结束语、激发学生思维的提问、恰到好处的微笑记录下来,更应将自己如何及时捕捉学生反馈的信息加以重组,并趁机以问题提出引发学生思考,进而开展讨论进行细致的整理。这样积累的宝贵素材,既记录了教师与学生真实而生动的课堂生活,又拓宽了教师的教学思路,有助于提高教学水平、挖掘教学潜能。教学是一门遗憾的艺术,每一堂课下来,都会有许多不尽如人意的地方。把这些课堂教学过程中的"败笔",失败的演示实验、处理不当的教学重点和难点、安排不妥的教学内容、难易欠妥的习题配置、由于某种原因挫伤了学生学习的积极性等记录下来,并对这些原因进行探究和剖析,想一想,是教学思想上的问题,还是知识积累上不足,或是对学生认识上的偏颇,都要认真分析,通过问题提出使之成为以后教学中应吸取的教训。

材料2:师生探究数学归纳法

材料2 教师课后的问题提出:为了使这种参与有一定的智能度,教师应做好发动、组织、引导和点拨。学生的思维参与往往是从问题开始的,本节课按照思维次序编排了一系列问题,让学生投入到思维活动中来,把本节课的研究内容置于问题之中,在逐渐展开中,引导学生用已学的知识、方法予以解决,并获得知识体系的更新与拓展。如运用数学归纳法证明与正整数有关的数学命题,两个步骤缺一不可。理解数学归纳法中的递推思想,尤其要注意其中第二步,证明 $n=k+1$ 命题成立时必须要用到 $n=k,(n\in z^*)$ 时命题成立这个条件。这些内容都将放在下一课时完成,这种理解不仅使我们能够正确认识数学归纳法的原理与本质,也为证明过程中第二步的设计指明了思维方向。

从现代系统理论角度分析,学习活动是一个极其复杂的系统。在此系统中存在着许多相互联系、相互作用的因素。如学习风格、学习策略、情绪状态、学习任务、动机水平、学习时间、教师、同学、父母社会文化背景等。任何学习活动都是在以上诸因素的交互作用与共同影响下产生、进行、完成的。其进行和完成的效率高低、效果好坏直接取决于这些因素能否合理、有效、协调发挥积极作用,从而使学习活动得以顺利进行,取得最佳学习效果。这也是教学生学会学习的主要教学目标。要达到这一目标,就需要学生对自己的学习活动具有自我监控的能力。而教师往往只注重课堂的教学效果,忽视了课后的追踪效用,从而影响课堂的教学效果。这种现象主要表现在学生的态度方面。研究表明,在态度方面,自我效能感通过身心反应过程,影响个体在困难面前的态度而反作用于自我监控能力的发展。

自我效能理论认为,自我效能感决定了个体的应激状态、焦虑反应、抑郁程度等身心反应过程。由此,又会通过思维过程影响个体行为及其功能发挥。如果个体认为自己能对环境中的潜在威胁施以有效控制,他就不会在应付事件之前焦虑和恐慌。若相反,则个体的焦虑水平就会被唤起,并采取保护性的退缩行为,被动应付。低自我效能感的学生在学习活动中就会采取消极方式,不愿对自己的行为进行自我监控,并表现出对自己的学习行为予以调节监控的意识和行为的缺乏。这一点在帕里斯的研究中也可得到证实:自我效能感与学生的组织、评价、计划目标设置等自我监控能力有显著正相关。[1] 因此课后的问题提出能促使学生自我效能感的提高,为课堂教学的效果做好铺垫。

实验测试的具体数据统计:

为了获得比较令人信服的数据,课后组织一次小测验,来具体说明课后问题提出对数学学习的影响。具体数据统计如下:

题号	1	2	3	4	5	6	7	满分150
1班(个数)	40	36	37	31	25	20	10	5
4班(个数)	35	30	31	20	10	10	2	0
相差(个数)	5	6	6	11	15	10	8	5

实验结果:

第一题:求二次函数$f(x)=x^2-2x$在$x\in R$上的值域.这是基础题,对于初中生来说已经很熟悉。由于学生的基本功不扎实,运算不准确,导致出错。对比知道,实验的学生注重数形结合,数学的理性加强,不想当然,学生课后注重过程与结果的关系。

---

[1] 申艳娥.班杜拉自我效能理论对"教学生学会学习"的启示[J].闽江职业大学学报,2001.

第二题与第三题:对比第一题,显然是对高中定义域的一个认识,研究函数图像的作用,看清研究的对象,不是整体,而是部分。实验班的学生大部分能准确识别,具备较好的数学思想。数学思想是通过什么方式传达给学生的呢?课堂上教师已经做了说明,课后学生的反思,问题提出的作用也在此体现出来。

第四题:求二次函数$f(x)=x^2-2x$在$x\in[-4,4]$上的值域。对照班的学生有一半的学生直接用并集的方法,忽略了函数图像的作用。实验班的学生就能准确地运用图像解决,说明实验班的学生理性思考较强,这也说明问题提出对学生观点的改变有影响。

第五、六、七题:上述四个题的对比与分析,目的是为做第五、六、七题服务。与前四题对比发现,题目的主要矛盾是定义域的变化。那么变化中的规律是什么?引起分类的原因是什么?实验班的学生能很好地做出解答。这也是课后学生做了充分准备的一个具体表现。

课后问题提出弥补了课堂教学的不足,课后反思,贵在及时,贵在坚持,贵在执着地追求。一有所得,及时记下,有话则长,无话则短,以记促思,以思促教,长期积累,必有"集腋成裘、聚沙成塔"的收获。教学是一项"没有最好、只有更好"的工作,课后的问题提出是教师教学思想在学生中的一个渗透。

通过比较,说明实验取得了效果,学生的成绩是一个很好的证明。现在注重数学思想指导下学生对解题过程与结果的关系的了解。以往注重习题的重复训练,现在注重问题的提出与习题的构造关系。以往只注重课堂教学效果,现在不仅注重课堂效果也注重课后的追踪效果(可持续性)。以往注重把知识灌输给学生,现在注重引导学生,注重数学史、哲理,倡导用生活说话,引导学生明白学习即生活。重要的是改变了学生的学习态度,学习的方法加强,学生的学习习惯比先前要好。

五、数学问题提出研究的教学成效与思考

通过实证研究与调查问卷的研究显示了问题提出作为教学活动一部分的

重要性。问题表达数学观念,不仅展示了数学概念发展所蕴涵的数学思想,而且学生对数学本质的理解有了更深层的认识。研究发现学生思想变化的因素一部分来源于课前的观点,而课前对学生观点的影响如果能够按好的方向发展,则课堂的学习肯定会收到事半功倍的效果。课堂教学中问题提出对学生概念的生成起到很好的作用,课外的问题提出对课堂教学的正面影响,用来证明课堂教学的效果是多因素的结果。问题提出的教学方法促进教师的数学观点的提升。

思考一:以问题提出的教学方法是否为高效的课堂,教学中还有什么细节需要我们去完善。

近年,一些研究从教师观点的角度直接讨论了"好"的课堂教学。通过调查九名有经验的美国数学教师对好的教学的看法,Wilson、Cooney、Stimson 指出,所有的参与调查者均强调教师及学生的数学知识、促进数学理解、激励和吸引学生以及有效的课堂管理的重要性。进一步,通过访谈 9 名中国专家教师和 11 名美国著名教师对有效教学的看法,蔡金发等发现,两国的教师均认为,一节课的设计与讲授对最终的课堂效果起着关键作用,教师要激发学生在课堂上积极参与,向学生明确课堂交流的目标。中国教师似乎比美国教师更关注确保向学生清楚解释教学难点。同样地,当操作的和小组的任务合入课堂时,美国教师比中国教师更强调监控学生的活动。美国教师也强调课堂需要包含现实生活例子和问题。此外,他们还强调需要限制正式的讲授,以便学生有充足的机会探究问题和参加指导性的实践。相反,中国教师强调课堂必须连贯,必须相互关联。此外,他们还强调有效的课堂应包含充实的数学内容和给学生练习的机会。根据词语使用的频繁度,我们发现这些教师优先考虑培养学生的数学推理、数学思维方法和数学能力(9 名教师有 20 次)。有超过 6 名教师关注教师的正确指导(5 名教师有 7 次)和学生的积极性或自觉学习(7 名教师有 10 次),并且对于好的学习与教学而言,探究学习(6 名教师有 9 次)也是重要的。有 5 名教师强调创设恰当的学习情境。对于好的学习与教学而言,使学生参与学习过程也是重要的。此外,有超过 4 名教师提到,对好的学习与教学而言,论题之间的关系、学生的学习兴趣与动机、合作与交流、选择恰当的学习方法、提出问题和适当的练习是重要的。① 可以发现,三种因素影响课堂效果:一是激发学生的参与;二是问题的探究;三是师生的和谐。

思考二:问题提出的教学方法是否促进师生关系的和谐?

课堂上问题提出使师生关系融洽。从教学过程角度来说,它有四个基本要素,这就是教师、学生、教材、教法。这四个要素的相互配合,形成教师与学生的关系、教师与教材的关系、教师与教法的关系、学生与教材的关系、学生与教法的关系,这六种关系只有处于和谐状态,才能谈教学的优化,才能提高课堂教学的效率。我认为教师与学生的和谐才是最根本的和谐。因此,不论我们进行任何的试验,进行任何的改革,首先要做的是从根本上构建和谐的师生关系。教师与学生是教学过程中的两个最主要的要素,正是由于教师的教和学生的学才构成了教学过程。愉快和谐的课堂气氛,可以激发师生双方的积极性和创造性,提高课堂学习效率。而这种和谐的课堂气氛,首先表现为师生以诚相见,情景交融,在课堂上听不到呵斥声和叹息声,看不到苦恼和僵持的局面。这就需要教师充分发挥教学民主,善于发现学生的积极因素,借助问题提出来改善师生的关系,善于处理一些偶发事件,保护学生的积极性,使师生关系和同学关系始终处于和谐状态。②

山东师范大学的赵昌木教授指出,课堂是"情感与情感的沟通""生命与生命的对话""人与人关系的交流"的主阵地。和谐的师生关系,定会使课堂上学生思维之花开放得更加灿烂。心理学研究表明,人只有在轻松、自然的氛围中,才容易产生好奇心和求知欲,创造力才容易被激发出来。平等活跃的课堂可以使学生放松紧张情绪,有利于思维的驰骋。特别是和谐师生关系下的课堂,可以发挥学生好学、好问的天性,让更多的学生提出更多更好的问题,成为学习真正的主人。在和谐的氛围中,更易激发起学生探究的天性。学习过程的探究活动不只是限于寻求人类尚未知晓的事物,也包括用自己的头脑亲自获得知识的一切步骤。这无疑需要问题意识的参与,否则就无法进行任何形

---

① 黄荣金,何小亚,李业平.什么构成了好的数学教学?——中国名师与新手观点之比较[J].全国高等师范院校数学教育研究会,2008.
② 康兴梅.课堂教学中培养初中生数学问题提出能力的理论和实践[D].山东师范大学硕士学位论文,2006.

式的探究与发展。

我国教育部曾经做过这样的一项调查:这项调查涉及中学生对各门课程的态度。调查结果显示,中学生对数学课的态度概而言之是:又爱又恨,意思是又喜欢又讨厌,或者是有的喜欢,有的讨厌。中央电视台在配合2002年国际数学家大会而制作数学传播节目时所做的公众问答调查也反映了数学在大多数公众的心目中是一堆数字和公式,抽象、深奥甚至神秘,对数学的应用价值也不甚了解。数学的这种公众形象从发展现代教育与科学的角度看是堪忧的。我们家长、教师人人都知道数学的重要性,原因是数学是必考科目,数学学不好就相当于把上好学校的机会让给了别人,这是家长和教师的共识。他们认识的重要性也只能局限于这个水平。但是,对于涉世未深的中学生而言,又有几个是为了提高自身的数学素质在学习?又有几个是为了兴趣而学?那些数学成绩好的学生,大部分是为了能进入高一级的学校而努力。还有这样的大约40%的学生,纯粹是为了老师而学习,和老师关系好了就给他学点,或者是高兴了就学点,看这个教师顺眼就给他(或她)多学点,并且这样的学生并不在少数。因为喜欢数学老师就学习数学,因为讨厌数学老师而讨厌数学的学生也不在少数。有的学生曾经有过数学的辉煌,或许是数学老师的一句话曾经刺激过他(或她),慢慢地失去了数学的兴趣,最终沦落为数学学困生的人也不在少数,所以构建和谐的师生关系就显得至关重要了。和谐的师生关系是激发学生数学学习兴趣的基础和前提,是课堂上学生自由发问的心理保障。教师不论用什么样的方式来激发学生的数学学习兴趣,没有成功的心与心的沟通,没有师生关系的和谐,一切都是纸上谈兵。

探究一:问题提出是否能培养学生的创新能力?

我们需要的是通过系列化的研究日积月累培养学生的创新能力。数学教学的创新点要从两方面进行设计:一是数学内容要"新",要求学生在数学上经过思考有所探索、发现;二是教学过程要"创",教师要有意识地为学生设置思考空间,至于创新形式是多种多样的。可以是学生独立思考,进行归纳猜想、尝试求解、发散开放、推理发现、合作讨论;也可以是教师有目的地提问,采用启发式方式和学生对话。甚至教师做创新的示范。也可以作为"创新点"加以设计。通过教师提问,为学生预留思考的空间。促进学生思维的开放。又如一题多解,让学生尽量提供较多的不同解法。发现问题,提出问题。通过教师创设情景,要求学生归纳猜想,建立数学模型。借助数学的各种表现方式进行比较,得出新的结论。这是目前情景创设教学常用方法。通过教师示范,展示创新的过程,或者介绍数学家创造数学的历史,激励学生的创新动力。通过设置数学教学平台,让学生认识数学的教育形态。把书上的学术形态情景化,暴露它的数学实质。把探究点放在求证阶段。例如"勾股定理"的教学设计。通过适时的问题,让学生总结数学思想方法,由感性的体验上升为理性的思考,理解数学的本原。欣赏数学的美,体会数学的人文价值。①

生活中,时时处处都有问题,每个学生都有与众不同的经历和感受。因此课堂开始,教师在教学中可根据教学目的要求、教材内容、学生的年龄特点和个性差异,创设符合教学特点的问题情境,激发学生的探求欲望,集中学生的注意力,充分调动学生学习的积极性和主动性。使他们通过观察、体验、想象、思考,进而发现问题。

探究二:以学生概念生成性教学策略研究为中心,通过问题提出的教学,促进高效的教学课堂顺利进行。

探究三:课后问题提出对后续的课堂学习的影响如何评说?

课后学生的问题提出是学生数学思想的一个升华,课后学生的问题提出是学生调整学习状态,是下一节数学课的开端,课后学生的问题提出是课堂教学的延续。对于教师来说,课后问题的提出并不亚于课堂上的教学。

附1:问卷调查

请学生仔细阅读每一个陈述,根据你半年的实际感觉做出回答。将所选答案数字写在每题后的(　　)内。

姓名(　　)性别(　　)出生日期(　　　)班级(　　　)

①没有或很少时间;②少部分时间;③相当多时间;④绝大部分或全部时间

1. 课前不预习,上数学课时,我觉得心里空荡荡的(　　　)

---

① 张奠宙 崔雪芳.常规数学教学中创新点的设计[J].教育科学研究,2006,(1).

2. 如果数学概念课下没有问明白,数学课上我就紧张( )

3. 上数学课前,向老师提问题后,我上课的状况很好( )

4. 数学老师讲解习题时,我听得很明白,但是自己做题就没有思路( )

5. 课后我对数学的兴趣很强,独立做数学题( )

6. 课前作业没完成,上数学课时,我感觉容易衰弱和疲乏( )

7. 如果课前不与同学交流数学问题,上数学课时,就觉得比平时容易紧张或着急( )

8. 课后我做数学题的时间( )

9. 课前没有复习,数学考试我很没信心( )

10. 我做数学题时总用初中的一些方法( )

11. 高中的学习效率不如初中( )

12. 我习惯课前预习( )

13. 课后我有很多数学问题要问老师,上课时我的学习状况会很好( )

14. 我计算总出错( )

15. 我读不懂数学题( )

16. 在数学学习过程中,如果忘了要用的公式,我会自己重新推导它( )

17. 我感觉学数学很空洞,一点用都没有( )

18. 上数学课前,我提问题的意识非常强烈( )

19. 上数学课前,希望与老师交流问题意识非常强烈( )

20. 课堂上我想有机会我一定预习数学( )

21. 课前的探究学习对我的课堂学习很有帮助( )

22. 做数学题时,我常常认为 $\sqrt{x^2} = x$ ( )

23. 课后我经常向同学问问题( )

24. 我做数学题时用抽象与具体的思维方法( )

25. 我学数学用抽象与概括的思维方法( )

26. 我课外看数学课外读物( )

27. 我课后总结学数学的经验( )

28. 与高中相比,我更喜欢初中的学习方法( )

29. 我会根据不同的学习任务选择不同的学习方法(　　)

30. 我认为多做数学练习题是学好数学的唯一途径(　　)

附2:课后问题提出实验测试用题

1. 求二次函数 $f(x)=x^2-2x$ 在 $x\in R$ 上的值域(20分)

2. 求二次函数 $f(x)=x^2-2x$ 在 $x\in[2,4]$ 上的值域(20分)

3. 求二次函数 $f(x)=x^2-2x$ 在 $x\in[-4,-2]$ 上的值域(20分)

4. 求二次函数 $f(x)=x^2-2x$ 在 $x\in[-4,4]$ 上的值域(20分)

5. 求二次函数 $f(x)=x^2-2x$ 在 $x\in[t,t+1]$ 上的最小值 $g(x)$ 的表达式(20分)

6. 求二次函数 $f(x)=x^2-2x$ 在 $x\in[t,t+1]$ 上的最大值 $h(x)$ 的表达式(20分)

7. 求二次函数 $f(x)=x^2-2tx$ 在 $x\in[1,3]$ 上的值域(30分)

第二章

高中数学教学策略的研究

一、数学教学策略研究的意义

20世纪60年代,国外学者一直致力于学习策略的研究,而忽视了教学对学习影响的研究。20世纪70年代以后,研究者们开始重视教学对学习的影响,把教学策略和学习策略一并置于更广泛的学校情境中加以考察,既重视学习策略的作用,又重视教学策略的作用,形成二者齐头并进的格局,这是教学观念的发展。加涅在《学校学习的认知心理学》中提出:"我们第一要指出教师如何改进自己的教学,第二要指出学生如何改进自己的学习。"通过研究证明,教学策略对教学效果、对学生的学习有重要意义。在理论上开辟了新的研究领域,引导人们树立科学的教育观、师生观;在实践中,找到了影响学生学习成绩的重要因素——教学策略,并对此进行了一系列富有成效的研究,尤其是20世纪90年代在西方研究教学策略的热忱超过了研究学习策略。

"教学策略"一词在我国教育文献中的出现是80年代以后的事,而且这一术语是伴随"教学模式""教学设计"等概念而出现的。而对教学策略比较系统的研究则是从20世纪90年代开始的。随着教学策略研究的深入,我国一些从事学科教学的研究者开始把国内外的有关教学策略的研究成果运用于学科教学中,探讨具体学科的教学策略。但是针对数学学科的教学策略研究相对较少,而对于高中学段的数学教学策略的研究更是比较零散,缺乏系统性。在学校教学工作中,课堂教学既是重点又是难点,作为一线高中数学教师在日常的教学活动中恰当地运用教学策略辅助优化教学,提升教学的质量与效果是工作的重心。因此,除了重视研究教师应该教什么、更应该研究怎样教的教学策略问题。另外,随着近年来基础教育的课程改革逐渐深化、扩展,整个小学、初中、高中数学教材的内容分类、知识结构、技能要求都发生了很大变化,在这种情况下,由于学生接触新课改时的学段不同,导致进入高中时的数学认知结构和认知方式也是每年都在更新。由于高中数学的教学内容、教学主体都发生很大变化,这就要求高中数学教学策略必须与时俱进不断"升级",才能行之有效。

为了更好地深入了解目前高中数学教学活动中的教学策略的运用现状,比较切合实际情况地发现高中数学教师在教学策略运用上的问题,本文对高中数学教学策略的运用现状进行了调查,力求根据所调查反映出的情况有的放矢地采取相应的教学策略调整来完善教学,建立有利于学生有效学习、教师有效教学的高中数学教学活动策略实践体系,真正实现对高中数学教学的比较科学的、系统的、实用有效的指导。

(一)数学教学策略研究的现实意义

教学策略的研究由来已久,但同时又是一个常说常新的课题。不同的国家、不同的学者都会有自己的角度和见解,所谓"教无定法"实际上体现了教学体系总是在与时俱进的动态调整变化。新课改背景下,高中数学的教学策略也是根据教情、学情不断更新整合。

通过对高中数学教学策略的现状调查,从整体上合理有效地把握策略体系,找出实际策略运用上的问题所在,并及时调整刷新。力求为教学第一线的广大教师,提供适用于新课改后高中数学学科并且具有简约化和可操作性的教学策略体系,作为教学工作重要的辅助工具,合理有效地运用教学策略,提高教学的质量,优化数学教学的效果。

1. 析出实际策略运用中的问题,完善优化策略体系的需要

随着对教学策略体系研究的深入,理论体系的形成是动态的过程,一方面随着教育教学理论的不断发展而进行不断地更新与调整;另一方面,随着理论与实践相结合,策略体系自身根据实际的教学情况必须做出相应的修正与适

应。再鲜活有效的科学理论体系若不能与时俱进,深化发展,也会"过期"失效。尤其在高中数学教学策略的理论体系的研究工作亟待发展研究的情况下,能够准确地把握理论的发展方向,不脱离实际教情、学情,真正做到理论与实际情况相结合的,这才能保证我们的策略体系在高中的数学教学活动中能够行之有效,科学合理。了解一线高中数学教师在对教学策略的综合认识以及具体运用上的实际情况,针对现行课堂教学中教学策略缺失以及运用不当、无效等方面的问题,有的放矢地进行策略体系的调整和更新,努力探索出提高高中数学课堂教学效益的有效教学策略体系。通过现状调查研究的过程,从更贴近实际情况的角度思考高中数学教学过程中各种因素之间的相互作用,丰富课堂教学策略的实践经验,优化整合教学策略体系,从而提高教师工作效益,达到全面提升教育教学质量的目的。

2. 是新课改背景下教学策略能够有效实施的需要

随着新课改的推行深化,高中数学知识体系,无论从内容、顺序、技能要求上都较之以前发生了很大变化,新教材中对数感、符号感、空间观念、统计观念与数学应用意识等现代数学教育理念都有不同以往的进一步解读。[①] 从教学主体来看,无论是学生还是教师自身都自然也随之发生很大改变:一方面,新课改是在整个初等教育系统进行的,包括小学、初中、高中都参与实行,学生接触新课改的时期不同,对其数学认知结构及认知方式的影响程度也不同。近几年,我们面对的高中生受新课改的影响越来越深,在教学活动中如果仍然用处理老教材的教学策略体系来应对,恐怕是不能奏效和不受欢迎的。教学策略的不当运用会产生学生知识静化、思维滞化、能力弱化的现象,而这些都是与新课程高中数学注重学生数学能力的培养相悖的。另一方面,教师在新课改的背景下,随着高中数学教学目标的更新,多媒体等先进教学设备的更新,对教学方式、教学材料的选择、教学策略运用的影响不可小觑,高中数学的教学策略体系也必须随之"升级"更新,才能够有效促进教学。这就需要及时了解高中数学教学策略运用的现状,找出其中存在的问题。通过策略现状的调查,切实贴近日常的实际教学工作,获得第一手的材料,同时针对调查反映出

---

① 王光明.关于"数学新课程"讨论的梳理、分析与思考[J].中国教育学刊,2004,(4).

来的教学策略运用上的问题采取相应地修改整合,保证策略运用在高中数学教学中的有效性,真正意义上提高教学效益。

每一位高中数学教师面对日常的教学工作,对教学策略的考虑都有自己的独特的视角和处理方式。在新课改的背景下,每个人的应对调整也不尽相同,进行高中数学教学策略现状调查能够比较到位地找出教学策略现状中的问题所在,进行相应的策略调整,使自己的日常工作更合理、更有效,收到最大的工作效益。教学工作的受众当然是所教的学生,当今社会知识更新迅速,学生的意识形态行为方式每年都有很大变化,教学活动中的教学策略也必须与时俱进,适合新的学情动态刷新,才能在教学中顺利地开展工作,使学生更顺利地完成数学的学习、培养数学思维能力。

(二)国内外研究现状分析

教学策略的研究自20世纪60年代后便成为教育学及心理学研究的重要领域,国内外很多专家学者以及一线教师都做过专门或相关的研究。教学策略方面的研究日趋成熟完善,有不少有效、实用的教学策略可以借鉴,了解和借鉴这些研究成果可以为进一步建构科学合理而且能与自身的教学环境资源优化整合的数学教学策略,从而使高中教学策略现状调查能够有更坚实的理论基础和合理的调查方向,使后续的策略研究、调整的工作更有的放矢。

1. 瑞奇鲁斯的研究

瑞奇鲁斯在1979年和1987年先后发表了"细化理论"和"教学理论应用"。在这些著作中,瑞奇鲁斯第一次把教学策略划分为教学组织策略、教学传递策略、教学管理策略和激发学生动机策略等四种;对其中的教学组织策略又进一步区分为宏策略和微策略两类。在此基础上,瑞奇鲁斯提出了属于教学组织宏策略的"细化理论",并对这种理论的基本内容及其在教学中的应用做了深入阐述。由于细化理论强调要按照学习者的认知特点和认知结构来组织教学内容,因而对教学系统设计具有重要的指导意义。这些方面的研究实际上是教学实施策略与教学管理策略方面的研究,主要以替代型策略为主,是教学策略理论的初始化。

以上的过程对教学设计策略考虑得很少,对教学的准备没有重视。对教学的实施策略考虑得相对多些,比较细致。对教学评价策略的研究得到了关注,使得教学活动中的策略研究更加完整,教学的效果得以巩固和深化。在教学实施策略方面的研究逐步得到细化,更加贴近高中的数学教学策略构成。

2. 古德和格鲁斯的研究

古德和格鲁斯花了多年时间研究那些总能提高学生成绩的数学教师。在研究的基础上,他们提出了一个数学教学的模式,这一模式对小学生和中学生似乎是很成功的。这一模式称之为密苏里数学程序。这一程序主要应用了加涅、罗森赛恩以及其他一些中小学数学的指导教学传统所描述的课的成分。古德和格鲁斯认为,课的呈现或演进是至关重要的,最成功的教师重视他们呈现的信息及其理解,他们并不是简简单单地教授程序和规则,而是力求使学生理解材料。演示、图解、具体例子、图示、模型以及清楚的解释,是他们呈现的重点。有研究表明:密苏里数学程序和控制组相比具有较明显的效果。

3. 埃弗森和埃默等人的研究

埃弗森和埃默等人的研究发现,在采用的活动和教材相对较多的课堂上,学生的破坏行为更少。莱萨考斯基和沃尔伯的研究也发现教学多样性与学生注意力的保持有关。良好的班级学习气氛,有助于学生有效学习,如秩序不佳,则影响多数人上课的专心程度及学习气氛。有效能的老师会尽量减少学生的偏差行为;没效能的老师一直跟学生的偏差行为争战。教学内容多样性的设置考虑实际上也是教学管理策略的体现及落实的需要,教学策略的实施过程中必须伴随有效的教学管理策略的运用,对教学实施策略的运用实现动态的监控及调整,实现教学的有效性。

4. 李芒、时俊卿、吴甡等的研究

李芒、时俊卿、吴甡等人进行了关于"教学设计分项中的教学策略——学校课堂教学策略及其模型的研究"在北京市崇文区进行了长达四年的实践工作。把从实践中升华上来,并运用理论抽象出来的教学策略模型,长期地、大面积地在教学第一线进行推广和验证。理论和实践证明,课堂教学策略模型确实给教学活动带来积极影响,优化了课堂教学效果。

教学策略模型十分强调系统反馈。在教学实际当中,教师在设计教学策略时,需要不断地积极获得各种反馈信息,在教学策略过程的各个阶段都应注意收集反馈信息,进行全程调控,对各个模块进行不断地修正,这也是教学评价策略的动态体现。在强调教师"教"的同时必须强调学生的"学",从教的角度研究教学策略,时刻不能忽视学生的学习,要充分考虑和研究学生的主体作用。构建学校课堂教学策略的一般模型,教学策略模型是一个纲,依据教学策略的模型,有关教学策略的其他问题就可迎刃而解。

5. 施良方等人对课堂教学策略的研究

我国学者施良方等人按照课堂目标管理的教学流程,把有效的课堂教学策略分为教学准备策略、教学实施策略和教学评价策略三大策略。[①] 教学准备策略发生在课堂教学前,是教师制定教学计划所采用的策略。这里的教学准备涵盖了课堂教学的基本要素:教学目标、教学内容、教学行为和组织形式。教学实施策略发生在课堂教学中,是教师为实现上述教学计划所采用的策略。教学实施策略又分为主教行为、助教行为与管理行为等三种策略。所谓主教行为策略,主要是指教师在课堂上为完成某一目标或内容定向的任务所采用的行为策略。这里包括呈示行为策略、对话行为策略和指导行为策略等三种主要的教学行为策略。所谓助教行为策略,主要是指教师在课堂教学中为完成那些以学生学习状况或教学情景问题为定向的任务所采用的行为策略。这里讨论了学习动机的培养与激发、有效的课堂交流、课堂强化技术和积极的教师期望等四种助教行为策略。所谓课堂管理行为策略,主要是指教师为了保证课堂教学的秩序和效益,协调课堂中人与事、时间与空间等各种因素及其相互关系所采用的行为策略。这里主要讨论课堂行为管理策略与时间管理策略。教学评价策略发生在课堂教学之后,是教师或他人对教学过程做出价值判断的策略。它主要涉及学生学业成就的评定与教师教学工作业绩的考评,此外,还涉及家庭作业的布置等。

6. 张大均对教学策略的研究

我国学者张大均及其领导的课题组从 20 世纪 90 年代起开始进行把教学

---

① 施良方,崔允漷.教学理论:课堂教学的原理、策略与研究[M].上海:华东师范大学出版社,1999.

策略训练运用于课堂学科教学之中的实验研究。这些研究的特点是：既严格控制变量，又在自然教学情境中进行；以具体学科教学为背景，以策略训练为手段，以提高学生学习能力为目标；科学性与应用性并重。并对有效教学策略的含义、制定依据、基本特征和基本策略进行了比较全面的阐述。该课题组数十项专题研究表明，教学策略训练能显著提高教学效果和学生的学业能力。他们认为，教学策略就是"在特定的教学情境中为完成教学目标和适应学生学习的需要而制定的教学程序计划和采取的教学实施措施"，[1]并指出，教学目标、学生的起始状态、教学者自身的特征是制定教学策略的基本依据。1997年，张大均在《教育心理学》一书中阐释了教学策略的基本特征，认为教学策略具有指向性、整合性、操作性、启发性和灵活性等基本特征。[2] 2003年，张大均在《教与学的策略》一书中，根据教学过程的环节把有效的教学策略概括为教学准备策略、教学实施策略、教学监控评价策略三类九种教学策略。[3] 其中教学准备策略是教师根据教学目标的要求，钻研教材组织教法，分析自我和学生，制定教学计划的策略。主要包括表述教学目标的策略、设计教学内容的策略、教材加工的策略。教学实施策略是教师在教学过程中使用的策略，包括组织教学的策略、传输教学内容的策略、深化教学内容的策略。教学监控评价策略是指教师为保证达到预期的教学目标，而对教学全过程实行主动的计划、反馈、控制、评价和调节所采取的策略，主要包括监控和评价两个方面的教学策略。教学评价策略主要包括教学评价的通用策略、认知领域不同层次教学目标的评价策略、评价性试题编制的策略。

综上，数学学科教学策略的研究取得了一些重要的研究成果。陕西师范大学高延军的《"问题解决"教学策略在高中教学中的实验研究》从"问题解决"的角度研究了高中数学教学策略；贵州师范大学祝玉兰的《中小学数学"情境——问题"教学策略研究》从"情境——问题"，即从"创设情境——提出问题"的角度研究中、小学数学的教学策略；天津师范大学戴永的《高中数学命题

---

[1] 张大均、余林.试论教学策略的基本含义及其制定的基本依据[J].课程·教材·教法,1996,(9).
[2] 张大均.教学心理学[M].重庆:西南师范大学出版社,1997.
[3] 张大均.教与学的策略[M].北京t高等教育出版社,2003.16.

的教学策略研究》从数学命题教学的角度研究高中数学教学策略；东北师范大学张卓的《高中数学教学策略变革研究——以函数内容为例》探讨了在课程变革下的高中数学(函数部分)教学策略，探寻适合学生发展的、行之有效的、容易被学生接受的教学策略；江西师范大学徐芝兰的《数学教学行为和教学策略的有效性研究》探讨了几种常见的有效的数学教学策略：讲解式教学策略、发现式教学策略、问题解决教学策略等。学者庞国萍的《建构主义的数学教学策略》、何小亚的《建构良好的数学认知结构的教学策略》等从建构主义的观点出发提出数学的教学策略；学者鲍曼等人的《高中数学教师教学策略结构的调查与研究》，利用调查分析的方法，对高中数学教师的教学策略进行研究。

从国内外教学策略研究现状的分析发现，国内外关于教学策略的概念含义过多，在术语的使用上比较混乱，给制定或选择有效的教学策略带来困难，影响了教学策略在实践中的应用。国外的教学策略研究有些停留在理论的层面上，有些确实比较细化但是大多是关于通识性教学策略的研究，专门关于数学学科的教学策略的专项研究比较少。国内的研究也存在这样的问题，专门针对高中数学教学策略的研究很少，已有的一些成果偏重于理论层面，研究零散、缺乏系统成熟的完整体系。随着新课改的推广深化，高中的数学教学无论是从学情、教情上都发生了很大变化，我们现在面对的是从初中，甚至小学开始就接受新课改教学内容的学生，数学学科的结构和内容的变化使学生的已有数学的认知结构和认知方式都和没有进行课改时期的学生有很大不同。如果想更有效地运用高中数学教学策略，必须针对目前的情况重新进行数学教学策略的调查，才能够使我们的教学能够与时俱进、行之有效。

(三)基本概念的界定

高中数学教学策略的调查研究离不开对与数学教学策略有关的关键性概念进行界定，主要涉及的概念有教学策略和数学教学策略。通过概念的界定，进一步了解国内外相关研究的状况，并为后续的调查提供初步理论基础。

1. 教学策略概念的界定

关于"策略"一词，其中文意思源于军事术语，是指为实现战略任务而采取的手段；国外心理学中使用的"策略"一词则来源于希腊语，意为"将才"，指行为或行动计划以及解决某一问题或达到某一目标而有意识做出的一整套活动。教学策略是近二十年来才引起人们关注并研究的一个新课题。关于"教学策略"的含义，国内外学者各有不同的说法。

美国的著名教育家加涅也对教学策略进行了深入的研究，他在1985年出版的《学校学习认知心理学》中指出，教学策略是指导教师如何改进自己的教学，指导学生如何改进自己的学习，以达到最佳效益。他认为教学策略指"管理策略"和"指导策略"两方面，有效的教学管理策略包括教学活动井井有条、坚持教学常规等；教学指导策略则包括清晰明确的教学目标、及时有效的反馈和复习巩固必要的知识等。此外，还有不少国外学者对教学策略的内涵进行了界定。如埃金强调，教学策略是"为了完成特定目标所设计的指示性的教学技术"。[1] 加纳认为，教学策略总含有某些意识成分。意识的参与含有选择的意味，因而教学策略实际上是对达到教学目标的各种途径的明智选择与调控。从元认知的角度上来看，"教学策略不仅有赖于一般的'思考'，而且需要反思"。[2] 由于元认知的参与，教师能够根据对自己的教学活动及其各种要素的认识反思，及时反馈，不断调控自己的教学活动，使之向教学目标迈进。

从国外教学策略的研究发展的过程可以看出，随着对教学策略的关注重视，教学策略的理论体系逐渐完整，与知识的分类、认知结构等学习策略方面的知识逐渐结合起来，更多地考虑到了与学习者的策略相适应、相结合。综合以上学者的研究，完整的教学策略体系已初具规模，即从起始的教学设计策略到教学实施策略，保证教学顺利进行的教学管理策略，直到教学评价策略都有相关的研究，当然研究角度不尽相同，而且并未把整个过程贯穿整合。

近些年来，随着我国课程理论研究的不断发展，很多专家学者也开始把研究的视角聚焦到教学策略上来，并做了不少相关的课题研究及论文撰写工作。虽然国内的相关研究起步较晚，但借鉴国外的一些基本的研究框架及理论，结合国内的教学环境把教学策略进一步发展、细化，逐渐形成了适合国内教学情况的理论体系。

---

[1] 李小文，王莹. 教学策略[M]. 北京：高等教育出版社，2000.
[2] 熊川武. 反思性教学[M]. 上海：华东师范大学出版社，1999.

李晓文、王莹认为,教学策略具有动态的教学活动维度和静态的内容构成维度。并且指出动态的教学活动维度是指教师为提高教学效率而有意识地选择筹划的教学方式方法与灵活处理的过程。这个观点把静态的和动态的角度综合起来考虑,但仍然偏重教学策略在教学过程中的实施技术。和学新等把教学策略理解为以下诸点:第一,教学策略是教师在教学过程中采取的一系列措施,而不是教学活动展开前的教学设计、教学方案;第二,教学策略带有很强的目的性,是为完成一定的教学任务而进行的;第三,教学策略是基于对现实的教学活动的认识而采取的;第四,教学策略包含有一定的教学理论成分,是对一定教学理论的具体化,受一定的教学理论的支配和制约;第五,教学策略有变通性,要随教学的进程对教学措施进行反馈和调控,它不同于教学模式和教学方法。这样就把教学策略与教学设计、教学方法、教学模式等相似概念加以区分。

张大均对教学策略的含义做出了较系统的表述:教学策略是教学设计的有机组成部分,是在特定教学情境中为实现教学目标和适应学生学习的需要而采取的教学行为方式或教学活动方式。这个表述包含了三层意思:(1)教学策略从属于教学设计,确定或选择教学策略是教学设计的任务之一。(2)教学策略的制订以特定的教学目标和教学对象为依据。(3)教学策略既有观念驱动功能,更有实践操作功能,是将教学思想或模式转化为教学行为的桥梁。[①]

李芒提出所谓教学策略,是以一定的教学观念和教学理论为指导,为完成特定的教学目标或教学任务,充分关注学生的学习,对影响教学的各个要素进行系统化的总体研究,并最终形成可以具体操作的整体化实施方案。这个定义充分说明了以下几点:第一,教学策略的选择和设计必定是在一定的教育观念和理论的指导下进行的,任何一种教学策略的背后都有一定的教学观念和理论作支撑。第二,教学策略具有明确的指向性,它是由特定的教学目标所决定,直接为实现教学目标、完成教学任务、解决教学问题服务的。第三,教学策略不仅重视"教",而且重视"学",教和学是辩证的对立统一的关系,要强调教和学的相互作用。第四,教学策略应体现全面性,应该充分考虑影响教学的各

[①] 张大均.教与学的策略[M].北京:高等教育出版社。2003.

个要素。这里所说的全面性不仅包括认知领域的各个方面,还包括情感和动作技能领域的内容,即不仅包括智力因素,也包括非智力因素。第五,教学策略不是教学方法,而是方法的方法。教学策略的外延比教学方法宽泛,层次比教学方法高,教学策略是教学实施的总体方案。第六,教学策略不是抽象的教学原则,它具有具体、明确的内容,它可供师生在教学中参照执行或操作,因此它具有可操作性。第七,教学策略具有前置性和过程性相结合的特点。所谓前置性是指教师需要在进入课堂实施教学之前,进行教学策略的选择和确定;所谓过程性是指在教学实施过程中,变通地使用教学策略,要随教学的进程对教学措施进行反馈和调控,它不同于教学模式和教学方法。教学策略是对教学设计、实施和评价等三个阶段展开工作的,教学策略方案在实施的过程中,如果出现了意料之外的情况,教师就需要在现场做出"怎么教"的策略选择。

  上面所说的几位学者对教学策略的界定标准,出发点和侧重点各不相同,李晓文、王莹把教学策略中教学活动和教学内容整合在一起,强调教学策略的相关活动指定总是围绕教学内容。和学新等对教学策略的理解概括成五个方面,考虑较之前全面些。张大均对教学策略的含义利用教学策略将教学思想或模式转化为教学行为,力图使教学策略更具实践操作功能。李芒对教学策略的概念界定比较全面,从七个方面来进行阐述,强调了策略的指向性和实用性,教学策略在教学的各个环节都有体现,而且提出了教学策略贯穿了课前设计与课后的评价工作。另外,指出教学策略的可参照性,是教学策略模式观点的萌芽。以上各种概念的界定,对教育工作都有影响,但还是比较笼统,概念性强,不便于具体措施的制定与使用,也没有明确对学生认知学习方面的分析,而且并非针对具体的学段、学科,只是通识性的教学策略。

  所谓教学策略,是以一定的教学观念和教学理论为指导,结合学科学情、学段特点为完成特定的教学目标或教学任务,充分关注学生的学习,动态地贯穿于教学活动的整个过程,对影响教学的各个要素进行系统化整合的总体研究,形成可以具体操作的整体化实施方案。定义主要考虑以下几方面的内容:①教学策略是教学理论的具体化,可形成具体操作的方案;②教学策略根据学科和教学主体的不同要有个性化的处理;③教学策略动态地贯穿教学的整个过程;④教学策略考虑认知领域、情感和动作技能领域等广泛内容;⑤教学策略强调教学双方的互动,教学相长、教学策略与学习策略的整合;④教学策略的整个过程伴随元认知的调控、反思。

2. 高中数学教学策略概念的界定

高中数学的教学策略是教学策略的数学学科具体化,它除了具有一般教学策略的共性以外,还应当考虑数学学科的逻辑严谨性和形式化等知识结构特点,同时要兼顾数学学习机制和高中学段的教学规律。我们将高中数学教学策略定义为:教师在一般学习理论和数学教学理论的指导下,为有效实现数学教学目标而根据特定的数学教学情境和学生已有认知结构及高中学段特点,有意识地对数学教学活动进行计划、调控的系统决策方案以及由此表现出来的行为方式。

3. 教学策略与相关概念的辨析

(1)教学模式与教学策略

联系:两者都是教学规律、教学原理的具体化,具有一定的可操作性。

区别:主要在于教学模式是相对稳定的、可供参照的一系列教学行为的组合,而教学策略尽管也以一整套的教学行为作为表征形式,但其本身是灵活多变的,不具有相对固定的属性。教学模式有一定的逻辑线索可以依据,它指向于整个教学过程;而教学策略的结构性却显得不足,而且它往往比较明显地指向于单个的教学行为。

(2)教学方法与教学策略

一种教学方法的形成和使用不可避免地会受到教师的教学策略的影响,但更多地受制于教学原则的指导、教学实践的检验。一种教学方法是在教学原则的指导下,在总结教学实践经验的基础上形成的,而在具体的教学情境下该使用何种教学方法,该如何来组合教学方法服务于教学目标,就涉及教学策略的层面。

二、数学教学策略研究的理论依据

制定高中数学教学策略,既要以一般性的学习和教育教学理论为依据,又要研究和把握数学学科学习和教学的特殊规律。首先,从现代认知学的角度,基于知识分类的观点对高中数学的学科相关知识及其表征形式进行结构归类,然后利用知识迁移理论以及建构主义的观点探讨相应的数学教学策略,从而实现学生知识的内化及数学认知结构体系的构建。以下就本研究中所涉及的几种主要理论进行简要介绍和分析。

(一)现代认知心理学的知识分类与表征理论

根据现代认知心理学的观点,知识就是"个体通过与其环境相互作用后获得的信息及其组织"。[①] 对于知识的分类,不同的心理学家有不同的分类标准,其中比较著名的是加涅关于学习结果的分类、安德森的广义知识分类思想。了解知识的分类,有助于我们分清高中数学教学中涉及的知识类别,为制定数学教学策略提供理论支撑,从而能更有效地运用相应的数学教学策略帮助学生完成数学知识的内化及知识体系的构建,同时对教学的结果进行测量,合理地进行数学教学评价策略。

1. 加涅、安德森知识分类思想

20世纪70年代中叶,美国心理学家加涅在其著作中综合了他本人和其他一些认知心理学家知识分类的研究成果,将学生的学习结果区分为五大类型,即言语信息、智慧技能、认知策略、运动技能和态度。加涅根据学习内容的复杂程度,把智慧技能按照由低级到高级的顺序分为辨别、概念、规则和高级规则四类。他认为,高级规则学习以规则学习为先决条件,规则学习以概念学习为先决条件,概念学习又以辨别学习为前提条件。这也是加涅的智慧技能层次论的核心内容。

美国心理学家安德森在加涅学习结果分类的基础上,把人类知识依性质分为两类:一类是陈述性知识,另一类是程序性知识。

陈述性知识是关于事实的知识,即回答有关世界"是什么"的知识,而程序性知识则是指关于某项操作活动的知识,即用于回答有关"为什么"和"怎么办"的知识。

[①] 皮连生.学与教的心理学(第三版)[M].上海:华东师范大学出版社,2003.

陈述性知识的学习可以分为下列三类:第一类是符号表征学习,符号表征学习是指学习单个符号或一组符号的意义,其心理机制是符号和它们所代表的事物或观念在学习者认知结构中建立相应的等值关系。第二类是概念学习,概念学习实质上是掌握同类事物的共同的关键特征。第三类是命题学习,命题学习实质上是学习若干概念之间的关系,或者说,学习由几个概念联合所构成的复合意义。这几类学习涵盖了数学的公式、概念、命题等三种类型的知识学习。由于运用概念和规则办事的指向性不同,程序性知识又分为两个亚类:一类是为运用概念和规则对外办事的程序性知识,另一类是为运用概念和规则对内调控的程序性知识。从加涅的学习结果分类的角度来看,前一类程序性知识被称为智慧技能,后一类程序性知识被称为认知策略。智慧技能和认知策略的根本区别在于前者运用习得的概念和规则加工外在的信息,后者运用习得的概念和规则来调节控制自己的认知加工活动,这两类都是为学生的整个数学认知结构形成网络化而服务。

综上所述,知识的概念有广义和狭义之分。狭义的知识仅指陈述性知识;广义的知识包含三类知识,即陈述性知识、程序性知识和策略性知识。[①] 程序性知识的学习往往要以一定的陈述性知识为基础,知识的陈述性形态有待于运用、转化为程序性形态。

2. 广义知识的表征

认知心理学家把信息在人脑中呈现和记载的方式统称为知识的表征。不同数学知识的表征特点,是决定教师采用何种有效教学策略的主要依据之一。因此,我们要探讨高中数学的学习过程及其教学策略,就要首先弄清楚不同类型数学知识在学生的头脑中是如何表征的。当前比较普遍的观点认为,数学陈述性知识以命题和命题网络表征;程序性知识以产生式和产生式系统表征。许多大的知识单元,既有陈述性知识,又有程序性知识,二者相互交织在一起,以图式表征。[②]

数学的陈述性知识是有关事实、定义、程序以及规则是什么的知识,用于

---

① 刘电芝.学习策略教学的类型、阶段与特点[J].课程・教材・教法,1997,(3)
② 皮连生.智育心理学[M].北京:人民教育出版社,1996.

解释"是什么"的问题。其表征形式主要有四种,即命题、表象、线性排序和图式,前三种形式是陈述性知识表征的基本单元,而第四种形式,即图式是陈述性知识的高级表征形式,是综合前三种形式而形成的。如果两个数学命题具有共同成分,通过这种共同成分,可以把若干命题彼此组成数学命题网络。现代心理学家认为,人脑中的知识不可能孤立地贮存,总是通过与其他知识建立某种关系而贮存,而且只有通过一定的网络系统贮存的知识才能被有效地提取和利用。数学程序性知识是知道如何行动的知识,用于回答"怎么办"的问题。在认知心理学家看来,表征程序性知识的最小单位是产生式。所谓产生式,实际上是一种"条件—行动"规则。它包括两个组成部分:条件部分与操作部分。条件部分规定了要执行特定的行动必须满足或必须存在的条件,操作部分则列出了在符合这些条件时将要执行或激活的行动。一个产生式的执行会改变信息状态,并且又引发另一个产生式。对于程序性知识而言,其基本单元间之所以建立起内在的联系,是因为一个产生式的活动将给出另一个产生式所满足的条件。当一个产生式输出能够成为另一个产生式的输入时,这两个产生式就有可能建立起相互联系。由于一个产生式只能表征一小块知识,当需要执行一个大的程序时,比如解决一个数学问题或完成一个数学证明,就需要多个相关的产生式,这些产生式按照一定层次联结成复杂的产生式系统,这种稳定的产生式体系构建成数学认知体系。

3. 对高中数学教学策略调查研究的启示

广义知识分类思想和加涅学习结果的分类思想,对于分清高中数学知识类别和研究数学教学策略具有重要启示,使得高中数学策略的调查有很好的理论依据。高中的数学教学应当让学生获得三类知识:一是知道数学知识的结论及相关的数学事实,如概念、命题类,这类知识基本上属于陈述性知识;二是掌握数学知识的应用,通过问题解决来形成技能、领会数学思想,这类知识基本上属于程序性知识;三是掌握数学学习中对个体的心智活动过程加以调节和控制的知识,即策略性知识。[①] 策略性知识是在知识习得及解决问题的过

---

① 王映学.现代认知心理学的知识分类及其测量[J].内蒙古师范大学学报(哲学社会科学版),2005,(4)

程中体现出来的,具体体现在编码、记忆、提取和解决问题时所采用的策略中。在高中的数学学习中,三种类型的知识构成每章或每节数学知识的组块。分清不同的知识类型,才能有针对性地采取相应的教学策略,"对症下药"地完成教学工作。

(二)相关的迁移理论

所谓迁移就是"一种学习对另一种学习的影响"。学习是一个连续的过程,新的学习总是建立在先前学习的基础上,新问题的解决总是受到先前问题解决的影响,因此迁移是人类认知的普遍特征,凡有学习的地方就有迁移。学校的教育本身就是学习过程中知识迁移的过程,同时还要完成对学生迁移能力的培养,使学生今后的学习生活中能够独立地运用所学的知识来解决新问题或在新情境中高效地学习。近些年来,随着广义知识分类的思想被广大教育及心理学研究者所认同和接受,由此出现了以认知心理学为基础的新的学习观,根据高中数学的知识结构,与陈述性知识相对应的认知结构迁移理论、与程序性知识相对应的产生式迁移理论、与策略性知识相对应的元认知理论。

1. 认知结构迁移理论

(1)认知结构迁移理论的基本观点

认知结构迁移理论是根据美国教育心理学家奥苏贝尔的有意义学习理论(即同化论)发展而来的。有意义学习是指"符号所代表的新知识与学习者认知结构中已有的适当知识建立起非人为的和实质性的联系"。奥苏贝尔提倡有意义地接受学习,并且认为有意义地接受学习必须满足三个条件:其一是学习材料本身应当具有逻辑意义。数学的学科特点就是富有逻辑性,尤其是高中阶段的数学学习更具逻辑性,比较抽象。其二是学习者必须具备同化新知识的适当知识基础,也就是具有必要的起点能力。其三是学习者还必须具备有意义学习的心向,即积极地将新旧知识关联并区分其异同的倾向性。[①] 根据有意义学习理论,一切新的有意义学习都是在原有的学习基础上产生的,是受学习者原有认知结构所影响的。学生原有认知结构中的有关观念在内容和组

---

① 皮连生.学与教的心理学(第三版)[M].上海:华东师范大学出版社,2003.

织方面的特征称为认知结构变量,主要包括可利用性、可辨别性和稳固性三个方面,原有认知结构就是通过这三个变量来影响新知识的学习:

第一,认知结构的可利用性是指面对新的学习任务时,学习者原有的认知结构中是否具备适当的起同化作用的观念可以利用,这是影响有意义学习的第一个重要的认知结构变量。它涉及学习者原有知识的实质性内容。根据同化论,新旧知识之间有三种不同的关系,由此可以区分为三种不同的学习形式,即上位学习、下位学习与并列结合学习。一般说来,原有知识的概括水平愈高、包容范围愈广,愈有助于同化新知识,即促进迁移。

第二,认知结构的可辨别性是指面对新的学习任务时,学习者能否清晰地分辨出新旧知识之间的异同,这是影响有意义学习的第二个重要的认知结构变量。它涉及原有知识的组织程度。如果原有知识是按一定的层次结构严密地组织起来的,那么学习者在遇到新任务时,不仅能迅速找到同化新知识的固定点,而且容易分辨出新旧知识间的异同,从而能更好地掌握和长久地保持新知识。

第三,认知结构的稳定性是指在面对新的学习任务时,原有起同化作用的知识是否已经被牢固地掌握,这是影响有意义学习的第三个重要的认知结构变量。它涉及学习者掌握原有知识的牢固程度和清晰度。研究表明,学习者原有的认知结构愈巩固,愈有助于促进新知识的学习。

从认知心理学的观点来看,学习迁移就是已有的认知结构对新知识、新技能的影响。影响的范围取决于学生认知结构。由此可见,原有的认知结构是新知识学习的起点,也是实现迁移的基础。奥苏贝尔认为,"为迁移而教"的实质就是要塑造学生良好的认知结构。为了确保学生形成良好的认知结构,奥苏贝尔从教学策略的实施、教学内容的组织以及教材呈现方式等方面提出了如下建议:

①采取"组织者"的教学策略,优化学生的认知结构。

"组织者"又称"先行组织者",是奥苏贝尔提出的一项教学策略及教材编排技术。所谓"先行组织者",是指先于学习任务本身呈现的一种引导性材料,它要比学习任务本身有较高的抽象、概括和综合水平,并且能够清晰地说明认知结构中原有观念与学习任务之间的关联,从而为新知识的学习提供认知框架。

由于在改变认知结构的过程中,期望组织者发挥作用的不同,"组织者"可分为两类:一类是陈述性"组织者",当学生认知结构中缺乏用来同化新知识的适当上位观念时,可在认知结构中预先嵌入一个上位观念,充当同化新知识的固定点,以改进认知结构的可利用性;另一类是比较性"组织者",当原有的知识结构与新材料有类似之处,但学生对新旧知识分辨不清或者对原有知识掌握得不够牢固时,教师就可采用此类组织者,帮助学生弄清新旧知识之间的异同,巩固原有知识,以增强新旧知识间的可辨别性和稳固性。

②依照教学内容的组织原则,改进教材呈现方式,促进学习迁移。

组织有意义学习应该遵循"渐进分化"和"综合贯通"的原则来进行。所谓渐进分化是指按知识的概括性和包容性大小的顺序依次呈现教材,即首先呈现学科中最一般和最概括的观念,然后再呈现较特殊、较具体的观念和细节,以便使学习者能将下位观念类属于原有的上位观念。奥苏贝尔认为,学生的认知结构是从教材的知识结构转化而来的,好的教材结构可以简化知识,产生新知识,并有利于知识的运用。他强调,教材中应有概括性、包容性和解释性较高的基本概念和原理,对他们的领会将有助于学生掌握具体的知识和技能。布鲁纳也指出:"领会基本原理和观念,看来是通向适当'训练迁移'的大道。"并要求基本概念和原理应放在教材的中心。所谓综合贯通是指教学内容的安排和组织应注意学科中处于同一包容水平上的概念、命题和章节的异同,清晰地指出它们之间的区别与联系,从而消除学习者认知结构中原有的知识之间的混淆与模糊。

上述原则一般也适用于数学教学内容的组织和呈现。根据人们认识新事物的自然顺序及认知结构的组织特点,教材在纵向上应遵循由整体到细节、由一般到具体、不断分化的原则;横向上应遵循融会贯通的原则,适当加强概念、原理及章节间的联系。

(2)对高中数学策略调查研究的启示

认知结构迁移理论对于高中数学教师进行数学教学具有重要的指导意义,也给了我们调查并制定相关数学教学策略许多启示:

首先,根据有意义学习理论所揭示的学习组织原则,高中数学教学一般应先陈述学科中最一般、最概括的观点,然后按内容具体性不断进行分化。这是因为当人们在接触一个完全不熟悉的知识领域时,只有阐明了理论框架,实际上也是对所学知识进行"支架",借助这种框架进行分类和系统化。另外,不仅要注意所学数学知识纵向发展之间的联系,还要注意从横向上加强数学概念、原理、题型及相应的"问题解法"之间的联系,以促进学习者融会贯通地学习。为此,我们将针对数学知识结构的整体性特点,实施旨在完善学生认知结构的整体性策略,贯穿整个数学教学策略实施过程的始终。

其次,根据有意义接受学习发生的前两个条件,其一是学习材料本身应当具有逻辑意义,高中数学知识虽然已具备较强的逻辑性,在教学之前也要根据所教内容不同制定相应的同化模式来组织好课题;二是学生应具备同化新知识的适当数学相关知识基础,这一条件要求教师在数学教学之初,做好学生认知起点的测定工作,看看学生已知了什么,掌握的程度如何,然后采取有针对性的措施,使学生的数学学习具有必要的认知起点能力。我们将在数学教学的准备阶段,提出旨在改善学生认知结构,提高数学认知结构的可利用性、可辨别性和稳固性的教学策略——高中数学教学的设计策略。

最后,根据有意义学习发生的三个条件,特别是第三个条件,即学生应当具备有意义学习的心向,具备积极地将新旧知识关联并区分其异同的倾向性。这些条件要求教师在数学教学策略的实施阶段,既要从新旧知识经验的逻辑发展和实际需要引入,更要注意引入的趣味性,即运用数学教学的情境性策略调动学生有意义学习的积极性。这样便比较生动自然地提供了新旧知识经验之间的联系,从而使学习材料成为有意义的学习材料,同时为学习者提供了有意义学习的心向。

2. *产生式的迁移理论*

(1)产生式迁移理论的基本观点

产生式迁移理论是安德森思维适应性控制理论的发展。其基本观点是:在前后两项技能学习间发生迁移的原因,是两项技能的产生式有重叠;重叠越多,迁移量越大。根据安德森思维适应性控制理论,技能学习分为两个阶段:首先是陈述性阶段,构成技能的产生式以陈述性知识的形式得到表征;然后是程序性阶段,技能的陈述性形态转化为以产生式表征的程序性形态。产生式具有抽象性,可以用来表征从数学概念、公式、命题到问题解决策略等不同概括水平的技能。产生式还具有可计量性,可以通过计算两项技能间的共有产生式的数量,对迁移的程度进行预测。有关研究表明,预测的迁移量与实际测到的迁移量之间有很高的一致性。认知心理学用产生式和产生式系统来表征人的智慧技能,更准确地抓住了迁移的心理实质,其主要观点得到了大量实验研究的证实。

(2)对高中数学策略调查研究的启示

高中数学在初中数学知识的基础上已经能构成比较复杂、完整的逻辑系统,其逻辑性强的学科特点使产生式表征数学知识成为可能。数学中的很多公理、定理、推论等甚至常用的方法结论都是以命题的形式出现的,它总能表述成"如果…,那么…"数学逻辑形式。在"如果 P,那么 $Q.$"的蕴含式中,P 表示命题的条件,Q 表示命题的结论。即只要满足条件 P,就蕴含着性质或关系 Q。这与产生式的表征中包含了"如果某种条件被满足,那么就执行某种活动"的形式不谋而合。因此,根据产生式迁移理论并结合数学的学科特点,在数学知识的巩固应用阶段,采取相应的变式训练的教学策略,实现数学知识由陈述性形态向程序性形态转化,最终达到操作的自动化即形成稳定的产生式体系,从而完成数学问题的解决。新旧数学知识所共有的产生式的数量决定迁移水平,所以在教学设计策略运用阶段教学材料的选择上,应按照循序渐进的原则将教材知识分为若干单元,让前后两个单元有适当的重叠,使先前学习成为后继学习的准备,避免因跳跃知识学习过程中的必要步骤而出现错误。在教学策略的实施阶段,应重视基本概念、基本原理和基本规则的教学,以便为后继的学习做准备。此外为了便于迁移,必须对先前学习的内容加以充分练习,因为许多基本技能只有通过充分的练习后,才会达到自动化而无需有意识的监控,这样才可能有力地促进问题解决的教学。

3. 元认知理论

现代认知心理学强调认知策略在学习和问题解决中的重要作用,因此,认知策略的迁移愈来愈受到广大研究者的重视。虽然认知策略作为一种特殊的认知技能也属于程序性知识,但产生式迁移理论未能解释个体如何学会调节和控制自己的策略。在当代认知科学革命中出现了第三种迁移观,强调元认知的作用。

(1)元认知理论的基本观点

元认知作为一个科学概念是美国心理学家弗莱维尔提出的,又称"反省认知"和"反思认知"。根据弗莱维尔等人的观点,元认知简单地说就是"关于认知的认知",其实质是人对自己认知活动的自我意识、自我调节和自我监控,属高级的智力活动。一般认为,元认知包括元认知知识、元认知体验、元认知监控三种成分。元认知知识是有关认知的知识,即个体关于自己的认知活动过程、结果的知识。它包括个人因素、学习因素和认知策略三方面的知识。元认知体验是指伴随着认知活动而产生的认知体验和情感体验,包括知的体验也包括不知的体验。元认知监控是主体在进行认知活动的过程中,以自己正在进行的认知活动为意识对象,对其不断地进行自觉的监控和调节。这三种成分密切联系、不可分割,其中,元认知知识是产生元认知体验的基本条件,元认知体验是形成元认知监控的根本前提,元认知监控是元认知的目的和核心。这里的元认知监控一般来说就是反思。[①]

许多研究者发现,与学习和迁移有关的许多问题都是由于元认知技能的缺陷造成的,不少学生在自我调节、自我监督、自我检查、问题识别等方面缺乏必要的训练。元认知能力虽然发展缓慢,但并不完全是自然成熟的结果。布朗等人的矫正性反馈训练实验研究表明,教师在实际教学中有意识地向学生传授一些元认知策略,会有助于学生学会如何学习,从而促进知识的迁移。许多实验研究证实,具有较好元认知的学习者能自动地监督、控制和掌握自己的认知过程。他们在面临新的学习或问题情境时,能主动地寻求当前情境与已有经验之间的联系,并运用已有经验对当前情境进行分析概括,寻求解决问题的策略,顺利实现元认知迁移。

(2)对高中数学策略调查研究的启示

在高中数学教学中,元认知理论给予我们的启示之一就是提高数学反思能力,注意数学认知过程的回顾梳理。教师要引导学生善于想象、联想、反思和回顾。这里既包括对刚学内容或知识单元的回顾,也包括对与当前内容有

[①] 王仲英.反思性数学教学研究[J].教育理论与实践,2003.(10)

关的旧知识的回顾,更重要的是还包括对解题过程或结果的反思与回顾。通过总结、回顾和反思,使学生的元认知能力得到更高层次的发挥,这样,学生的思维能力就在这种结合实际的最佳思维过程和最佳解题方案的不断探索和回顾反思中产生新颖性、独特性和巩固性。回顾实际上是元认知体验的过程,最终是为了产生反思,教学评价策略中的反思过程集中体现出元认知对认知过程的调控作用。弗莱登塔尔指出:"反思是数学思维活动的核心和动力。"大量的研究也证实,元认知在人的思维活动中具有统摄作用,是思维活动的核心成分。其发展水平标志着一个人思维、智力发展水平。教师的反思水平也是教师数学思维能力和教学水平的体现。专家们认为:"教师越能反思,在某种意义上越是好的老师"。若干实证性研究也表明,反思性教学具有较好的教学成效。因此,在数学教学过程中,我们通过教学评价策略提升教师对教学活动的元认知能力和发展学生数学元认知能力,同时要注重对学生进行数学策略性知识的传授,其中主要包括一般的认知策略传授和数学基本思想方法的传授。

(三)建构主义指导下的教学策略

建构主义的兴起从认识论的角度,对心理学的研究成果进行了深入的分析,最基本的含义是关于认识活动的本质分析,对学习的建构过程做出了更深入的解释。高中数学知识建构是数学知识结构与学生个体心理结构相互作用的产物,是学生头脑中的高中数学知识、技能按照自己的感知、记忆、表象、想象、思维等认知操作,组成的一个具有内部规律的整体结构。

1. 建构主义的学习理论

皮亚杰的认识发展理论指出学生认知结构的发展是在其认识新知识的过程中伴随着同化和顺应的认知结构不断建构的过程,是在新水平上对原有认知结构进行延伸、改组而形成的新系统,学生只有通过自己积极自觉的认知活动,来激活大脑中原有认知结构,使具有逻辑意义的新知识与认知结构中的旧知识发生相互作用(同化与顺应),才能实现内化中的再建构(如图1)。

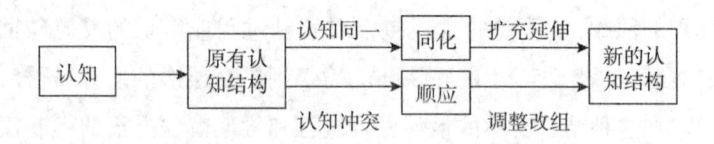

认知 → 原有认知结构 →(认知同一)→ 同化 →(扩充延伸)→ 新的认知结构
原有认知结构 →(认知冲突)→ 顺应 →(调整改组)→ 新的认知结构

图 1　认知结构的发展过程

建构主义认为:"数学学习并非是一个被动地接受过程,而是一个主动地建构过程。"即高中数学学习并非是一个对教师所授予知识被动地接受过程,而是一个以学习者已有数学学习知识和经验为基础的主动的建构过程,建构主义认为,虽然学生学习的数学知识都是前人已经获得的成果,但是对学生来说,仍是全新的、未知的,即学生用自己的活动对人类已有的数学知识建构起自己的正确理解。教学过程也是给学生一个亲身参与的,充满丰富、生动的概念或思想活动的组织过程。

2. 对高中数学策略调查研究的启示

在日常的教学中,学生所学习的新的内容都是建构在已有的数学认知结构体系之中的。学生真正获得对数学知识的"消化",是把新的学习内容正确地纳入已有的认知结构,从而使其成为整个结构的有机组成部分。在内化高中数学知识的过程中,由陈述性知识转化为程序性知识的阶段,进行数学的问题解决过程中有大量的结构不良问题。认知灵活性理论是建构主义的一支,认为结构不良的特点为:①数学知识的问题解决中包含、涉及较多的概念的相互作用(概念、命题的复杂性);②同类的问题应用中,所涉及的概念、命题及其相互作用的模式也有很大差异。结构不良的问题是普遍存在的,知识运用到具体的数学情景中去,都有大量的结构不良的特征。所以,即使有足够的数学程序性知识的产生式体系,简单提取是解决不了不同的应用问题的,而是要通过教学中帮助学习者构建认知结构网络,利用稳定的产生式形成网络化的问题解决图式,从而实现数学的问题解决。[①] 结合知识获得的三个阶段和高中数学的教学特点,知识内化构成网络认知结构,从而促进问题解决的过程可以简单地表示成图2形式。

---

① 何小亚.建构良好的数学认知结构的教学策略[J].数学教育学报。2002,(1).

```
结构良好的数     结构不良的      数学认知结
学概念、命题  →  程序性知识  →  构网络化的
等的陈述性知     的产生式体      图示化模式
识               系              体系

  初级阶段         高级阶段        专家阶段
```

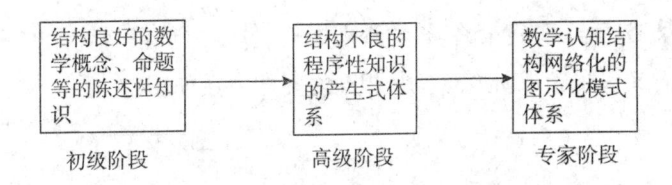

图2　高中数学知识获得三个阶段的过程图

①初级阶段,学生还没有足够的陈述性知识,教学中主要是结构良好的数学概念、命题的介绍性教学,多以理解、熟悉为主,其中主要是大量的变式训练熟练掌握的过程。②在高级的知识获得阶段,学生开始涉及大量的结构不良的知识,教学主要以程序性知识为主,通过教师引导以理解掌握为主的产生式体系的形成过程。学习者要解决具体的情景性的问题必须有稳定的产生式体系。③专家知识学习阶段,所涉及的数学问题更加复杂和丰富,在之前的教学中学生已获得了大量的图示化的产生式模式体系,而且已形成数学认知的网络化结构,因而可以灵活、顺利地表征数学问题的解决。高中数学知识建构操作系统就是学生在已有的数学网络化的认知结构的基础上,具有较稳定的个性认知特征,它可进一步概括为数学能力,其核心是数学思维能力,而表现和衡量的标准则是数学建构品质。

三、高中数学教学策略

整个高中数学教学活动中的教学策略按照过程分为教学设计策略、教学实施策略、教学管理策略、教学评价策略等几方面。这样的划分把教学活动过程当做一个完整的流程来处理,脉络清晰,如果某个环节出现问题或需要调整比较好处理。本文在这种分类的基础上结合相关的理论研究以及自身的教学实践构建出高中数学教学策略的一般模型,另外考虑采用便于教师使用并结合高中数学的学科特点的形式。

(一)高中数学教学策略模型的初步构建

高中数学教学活动中教学策略的模型主要结合教学策略按照过程分类的

教学设计策略、教学实施策略、教学管理策略、教学评价策略等几方面展开,其中每个方面又包含若干研究点。其相互之间的关系如图:

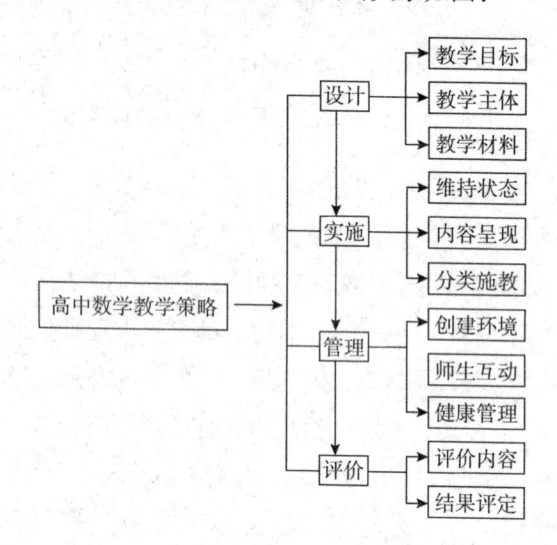

```
                              ┌─ 教学目标
                     ┌─ 设计 ─┼─ 教学主体
                     │        └─ 教学材料
                     │
                     │        ┌─ 维持状态
                     ├─ 实施 ─┼─ 内容呈现
                     │        └─ 分类施教
高中数学教学策略 ────┤
                     │        ┌─ 创建环境
                     ├─ 管理 ─┼─ 师生互动
                     │        └─ 健康管理
                     │
                     │        ┌─ 评价内容
                     └─ 评价 ─┴─ 结果评定
```

高中数学教学策略模型体系

1. 教学设计策略

所谓数学设计策略,是指在教学实施之前,教师为了有效地实施教学而进行的整体活动的设计,对后续的教学策略的安排起到纲举目张的作用。高中数学教学设计策略主要有三个方面:一是教学目标分析策略;二是教学主体分析策略;三是教学材料的选择策略。

(1)教学目标分析策略

教学目标是老师对教育教学活动的预期,是对要完成的教学内容的高度概括,是根据学生生理、心理和知识的发展水平而制订的教学计划。根据布卢姆的教学目标分类理论,教学目标主要考虑以下三个方面:认知、情感和动作技能。当然,教学目标分析策略要结合高中学段以及数学学科特点,并根据新课标的要求进行制定。

①认知目标

了解:对知识的含义有感性的、初步的认识,能够说出这一知识是什么,能够在有关问题中识别它。

理解:对概念和规律(定理、公式、法则)达到了理性认识,不仅能够说出概念和规律是什么,而且能够知道它是怎样得出来的,它与其他概念和规律之间有何联系、有何用途。

掌握:一般地说,是在理解的基础上,通过练习形成技能,能够用它去解决一些问题。

灵活运用:是指能综合运用知识,并达到了灵活的程度,从而形成了能力。

②情感目标

接受:关注所教授的数学知识,注意教师的讲解及教学行为,能够按照老师的要求进行练习。

反应:积极参与教学活动,对于教学内容及教师的讲解很感兴趣,主动回答,甚至抢答老师提出的问题。

形成价值观:通过教学活动,形成对数学学科的比较稳定的价值观念,形成对数学学科的喜爱,较深入理解数学学科作为基础自然科学的价值。

③动作技能目标

知觉模仿:能够在理解教学内容的基础上,做好相关内容的笔记,能够了解解题的过程原理及基本要求。

准确操作:通过练习,准确理解数学知识的原理并能够较顺利地写出完整的解题过程。能够在掌握教师授课的重点、难点的同时注意对细节的要求,保证解题的准确度。

连贯自动化:通过对所学内容的深入思考及强化练习,能够准确、熟练地完成解题过程,而且能够把所学知识较合理地内化形成较稳定的技能。并能与相关的数学知识进行区分、联系。

(2)教学主体分析策略

任何一项新知识的学习,都要以学生的状态为基础,同时更要了解教师自身的风格特点,所谓"知己知彼,百战不殆"。学生的初始状态分析是指学生对进行特定内容的学习已经具备的知识技能基础,以及对有关学习内容的认识水平与情感态度,它是学生学习知识的前提条件,通过对学生初始状态的测定来了解学生的具体程度。

①学生初始状态分析

学习者的初始状态不仅决定着教学的起点,也是制定和选择教学策略的立足点。对学生的知识经验的分析就是为了确定学生的起点能力。① 许多研究表明,起点能力同智力相比,对新的学习起更大的决定作用。依照布卢姆的掌握学习原则,学生必须达到规定的教学目的的85%,才能进行下一步学习,其目的是确保学生在接受新知识前已具备适当的起点能力。这也符合高中数学知识的连贯性比较强的学科特点,尤其是同一章节的内容,如果前面知识不熟悉,后面知识根本无法理解。

其一,学生的初始状态测定的内容:

主要包括对学生预备技能的分析和对学生学习态度的分析两个方面。一是对学生预备技能的分析:了解学生是否具备了进行新的学习所必须掌握的知识与技能,如果学生预备技能没有掌握,那么就不具备学习新知识的条件,需要改变教学起点,先补上这一部分内容。例如:在讲解二次不等式之前,需要用到二次函数的图像,如果学生对图像及二次方程有些模糊,那在正式讲新课之前必须给学生重新进行梳理归纳,给学生很清晰、正确的结论。实际上这也是运用先行组织者的理论对所学内容进行预热,便于利用数形结合的思想解题。二是对学生学习态度的分析:其实更多是学生的状态分析,首先要了解学生的课前状态,例如是否刚上完体育课体力透支,那所讲内容就应降低难度或适当放慢速度。其次,了解对所学内容是否存在偏见或错误的理解,例如学习向量这一章时,不少同学对物理比较怵,那么就要利用简单的例子及暗示性的语言消除畏难情绪,并尽快转换成积极的状态。

其二,学生起始状态的测定方法:

一般了解:课堂教学具有延续性,教师通过前一段时间的上课提问、批改作业、课外辅导以及测验和考试,对学生学习的一般情况有了一定程度的了解。对学生原有的基础、先行的数学知识和技能的掌握情况也有大体的了解。

个别谈话:可以找中等以上水平的学生谈话,具体了解学生是否已经具备本节数学课所要求的起点能力。

---

① 皮连生.智育心理学[M].北京:人民教育出版社,1996.

书面测试:如果有必要,可以在教学内容分析的基础上,根据起点能力的要求,精心设计测试题,分别对预备技能、目标技能进行测试。也可利用导学案、课件等形式对相关内容在新课前稍加复习回顾。

另外,学生的认知风格的不同也会制约教师的教学策略。学生是整体性思维还是系列性思维,是求异思维还是求同思维,是场独立型还是场依存型,对教师教学策略的制订都有着重要的指导作用。

②教师状态的自我分析与调试

一种较好的教学策略的制订,不仅遵循一般的教学规律,而且也渗透着教师的数学教学观念、知识经验、教学风格、职业心理素质水平等个性因素。数学教师是制定、监督和实施教学策略的主体,他们一般都倾向于选择与其教学思想、知识经验、教学风格、心理素质相一致的教学策略。正如阿瑟·柯伯斯在研究教师教学观念时强调指出的那样,影响教育成败的关键因素也许莫过于教师他自己相信的是什么。① 任何一种教学策略都是一定的教学观念或教学理论的反映,教学观念虽不直接作用于教学实践,但经教师主体加工建构后,以教学策略的方式对教学产生现实效用。适合教师自身的风格和表现方式,这样教师在运用策略时才会收放自如,合理顺畅。教师必须在教学中实现教学内容与个性的有机结合,对于其他教师的教学策略的借鉴不能是简单的效仿。因为一个教师的教学策略也许根本就不适合其他教师,比如,让一个热情奔放的教师去效仿和设计适合安静内向教师的教学策略,结果很可能会适得其反。

教师应结合个人的风格、特点和经验,分析所面临的教学任务和教学环境中的有关因素(如教材、教学时间、教学条件等),确定教学目标,然后根据这一特定的目标安排教学步骤、选择策略,预先构想设计出解决各种问题(如突出重点、突破难点)的可能方法,并预估其有效性即可能产生的效果,准备在未来的具体教学活动实施期间监控教学进程,反馈、维持或者调整教学行为。数学教师在制定或选择教学策略时,不仅要重视教学目标的要求和学生起始状态

---

① 左银舫,陈琦.中小学教师的知识观、学习观、教学观的初步研究[J].北京教育学院学报,1998(4).

的分析,还应努力发挥教师的主观能动性,做好进入教学状态的自我调试,从而充分发挥教师自身特征中的积极因素在制定教学策略中的作用,自觉克服自身特征中的消极因素对制定或选择教学策略的不利影响,为教学实施策略的进行做好主体准备。

(3)教学材料的选择策略

①教学材料选择要典型、易懂,考虑不同学段学生的接受能力和教学内容的抽象程度。高中数学有不少内容比较抽象,选择例题、练习题时不要过于复杂和综合性太强。这样会使学生感觉困难太大而产生畏难情绪,甚至觉得数学只剩下晦涩难懂,从而放弃学习。所以教师在选择材料时要针对任教学生的学情,过难的内容删掉,综合性强的内容逐步介绍。

②教学材料的组织注重结构化,高中数学学科有自己的结构。美国教育家布鲁纳指出:"获得的知识如果没有完整的结构把它们联系在一起,那是一种多半会被遗忘的知识。一串不连贯的论据在记忆中仅有短促的可怜的寿命。"结构化教学,就有利于学生对知识的掌握、迁移和回忆。教学材料组织的结构化方式有螺旋式组织、累积式的层级组织、渐进分化与综合贯通式组织。如高一数学课上讲解"二次函数、函数、映射",教师对之进行螺旋式组织:第一螺旋,理解概念;第二螺旋,理解层次关系。这样,教师在组织教材的时候,把所有的各部分材料按有机的层次整合到一起,实行了结构化,这对于达到课程目标起到了十分重要的作用。

③教学材料传递的情境化,合适的问题情境指的是外部问题和内部知识经验条件的恰当程度的冲突,使人引起强烈的思考动机和最佳思维定向的这样一种情境。创设问题情境可以让学生积极参与到问题的解决中。例如,讲解三角形的时候,教师可以给学生创设一个情境:假设两军开战,以河为界,敌军在山上,但不知道山高和河宽。然后问学生:如何能够不过河而知道河宽,不上山而知道山高,不去测量而知道敌人的远近？这样,引导学生进入教师创设的情境中。据此,就可以让学生更好地理解正弦、余弦定理。

2. 教学实施策略

教学实施策略是整个数学教学策略核心部分,是在教学设计策略指导下具体地从整体上组织教学的过程。主要进行以下几个方面的研究:学习心态的积极维持策略、教学内容的呈现策略、分类实施的教学策略。

(1)学生学习心态的积极维持策略

动机对学生的行为和学习有很大的影响,布朗研究发现,动机与学生学习成绩有0.35的相关。动机激发策略是指教师在课堂上如何合理使用各种教学手段,提高学习兴趣,维持注意的方法。① 该策略既适合课堂教学之始,也适合课堂教学中,关键是要针对学生的心理需要。在高中的数学教学中动机激发策略主要通过以下两种方式来实现学生积极心态的维持。

①利用好奇心理,创造可教学时刻

可教学时刻是指学生愿意学习新知识的那一时刻。激发学生的好奇心理,从学生的切身经历或体验出发去教授新知识,这样,不但使数学学科变得更加令人感兴趣,而且可以更好地把握教学难度,寻求学生的最近发展区。当然,教师的语言要尽量表现的活泼有趣、通俗易懂,让学生觉得数学不那么高深、枯燥,消除畏难情绪。例如,$\vec{AB}+\vec{BC}-\vec{DC}+\vec{DE}=\vec{AE}$,在讲解向量的加减法时,一般是通过三角形法则或平行四边形法则画图得到,数形结合比较快,学生肯定说"画图"。教师说:"画几个向量加一块可有点麻烦。"学生也觉得麻烦:"那怎么办呢?"老师马上接到:"不用画图,拿眼直接就能瞪出来。"学生们一听有这等好事,都很好奇。老师并不着急给出:"这可是绝招,一般人我还不告诉呢!"学生沸腾了,又高兴又好奇。吊足了学生的胃口,最佳教学时刻自然出现,老师给出只调整字母而不用画图的方法:$\vec{AB}+\vec{BC}-\vec{DC}+\vec{DE}=\vec{AB}+\vec{BC}+\vec{CD}+\vec{DE}=\vec{AE}$,学生在惊叹之余对这种方法印象深刻,连成绩很差的同学都喜欢用这种方法。高中数学教师的循循善诱其实很多时候体现在制造"可教时刻"上,高中数学本身抽象程度比较高,每节课需要制造这么几个"时刻"来给学生"提神儿",借以激活学生的思维,同时产生兴趣和对数学学科的学习热情。

②教学方式灵活多样,适时切换

数学课堂教学的传统习惯是"教师讲,学生听;教师写,学生抄",这种教学方法只能使学生处于消极被动的地位,学习兴趣受到压抑。教师要根据教学

---

① 张大均.教与学的策略[M]北京:高等教育出版社.2003.

内容不断变换教学方式,上课的前20分钟介绍教学的重点,因为高中阶段学生的注意力很难集中太长时间,后半节课就比较疲劳了。老师的讲解不宜过长,注意讲练结合。这之间可以不断地问学生一些可以集体回答的小问题。练习的时候要把知识分块,先讲后练,根据题目的情况,由学生口答或板演。不同的教学手段适当地相互切换,提高教学的有效性。根据教学内容还可以使用多媒体辅助教学,例如数学模型或图形的动态展示、立体部分的空间感展示等,帮助学生理解感受并完成想象过程。还可以设计课堂学案,让学生自己动手强化训练。

(2)教学内容呈现的策略

课堂教学的基本任务是将教学内容传递给学生,并将所学数学知识深化,使其融入学生的认知结构,内化成学生自己的数学认识结构。

①利用"有意义学习",促进知识迁移

奥苏伯尔曾经指出:"如果我不得不把教育心理学的所有内容简约地写成一条原理的话,我会说:影响学习的唯一最重要的因素是学生已知的内容。弄清了这一点后,再进行相应的教学。"①每个学习者都有以前经历所形成的独特的知识结构网、信念和态度,这一切是获得和整合新知识的基础。奥苏伯尔认为,影响接受学习的关键因素是认知结构中起固定作用的观念的可利用性。为此,他提出了先行组织者的教学策略,即先于学习任务本身呈现一种引导性材料,它要比学习任务本身有较高的抽象、概括水平和综合水平,并能清晰地与认知结构中原有的观念和新的学习任务关联。通过呈现"组织者",给学习者已知的东西与需要知道的东西之间架设一道知识之桥,使他们更有效地学习新材料。在高中数学教学中,教师可运用类属的先行组织者和比较的先行组织者等两种形式:

一种是类属的先行组织者,是介绍给学生一种他们不熟悉的、比新知识有更大包容性和概括性的材料,学生可利用这个材料作为框架来内化较具体的新知识,这种例子在数学教材中常可见到。如在学习正四面体时,先介绍三棱

---

① 皮连生.知识分类和目标导向教学——理论与实践[M].上海:华东师范大学出版社,1998.

锥这一概括性较强的材料,再用它来内化正四面体的有关概念及性质。

另一种是比较的先行组织者,是把学生比较熟悉的材料介绍给他们,以帮助学生把新概念和原理与以前学过的概念和原理结合在一起。如若把正弦函数和余弦函数定义为单位圆上的函数,这时把代数函数作为一个比较的先行组织者,就可运用代数函数概念把熟悉的代数概念和原理与不熟悉的三角函数概念和原理结合起来。从对数学学习过程的分析中我们看到,学生的原数学认知结构中已有的数学知识经验对数学新知识学习的影响极大,关系到是否能内化新知识。为此,在讲解新课前,必须进行诊断性评价,以查明学生的认知准备状况。诊断性评价一般是通过复习提问、诊断性测试和观察等方式进行的。如果学生具有了内化新知识的知识经验,则教师可通过练习、小结等来巩固已有的知识经验(常与诊断性测试同时进行)。如果学生不具有同化新知识的知识经验,则应采取补救措施——提供先行组织者。

②创设思维情景,激发学生的思维活动

教师旨在创设一种有利于引起学生注意、调动学生积极情感,从而激发学生的思维,并有利于学生利用原有知识和经验学习当前内容的数学情境的一种教学策略。这里的数学情境是指含有相关数学知识和数学思想方法的情境,同时也是数学知识产生的背景。[①] 在数学教学中,强调创设思维情景实际上也就是强调了思维的活跃性、延伸性和发散性,通过创设思维情景可以激发学生思维的灵活性和迁移性,从而使学生的元认知能力在这种情景中得到有效开发。创设思维情景的有效策略是创设问题情境,主要有以下几种常用方式:

创设温故知新情境:创设温故知新情境就是利用新旧知识之间的联系来创设的数学问题情境。新旧知识之间的联系是学生积极思维的基础,而新旧知识的矛盾是学生积极思维的动力。创设温故知新的问题情境,既要造成新旧知识之间的矛盾,又要引起新旧知识之间的联系,对学生才有启发性。这是一种常用的创设问题情境的方法。例如,在讲球的表面积公式时,教师首先说:"今天我们要用天平'称'出球的表面积公式。"表面积公式竟然能"称"出

[①] 夏小刚,汪秉彝. 数学情境的创设与数学问题的提出[J]. 数学教育学报,2003,(1)

来!话语一出,可谓一石激起千层浪,学生的学习兴趣立即高涨。接着教师拿出质地均匀、薄厚一样的两个橡胶制品:一个半圆形球和一个半径等于球的大圆的圆垫,并在天平上称出其重量。最后教师宣布:"它们重量之比即为它们的表面积之比,你们知道这是为什么吗?"此时学生可谓"心求通而不得,口欲言而未能"。接着,教师启发诱导学生把小学学过的圆柱体积公式、初中学过的密度公式联系起来,学生才恍然大悟。在教学中要适时创设与前面已学过知识联系的情境,与已有的知识结构联系,站在新知识的高度,不断扩大、充实原有的知识结构。要创设数学内部前后联系交汇的情境,让学生积累前后联系的经验,促进其主动建构能力的提高。

创设实验情境:创设实验情境就是利用数学实验来创设的数学问题情境。当学生原有认知结构中已经具备学习新内容的预备知识,但新旧知识之间的逻辑联系还不易被学生发现时,教师可设计与教学内容有关的富有启发性、趣味性的实验,来设置数学问题情境,让学生通过观察和动手操作在实验情境中探索规律、提出猜想,再通过逻辑论证得到结论,来揭示数学知识的发生、发展过程。例如,高中生的抽象思维能力虽然已经得到相当程度的发展,但是在学习数学归纳法原理时,许多学生对其中体现出来的递归原理及其有限、无限思想的理解,仍然存在着一定困难。这时,教师可通过演示"多米诺骨牌"实验,来揭示数学归纳法原理的直观背景与抽象过程:一列排好的直立骨牌,用手推倒第一块,第二块就被第一块推倒,第三块就被第二块推倒……于是所有骨牌都被推倒。让学生在"多米诺骨牌"实验中思考,为了保证无数块骨牌都倒下,只要满足以下两个条件就够了:a. 第一块骨牌要倒下;b. 当某一张骨牌倒下时,紧随其后的一张也要倒下。至此,数学归纳法原理的引入可谓水到渠成、呼之即出。

创设史实情境:创设史实情境就是利用数学史知识来创设的数学问题情境。教师通过讲解数学知识发现的史实、有关数学家的故事创设数学情境,激发学生学习兴趣,使学生在不知不觉中学习数学知识、领会数学思想方法。例如,在学习等差数列的前 n 项和公式时,常常讲数学家高斯小时候计算 $1+2+3+\cdots+100$ 的故事。同时,可引用我国古代算书《张丘建算经》的题目:"今有女子不善织布,逐日所织之布以同数递减,初日织五尺,末日织一尺,计织三十日,问共织几何?"原书给出的解法是:"并初末日织布数,半之,余以乘织讫日数,即得。"这个解法相当于给出了等差数列的求和公式 $S_n = \dfrac{n(a_1 + a_n)}{2}$,与上述"高斯求和法"有异曲同工之妙。这些故事或史实既能引起学生学习的兴趣,又能体现推导等差数列前 n 项和公式的思路——倒序相加法。

加强知识发生过程的教学:在教学活动中的知识发生过程的教学策略其实是一种过程性的策略,主要是指命题教学过程中的数学命题获得、证明和应用阶段,以及在问题解决过程中,教师通过适当的教学方式,启发学生直接或间接地感受、体验数学知识产生、发展、演变的动态过程,从而引导学生积极主动地进行思维活动,"使学生看到思维过程"的一种教学策略。数学本身主要由概念、公式、定理、法则以及它们的应用问题组成,数学的各个组成部分不是孤立存在的,而是彼此联系、互为因果的。否定"过程"就是切断知识之间的内在联系。在教学中,师生的思维过程实际上就是数学知识的发生、演变过程,也是蕴涵于数学教学内容之中的数学思想方法的提炼、揭示过程。

揭示数学知识的产生、推证过程:数学是一门具有逻辑严谨性的学科,它用完善的形式表现出来并呈现在学生面前,而略去了它发现的曲折过程,给学生的"再创造"学习带来一定困难。正如美籍匈牙利数学教育家波利亚所言:"用欧几里得方法提出的数学,看起来像是一门系统的演绎科学,但在创造过程中的数学看却像一门实验性的归纳科学。这两个侧面都像数学一样古老。但从某一方面来说,第二个侧面则是新的,因为以前从来就没有'照本宣科'地把处于发现过程中的数学照原样提供给学生或教师自己或公众。"[1]在日常教学中,很多数学概念、性质,教材往往以结论形式直接呈现在学生面前,学生看到的是思维的结果,而不是思维的过程。这就需要我们创设过程展开的情境,让学生亲身经历和体验,引导他们成为主动的建构者。在数学教学内容的形式性与数学发现的经验性之中,让他们经历数学化的过程,把握数学知识的"生长点"以及发生、发展脉络,增强数学认知结构的清晰度和稳定性。例如,对于"三角变换的辅助角公式""直线的参数方程""圆锥曲线的参数方程""直

---

[1] (美)波利亚.怎样解题[M].北京:科学出版社,1982.

角坐标与极坐标的互化公式""复数的代数形式与三角形式的互化"等公式尽管表现形式各异,但最终都可归结为三角函数的坐标定义,体现出来的仍然是化归转化的数学思想。追踪溯源,讲原始数学思想;返璞归真,回归基本概念,不断强化数学知识的发生过程。

数学概念、公式、命题等知识引申和推广过程中,所使用的主要方法是归纳和类比。从引申和推广的方向来看,有同一知识深入发展的纵向引申和推广,也有不同分支内容的横向引申和推广。在更大包容性、更高概括程度上实现了数学知识结构的整体优化,有利于加强数学知识之间的联系,促进数学知识的综合贯通,也有助于学生高中数学认知结构的完善和发展。例如,二倍角的正弦、余弦公式、正切公式可以推广到三倍角;如果结合棣莫弗定理、二项式定理,二倍角的正弦、余弦公式亦可推广到 n 倍角。

注重数学思想方法的提炼和应用过程:数学认知结构有层次之分,处于较低层次的是知识、技能,处于较高层次的是思想和方法。这两种层次的知识分别是教材中两类不同数学知识的内化:一类是数学表层知识,即教材中明确给出的数学符号、数学概念和数学命题等数学基础知识和基本技能;另一类是数学深层知识,即蕴涵于表层知识之中对其起统帅作用的数学思想方法。一般说来,表层知识是深层知识的基础,深层知识是对表层知识的本质认识和高度概括,是学习数学和应用数学的基本原理。

布鲁纳指出:"懂得基本原理使得学科更容易理解。"[1]因此,在教学中要促进学生对知识技能的深入理解,就要突出数学基本原理——数学思想方法的教学,帮助学生构建思想方法层次上的观念,优化学生的数学认知结构。例如,高中数学常用的配方法、换元法、判别式法、待定系数法、反证法、同一法、比较法、数学归纳法等这一类基本方法;观察、实验、猜想、归纳、演绎、类比、分析、综合、抽象、概括这一类数学思维的一般方法;分类讨论思想、化归与转化思想、数形结合思想、极限思想、函数与方程思想、化繁为简的思想、特殊化与一般化思想这一类高层次的思想观念。这些数学思想方法要注意不断渗透、适时揭示、逐渐明朗和反复运用,以丰富学生的策略性知识,促进数学知识的

---

[1] 布鲁纳.教育过程[M].上海:上海人民出版社,1973.

迁移。

③构建知识网络、实现认知结构的整体优化

数学是一个具有逻辑严谨性的知识体系,包括数学概念体系、数学命题体系、数学方法体系。在数学教学呈现的过程中,要注意揭示数学知识之间的有机联系,实际上也是考虑数学教学的整体性。构建高中数学知识网络的有效教学策略主要是利用不同数学知识体系的内在联系,通过"组块"的方式使知识系统化、逻辑化和深刻化,注重知识组块的教学,孤立的知识教学不可能建立起层次分明和联系紧密的系统观念,因此,新知识的教学不能孤立进行,应把新知识纳入原有的观念系统中进行整体考虑,使新知识与原有的相关知识相联系,并把这些有联系的知识点重新组织为一个大的知识组块。这样,既有利于知识的保持,又有利于知识的检索与应用。

在 20 世纪 50 年代,美国心理学家米勒发表了一篇著名的论文,题为《神奇数 7 加减 2:我们加工信息能力的某些限制》,从信息加工的角度出发明确地提出了组块的概念。所谓组块是指在记忆中把若干较小单位组合成熟悉的较大单位的信息加工过程。并且米勒发现,人的短时记忆的最小单位是组块,其容量大约为 7±2 个单位。人记忆的信息不能仅仅用信息的"量"的多少来说明,更重要的是看信息是如何组合的。尽管我们记忆同时出现的一系列信息的能力是有限的,但是如果我们把一些信息组织成块,就可以大大提高记忆能力,而且组块中所包含的信息量可以是很不同的。另外,把信息组织成有意义的组块,不仅可以增加信息的摄取量,而且还有利于知识的记忆保持,也有利于知识的检索和应用。组块的方式有很多,对于数学教学来说,常用的方法主要有概括组织、利用表象和"嫁接移植"。

a. 概括组织是在一组信息中以上位概念代替下位概念或摒弃枝节、提取要义的方式组织学习材料。美国心理学家布朗曾经把概括归为五条原则:略去枝节、删除多余、代以上位、择取要义和自述要义。所谓"代以上位",就是用一个更一般的命题去代替一系列具体的命题。例如,学完三角函数的 36 个诱导公式之后,如果不进行进一步的组织加工,孤立繁多的知识就很难保持和应用。但如果教师引导学生把这些公式放在一起进行观察、比较、分析,最后概括为新的知识组块"奇变偶不变,符号看象限"后,那么学生的数学认知结构就能从整体上得到优化。

b. 表象就是"在知觉的基础上所形成的感性形象",①具有综合性和整体性的特点。它能对数学对象在心理上形成一个总体形象,让思维直接切换到问题的中心与实质。例如,在求一元二次不等式 $ax^2+bx+c>0$ 的解集时,通常首先要分 $a>0$ 和 $a<0$ 两种情况分别讨论,然后再对判别式 $(\Delta=b^2-4ac)$ 分 $\Delta>0$、$\Delta=0$、$\Delta<0$ 三种情况进行讨论,前后一共有六种情况。显然,一一记忆这些解的公式很麻烦。但是,如果把一元二次不等式的解集与一元二次方程的根、一元二次函数的图像紧密结合起来,通过图像来帮助记忆就非常简单且容易储存了。正如数学家斯蒂恩曾经说过:"如果一个特定的问题可以转化为一个图形,那么思想就整体地把握了问题,并且能够创造性地思索问题的解法。"实际上这也是数学方法体系中体现"数形结合思想"的重要组成部分。

c. "嫁接移植"就是以一个知识为主体,而把另一个知识移植到主体知识的一种方法。例如,学习了余弦定理的代数形式: $a^2=b^2+c^2-2bc\cos A$,在适当的时候,可以把正弦定理和复数的知识"移植"过来,就可以分别得到余弦定理的三角形式和余弦定理的复数形式: $\sin^2 A=\sin^2 B+\sin^2 C-2\sin B\sin C\cos A$, $|z_1\pm z_2|^2=|z_1|^2+|z_2|^2\pm 2|z_1||z_2|\cos(\theta_1-\theta_2)$。

这样,学生就可能对余弦定理的整体结构有了更为深刻的认识,从而也加深对余弦定理本质的认识。实际上利用了数学方法体系中的体现类比思想的手法处理"组块"。"组块"对知识的合理归类,系统梳理了学生的认知结构,为知识的"网络化"提供坚实的结点,从而顺利地完成认知结构的整体优化,是教学呈现策略的深化。

(3) 分类施教的教学策略

高中的数学教学中,对知识的难度、层次性、逻辑性和学生深入思维的能力要求都比较高,但是各门科目的要求都在提升的情况下,学生用在数学上的精力是有限的,这就要求教师在课堂上提高课堂的教学效益。在整个教学策略的运用环节上,教学策略的实施是前期环节的具体展示,如果要收到预期的效果,那么一定要做好分类施教。主要针对不同的教学内容而采取不同的教

---

① 刘电芝.学习策略(五)[J].学科教育,1997,(5).

学实施策略,常见的数学教学内容是:概念公式原理的命题介绍类和解题练习的训练类两种。

①概念公式原理的介绍类

针对数学命题三种学习模式的教学策略:

现代认知心理学认为,数学命题学习实质上是新旧知识之间相互作用,并形成新的数学认知结构的过程。数学命题的学习可分为下位学习、上位学习和并列学习三种模式,又称同化学习模式,①针对三种学习方式可以采用相应的教学策略。

其一,下位学习是数学概念、命题学习中应用较多的一种形式。下位学习中,新命题涉及的概念之间的关系,从属于原认知结构中处于包容性和概括水平更高的有关知识,因而这种学习的方式主要是同化,学习的过程是数学认知结构充实完善并形成新的数学认知结构的过程。在下位学习中,新命题与数学认知结构中的原有知识的作用方式是同化。在教学中借助原有的相关知识对新内容演绎梳理,利用已有的包容程度较高的数学概念或数学命题细化其相关性质,同时指出新知识与其相关联系及差异。例如,当学生学习了函数的单调性的概念和判定以后,再来学习指数函数、对数函数的单调性,就属于下位学习。

其二,上位学习是通过对已有的数学观念(概念、定理、公式等)的分析和比较,归纳出其间的联系和规律,从而形成数学命题的过程。这时原有的数学认知结构改造成为新的数学认知结构。在上位学习中,新命题与原有数学认知结构中的有关知识的作用方式是顺应。在教学中对原有的相关知识进行分析梳理,把已有的包容程度较低的数学概念或数学命题归类总结其相关性质,归纳出新知识在整体把握上的抽象程度更高的总结性理论,是对原有知识的深化。例如,当学生学习直线方程的一般式时,需要对直线方程的几种特殊形式(点斜式、斜截式、两点式、截距式等)进行概括,改组原来具有的直线方程的特殊形式的认知结构,成为直线方程的一般式的认知结构。

其三,并列学习不从属于学生已掌握的有关观念,也不能概括原有观念,

---

① 刘安君,孙全森,汪自安.数学教育学[M].济南:山东大学出版社.1997.

但新旧知识之间仍然具有某些共同的关键特征,可以并列地组合在一起。因此,并列学习的关键在于寻找新命题与原有认知结构中有关知识的共同特征,使得它们能在一定的意义上进行类比。例如,学习了直线与平面平行的判定定理以后,再来学习直线与平面垂直的判定定理,就可以通过类比方式建立它们之间的联系,从而让学生掌握直线与平面垂直的判定定理。数学中许多新命题的学习都属于并列学习,反复进行并列结合学习可使所学得的概念体系之间建立横向联系,达到综合贯通的效果。

在教学中充分利用两种知识之间的类属相关性,在促进新知识学习的同时完善了对原有知识体系的构建。针对关于数学概念、命题三种学习模式的教学流程如图所示:

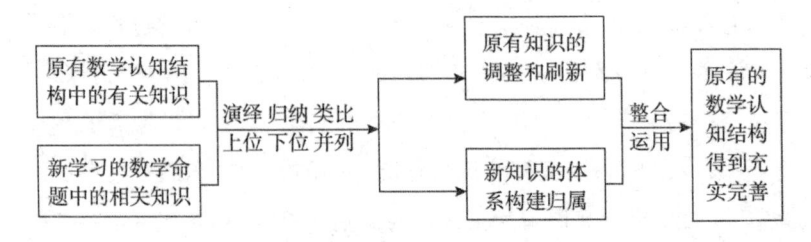

针对关于数学概念、命题三种学习模式的教学流程

随机进入(或叫随机通达)教学策略:

随机进入教学策略的基本思想源自建构主义学习理论的一个新分支"弹性认知理论"。传统教学混淆了高级学习与初级学习之间的界限,将初级学习阶段的教学策略不合理地推向高级阶段的教学中,使教学过于简单。而高中阶段的数学学习主要是高级学习,这就不难看出传统教学的不足。因此提出"随机进入教学策略":教师可以引导学生随意通过不同的途径、不同的方式多次进入同样教学内容的学习,从而获得对同一数学命题、理论的多方面、多侧面的认识与了解,从而达到对所学知识全面而深刻的意义建构。例如:在介绍向量的加法时,首先通过物理模型位移,画图得出 $\overrightarrow{AB}+\overrightarrow{BC}=\overrightarrow{AC}$,讲解向量加法的三角形法则,然后结合物理模型力的合成,画图得到 $\overrightarrow{F_1}+\overrightarrow{F_2}=\overrightarrow{F}$,讲解向量加法的平行四边形法则,最后提出有时不画图直接利用字母的首位顺次连接得出向量的加法,如 $\overrightarrow{AB}+\overrightarrow{BC}+\overrightarrow{CD}+\overrightarrow{DE}=\overrightarrow{AE}$。教学中从物理矢量的合成进入到向量加法，从三角形法则、平行四边形法则两次进入向量的加法，最后提出不必画图的便捷方法再次进入到向量的加法，实际上是三角形法则的原理扩展。通过多次不同角度切换到向量的加法使学生全面深入地理解向量的加法，体会向量运算的特殊性并完成与物理相关知识的整合。这种随机进入的教学策略比较能体现出数学教学的灵活性、趣味性，能激活形式化的概念原理介绍，激发学生兴趣。

②解题练习的训练类

掌握足够多的数学概念、命题、观念等仅仅是数学学习中问题解决的必要条件。学生头脑中有了足够的知识并不意味着解决问题的能力强，甚至问题解决者已具备了解决某一问题所需的全部知识，但却解决不了这个问题。例如，有的问题解决者在解决一个问题时，百思不得其解，但一经旁人指点，即刻恍然大悟。这说明他的认知结构中已具备了解决这个问题所必需的概念、性质和定理等知识。一些新手教师经常向笔者"诉苦"，自己备课十分认真，课也讲得头头是道，学生对知识的提问反应也不错，可学生一到自己作业和考试就不行。恍然大悟的问题解决者与不能独立作业（尤其是非模仿的作业）的学生，他们失败的原因不是缺乏所需的具体知识观念，而是缺乏与具体知识相对应的稳定的产生式。产生式是一种"条件→活动"规则，简记为 $C\to A$，只要条件信息一出现，活动就会自动产生。这里所说的活动不仅是外显的行为反应，还包括内隐的心理活动或心理运算。例如，如果学生一识别出 ΔABC 是直角三角形，他就能做出反应：斜边的平方等于两直角边的平方和，那么我们就说该学生已习得了这个产生式。假如被试是在被主试问到什么是勾股定理的情形下复述出勾股定理，我们不能肯定他已经习得这个产生式，因为他可能仅仅是从长时记忆中检索出勾股定理的言语信息，并没有学会将其应用于实际情境。学生是否习得产生式，关键是看他在问题情境中识别出条件信息后能否做出活动。尚未习得勾股定理产生式的学生当然不能解决与勾股定理相关的问题，尽管他脑中贮存有勾股定理的言语观念。数学解题训练的问题解决教学是对数学知识的综合应用的过程，通过解题、变式训练促进数学知识由陈述形态向程序形态的转化，发展学生的智慧技能，形成产生式以及产生式系统，从而使所学数学知识真正内化到学生的认知结构中去。

由于产生式的表征是一种启发式的,它产生的总是由目的引导的行为,这种目的性表现为产生式的条件部分总包含有关于目的的陈述。当学习个体掌握了一个产生式后,一旦认知条件具备,就会激活相应信息、产生相应操作。可见,产生式的学习过程包括两个环节:一是条件认知,即学会识别某种对象或情境是否符合产生式的条件;二是操作执行,即学会按一定程序与规则进行一系列操作以达到目标状态的过程。因此,促进产生式系统生成的数学教学策略也相应地分为促进条件认知的教学策略与算法操作教学策略两个部分。

a. 变式练习促进条件认知

促进数学知识的陈述性形态转化为以产生式或产生式系统表征的程序性形态,即形成一定智慧技能需要运用恰当的教学策略来有效实现。智慧技能学习的唯一有效方法就是建立在理解基础上的变式练习。所谓变式练习,是指在其他有效学习条件不变的情况下,概念和规则例证的变化。具体到数学命题的教学而言,变式练习应当包括两个阶段上的数学命题例证的变化。一个是在数学命题获得阶段上的数学命题正例的变化,它有助于学习者排除无关特征的干扰,另一个是在数学命题应用阶段上的题型或问题情境的变化,这种变化将有助于学习者加强数学命题的条件认知,获得熟练解决问题的技能。我们这里主要讨论数学命题应用阶段上的题型或问题情境的变化。

一般说来,数学命题的应用包括两个层次:一个是数学命题在与原来学习情境相似的问题情境中的应用,另一个是数学命题在与原来学习情境不同的问题情境中的应用。而就变式练习的特征而言主要有两种变化问题的方式:一种是显性变式,另一种是隐性变式。如果一个问题从它的原型通过直观和具体的变化而得到,那么这些问题变式称之为显性变式(例如,数量关系的变化、图形位置的变化等);反之,如果一个问题的变式只有通过抽象或逻辑的分析才能发现它与原型的联系,那么这种变式称之为隐性变式(例如,变化参数,微妙地缺省某些条件、变化背景等)。这样,应用相关知识或策略的条件是隐性的。在数学命题应用的最初阶段,宜设置与原先学习情境相似的问题情境,以显性变式为主进行练习,使练习题之间保持一定的同一性;在数学命题应用的后期,随着数学命题的渐趋巩固,问题类型可逐渐演变成与原来学习情境完全不同的问题情境,采取隐性变式为主进行练习,可以促进学生数学命题的纵向迁移。例如,在学习点到直线的距离公式以后,我们可以设置如下变式练习,促进学生对数学命题的条件认知,以熟练灵活地应用数学命题:

问题一:求点 $P(2,3)$ 到下列各条直线的距离:

①$6x+8y+9=0$;②$x+1=0$;③$y-5=0$.

问题二:求点 $M(4t,3t-1)$ 到直线 $l:3x-4y+6=0$ 的距离.

问题三:若点 $A(a,a-1)$ 到直线 $l:3x-4y+6=0$ 的距离为 2,试求实数 a 的值.

问题四:已知 $x+2y=5$,试求 $(x^2+y^2)_{min}$.

问题五:已知点 (x,y) 在线段 $l:y-1=0$($-1\leq x\leq 2$)上运动,求 $|3x+4y+5|_{max}$.

其中,问题一到问题二基本上属于显性变式,而问题四和问题五基本上属于隐性变式。当然,每一种变式依条件、结论的变化产生多种变化方式。

变式练习作为数学命题应用的一项重要教学技术,其基本观点得到了诸多理论,尤其是马顿的变异理论和奥苏贝尔的有意义学习理论的有力支撑。教学实践也表明,变式练习不失为一种学习数学概念和数学命题的有效方法。这是因为,显性变式提供的问题情境的相似性有助于数学命题的自动生成,隐性变式提供的问题情境的不同性有助于数学命题图式的获得。另外,变式练习有助于学生发现产生式条件建构的局限性,有助于学生细化、归类产生式和加强条件认知,真正学会何时选用何种产生式。

b. 算法操作形成操作自动化

图式获得和操作自动化是高级学习的主要机制。根据加涅对学习结果的分类,数学知识基本上属于高级规则,因而,数学学习的主要机制也应当是数学知识图式获得和操作自动化。数学的变式练习有助于数学条件模式的认知,或者说有助于数学知识图式的获得;对于操作自动化,基于对高级学习的理解,我们提出了数学知识产生式的算法化技术。实施该教学技术的主要目标是使学生通过产生式的算法操练形成操作程序自动化,并将自动化操作程序组织进入学生原有的数学认知结构中,保证形成的认知结构的稳定性。这里的算法是指解答同一类问题的运算程序。它表明在运用数学命题时先做什么、再做什么、后做什么。

例如，利用基本不等式：$a+b \geq 2\sqrt{ab}(a>0,b>0)$，求函数最小值的产生式是：如果 a,b 是两个正数，且乘积 ab 为定值，当且仅当 $a=b$ 时，那么 $a+b$ 有最小值。我们在教学中可将这个产生式形成"一正二定三相等"的算法程序：

第一步，判断这两个数是否均为正数（是，进行第二步；否，改用它法）；

第二步，判断这两个正数的乘积是否为定值（是，进行第三步；否，改用它法。能凑出定值，再进行第二步；不能凑出定值，改用它法）；

第三步，判断这两个正数是否相等（相等，求出最值；不相等，改用它法）。

实践证明，这样的算法程序更具有迁移性，学生通过算法化教学学到的知识更容易转化为技能。学生在今后的数学学习中，一旦认知了产生式的条件，就能自动激活相应的知识并执行相应的操作，以节约更多的思考时间，为数学问题解决创造有利条件。

c. 认知结构网络化促进问题解决

根据美国教育心理学家奥苏伯尔认知结构的观点可知，良好的数学认知结构有三个特征：一是可利用性，学习者原有的数学认知结构中有适当的起同化作用的观念可以利用，即有足够多由陈述性转化为程序性形态的数学知识，可以通过变式练习等策略形成的产生式体系；二是可辨别性，即新知识与学习者原有的数学认知结构中的相关观念是可辨别的，形成的产生式体系清晰、条理性强，认知的网络结构初步建立；①三是稳定性，即所形成的数学认知结构中的产生式体系通过一定程度的算法操作已经具有相当的自动化程度。此时学生已经具备了进行数学问题解决的良好认知结构，通过问题解决进一步完善、固化认知结构。

数学问题解决的思路探索过程实质上由一连串的产生式构成，在问题解决者具备大量相关稳定的数学程序性形态表征的产生式，甚至"组块"形成产生式体系的前提下，如何从数学问题情境中识别出相关信息并与众多的产生式中的条件信息相匹配是成功解决问题的关键。研究表明，善于解决问题的专家的认知结构中有上万个知识"组块"，这些知识组块不仅是具体知识的观念，而且大多数是产生式。因此，如果这些数以万计的产生式形成的体系组织

---

① 何小亚. 建构良好的数学认知结构的教学策略[J]. 数学教育学报. 2002(1)

得不好,那么问题解决者很难从中检索出与数学问题情境相匹配的条件信息。除了具备足够多的观念和稳定而又灵活的产生式之外,要建构良好的数学认知结构,学习者还必须对所习得的知识信息进行加工整理,使之形成一个个的知识组块,并对这些知识组块再进行组织、分类和概括,使之形成一个层次分明、类别清楚和联系紧密的网络结构,这样就可以提高信息的检索效率。例如,在学生学了关于空间的两条直线、直线和平面、平面与平面的垂直关系的性质定理与判定定理之后,如果教师能引导学生将这些分散的知识重新整理、组织、提炼为如图所示的网络知识结构,那么就可以帮助学生建构良好的数学认知结构。

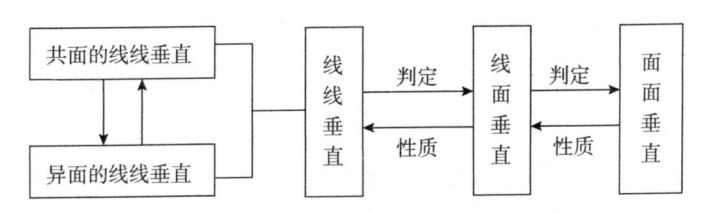

空间直线平面垂直的知识网络图

在良好的网络化的认知结构基础上,完成解决具体情景性问题所必需的高级数学知识的图示化。高中数学的学习阶段,较之初中的学习在数学问题解决的过程中有大量的结构不良的特征,而且是普遍存在的情况。教学中结合具体的数学问题情景,利用认知结构的网络化,"随机通达"不断从"整体"到"局部"进行切换,解决结构不良问题,同时形成数学认知体系的图示化模式,整合优化网络认知结构,使学习者最终能够独立灵活地进行数学的问题解决。

3. 教学管理策略

所谓教学管理策略,是在教学活动进行的过程中,为保证教学活动的顺利进行以及其他教学策略能够有效运用而采取的相应的组织管理上的措施,旨在创设健康向上的教学环境的策略。主要包括:创建积极课堂环境,满足学生心理需要;运用有效沟通技能,改进师生互动的交流方式;坚持健康课堂管理思想,实施健康课堂纪律等方面的内容。

(1)创建积极课堂环境,满足学生心理需要

积极的课堂环境与学生纪律之间有着密切联系,许多课堂管理问题与教

师能否创建积极的课堂环境从而满足学生的心理需要有关。在教学实践中发现,由于课堂环境不能满足学生的心理需要,从而造成了学生消极的学习态度和惹是生非或畏缩不前的行为时有发生。因此,课堂管理只有通过创建一个有意义的、真正能够满足学生需要的积极课堂环境,才能确保学生做出积极的、教学目标导向的行为,形成良好纪律。

总结国内外有关研究成果并结合实践经验可知,创建积极课堂环境,满足学生需求,应注意以下几点:①分析学生需要满足情况,弄清问题行为产生的环境原因。学生的行为,包括违纪行为,都受其内在需要的驱动,是学生尝试满足某种需要的结果,学生的问题行为主要是由于课堂环境不能满足其归属、认同和爱的需要造成的。②营造人性化的积极课堂环境和氛围,满足学生的心理需要。人性化的课堂环境和氛围是以人为本课堂教学的潜在课程,是有效课堂管理的基础。要注意以下几方面的工作:第一,通过对学生情感、意见和内在反应的真诚尊重、关注、接纳和理解,营造人性化的课堂心理氛围,满足学生情绪安全感。第二,通过情感化的教学、科学设置建设性的课堂环境、提高教学艺术水平、建立和谐民主的师生关系等途径,营造人性化的课堂教学氛围。第三,建立自然、和谐的教学生态。课堂管理要重视班级、心理和生理环境建设,努力创建在情感上互相支持、教学上积极参与、师生互动中相互关注的课堂微观生态系统。③接纳学生,努力满足学生的归属需要。归属感是一个强大的动力因素,而接纳是最有效的激发方式之一,它能有效提高学生的自尊、适应及其他健康品质。

(2)运用有效沟通技能,改进师生互动的交流方式

健康的交流方式和有效的沟通技能不但有助于增进师生间的关系和有效地实现教学目标,也是有效课堂管理的重要策略。在课堂管理中运用有效沟通技能,应注意以下几方面:

①合理运用肢体语言。合理运用肢体语言有助于课堂秩序的建立

眼神接触:眼神接触是课堂上师生最常用和最有效的交流形式,教师不仅要能自然地注视每一个学生,而且要能读懂每一个学生的要求和反应,传达自己对学生的评价及对整个教室情境的把握,预防学生不良行为的发生。

身体接近:对课堂上违纪的学生,教师的言语批评既会中断教学活动,又

可能引起学生的反感。在大多数情况下,教师只需走近他(她),或轻轻地拍一下,什么也不必说,就能使其端正行为。

身体姿势和面部表情:身体姿势和面部表情是肢体语言的重要部分,在交流中传达着许多重要的信息。因此,在调控学生课堂行为的过程中,应尽可能利用身体姿势和面部表情辅佐说话。

②正面诱导。教师对待学生的行为方式可分为有意负面诱导、无意负面诱导、无意正面诱导、有意正面诱导四种类型。所谓正面诱导,是对一类信息的总称——无论是语言的还是非语言的,正式的还是非正式的——即传递给学生说他们是负责任的、有能力的、有价值的信息。相反,负面诱导则是指向学生传递说他们是不负责任的、没有能力的、没有价值的信息。例如,在期末考试周前一天,有位学生要求教师辅导,教师对该生说:"别担心,反正你上高中后数学从来就没及格过。"这种讽刺的话恰好表现出了教师无意的负面诱导。教师应通过各种途径对学生进行正面诱导。比如在门口与学生打招呼,表示非常高兴见到学生,夸奖学生的学业等。正面诱导除了能形成学生的积极态度和良好的师生关系,还有助于矫正学生的不良行为。

(3)坚持健康课堂管理思想,实施健康课堂纪律

近年来,国外在课堂管理中特别强调"健康课堂管理"的思想。所谓健康课堂管理,就是通过为每个学生营造一种以相互信任和尊重为基础的愉快、健康、高效的课堂氛围,激发学生自强、自尊、自立的心理,促进学生心理、社会多层面的安康,从而使学生在课内外过一种健康、幸福和有意义的生活。为了实施健康课堂管理,教师应掌握健康有效的纪律实施技巧。

管理当然重要,但是有效的教学实施策略才是管理的根本。改善课堂纪律,必须改善我们的教学,增强教学的魅力。当代课堂管理研究者都高度强调有效教学策略与学生良好行为之间的关系。在课堂管理研究中,格拉瑟等人都曾指出,优质课程、优质教学和优质学习是有效纪律的主要特征。美国著名课堂纪律研究专家库宁也认为,维持纪律的最佳方式是吸引学生积极参加课堂活动。他关于高课堂管理成效和低课堂管理成效教师的比较研究表明,两类教师的课堂管理策略非常类似,他们的主要区别在于成功管理的教师能以良好的教学实施策略和课堂组织防止问题行为的发生,成功管理的教师在教

学设计策略、教学实施策略上都更胜一筹。这些教师还善于通过一开始就激发学生的兴趣,注意在整节课中有效地吸引学生的注意力,安排具有个性化的作业等方法,使学生的活动一直围绕着教学有序展开。创建良好的课堂秩序和纪律,既需要合理的课堂管理观念的指导和纪律制度的规范,更需要课堂教学的完善和改进,以科学的教学行为实现课堂管理和控制的目的,实现课堂秩序的理想状态,这才是我们课堂管理的基本共识。教学设计策略"软件"恰当合理、教学实施策略"硬件"灵活到位,才能够使教学管理策略很好地进行"系统维护",实现整个策略系统的兼容整合,达到最有效的教学效果。

4. 教学评价策略

教学评价策略主要指在经过教学设计策略、教学实施策略、教学管理策略等几方面的教学活动的过程与结果做出的一系列的价值判断行为,以充分发挥教学评价的导向性、激励性所采取的一种策略。这一定义说明了评价行为贯穿整个教学活动,而不仅只是在教学活动之后,实施高中数学教学评价策略的途径主要包括数学学习评定的测量内容编制和对数学学习的结果进行评定的策略两方面内容。

(1)数学学习评定的测量内容编制

在教学活动中教师对学生数学知识学习结果进行评定需要编制相应的试题或相关内容,而试题的编制实际上是对不同知识类型的测量,基于广义的知识分类可以将高中阶段的数学知识分为数学陈述性知识和数学程序性知识两大类。数学教学评价策略中所做的测量是对数学相关知识做出数量上的判断,[①]不仅要根据知识的类型加以判断,而且要根据知识习得层次和水平加以判断。

数学陈述性知识的测量,这里主要指处于陈述形态的数学概念、定理、公式等命题类知识的测量。一般可以采用以下三种方式:其一,用陈述方式或书面方式说出或写出已学过的数学陈述性知识的内容。以这种方式测量到的知识形态与习得的知识形态基本相同。其二,用转化的方式,即将数学陈述性知

---

① 王映学. 现代认知心理学的知识分类及其测量[J]内蒙古师范大学学报(哲学社会科学版),2005,(4)

识由一种表达方式转换为另一种表达方式,而保持其含义不变。例如,余弦定理的文字语言:"三角形的任意一边的平方等于其余两边的平方和减去这两边与它们夹角余弦乘积的两倍"与其符号语言($a^2 = b^2 + c^2 - 2bc\cos A$)之间的互化。其二,用解释的方式,即能按自己的理解对数学知识予以说明。例如,学完"经过不在同一条直线上的三点有且仅有一个平面"这个公理后,要求学生解释:为什么普通的门常用一把锁就能将其固定?尽管这三种测量方式有所不同,但测量到的知识基本上还属于狭义的知识。其中,后两种测量方式所测量到的知识(输出)与习得的知识(输入)在形态上并不完全相同。

数学程序性知识的测量,这里主要指与认识过程中的逐步深化相关或与解决有关的数学问题能力相关的测量。一般分为两种水平:一种水平是应用情境(测量情境)和学习情境相同或相似。如果两种情境相同,那么测量到的可能是陈述性知识而非程序性知识。例如,如果教师在数学测验中(测量情境)出现自己讲过的或教材中(学习情境)的原题,则学生会以照搬的方式应对考试,测量得到的可能不是程序性知识。另一种水平是应用情境与学习情境不同或完全不同,这是测量程序性知识的主要而可靠的方式。数学程序性知识的测量应以这部分知识为主来安排。

数学策略性知识的测量。是在数学知识习得及数学问题解决中体现出来的,具体体现在编码、记忆、提取和解决问题时所采用的策略中。由于策略性知识是指向个体内部的,对于它的测量不像对上述各类知识的测量那么简单。测量策略性知识要考虑两点:一是给学习者一定的数学问题,待其完成后让其说出所使用的解题策略;二是学习者使用的策略对其数学学习的有效性。将这两个方面结合起来,才可能较为全面地反映数学策略性知识对学习的效用。在数学学习中,数学策略性知识主要指数学思想方法的运用和解题策略的选择。

对于这三类数学知识的测量,通常采用变式题的方式来进行,一个数学问题有条件、结论和解题策略三部分组成。[1] 如果说这三个部分对解题者来说都是熟知的,那么这个问题是一个常规题;如果这三部分有一个是不确定的,那

---

[1] 范良火,等.华人如何学习数学(中文版)[M].南京:江苏教育出版社,2005.

么这个问题是封闭的变式题;如果这三部分有两个是不确定的,那么这个问题是开放的变式题。此外,布卢姆的教育目标分类可以简化为三个水平,即记忆(知识与计算)、解释(理解和应用)和探究(分析、综合和评价),而且这三种不同类型的问题分别服务于相应的教育目标。也就是说,用常规题可以帮助学生掌握记忆性的知识,用封闭性变式题可以发展学生对知识的理解与诠释;用开放性的变式题,可以发展学生的探究能力。从广义知识的角度分析,常规题可以帮助学生掌握命题的陈述性知识,封闭性的变式题可以帮助学生掌握程序性知识,开放性的变式题可以发展学生的解题策略或数学认知策略。一般说来,在数学学习结果的评价阶段,测量试题的选择应以封闭式变式题为主,配备少量的常规题,辅之以适量的开放性变式题,充分兼顾这三种题型并保持恰当的比例。

(2)数学学习结果评定的主要策略

对数学学习结果评定策略主要有课堂提问、课堂导学案、课后作业的评改、形成性测验以及教学反思等几种形式。

①课堂提问策略

研究表明,高成效的教师比低成效的教师更善于向学生提问,并对答对和答错的学生实施不同的策略,使学生的回答对学生产生积极作用;而且教师可以根据情况及时调整后续教学的内容、方式;另外,提问也是活跃教学、实现师生互动的重要部分。数学课堂提问应注意以下几个方面:

一是提问时机的把握,根据数学课堂教学过程的不同阶段,学生的思维处于由平静趋向活跃的状态,这时多提一些回忆相关数学知识的问题;当学生思维处于高度活跃状态时,多提一些针对相关公式、命题的解题思路探讨以及数学问题解决的过程性问题;当学生思维处于由高潮转入低潮阶段时,多提一些对数学问题情境分析、强调巩固性和非教学性问题。在教师的思维和学生的思维基本保持一致的情况下提问可以取得良好的效果,如果二者的思维不同步,那么教师可在提问之前,利用先行组织者对学生激思、激虑、设疑、释义,造成学生的"愤悱"状态,然后再提问。另外,根据问题的难易程度、学生已有相关数学知识认知程度及解题运算能力,给予学生恰当的等待时间从而使学生回答较多的内容,增强学生回答问题的信心,增强师生间的情感交流和相互效果。

二是提问内容的选择,即使是数学陈述性问题也应避免太一般的问题,如用"是"或"不是"、"行"或"不行"来回答的简单问题,应集中于本节课或本学时的教学重点和难点。问题的难度要适宜,使大多数学生通过思考都能回答,即"跳一跳,够得着"。适度增设开放性数学问题解决类的程序性问题,鼓励学生发散思维,培养学生的创新意识。

三是非言语行为和非认知因素的掌握和运用,教师提问时的面部表情、身体姿势以及师生间的空间距离等非言语行为也会影响提问效果。如学生对自己回答问题的正确与否可以从教师的面部表情当中获得暗示;可以从教师目光中识别是信任、鼓励还是不耐烦、不屑一顾,这可以增强或减弱学生回答问题的自信心;师生间的空间距离可影响师生间的对话交流和知识传递。教师本身的动机、兴趣、态度、情绪等非认知因素对学生的思维发展也有一定的影响,如教师提问时持积极的态度,学生从教师愉悦的态度中可以得到鼓舞和激励,从而增强学生回答问题的自信心;反之,如果教师提问时表现出不耐烦、责难的态度,学生就会产生回避、惧怕甚至抵触情绪,从而阻碍问题的解决。对于较复杂的数学问题教师应根据学生回答情况适当提示和引导,避免冷场,注意提问过程中的师生互动。

②课堂导学案策略

我们在教学中可以通过编制导学案的方式随堂强化训练,同时及时反映出学生掌握的情况和程度以及学生的问题所在。我参加了四十五中校级导学案课题组的研究工作,基本上新授课、专题课都会使用导学案配合教学,学生比较喜欢,教学效果良好。(导学案例见附录)

③课后作业的评改策略

每天根据教学内容的需要,适当地布置课后作业有两个主要目的:一是为学习过的内容提供一个额外练习和过渡学习的机会。学生即使通过当天的学习已经形成了相应数学程序性知识的产生式体系,往往不够稳定,只是存贮在工作记忆中,很容易遗忘,必须进行强化训练,把信息从工作记忆存贮到长时记忆中去,形成稳定的数学知识网络体系。二是让教师有机会对学生感到困难的内容提供纠正和再教学。通过书面作业的方式了解当天所学内容的掌握

情况是最常用的、最及时的教学方式,作业的评改策略需要注意以下几方面:

第一,作业的内容主要针对当天的题型方法,或者综合几天的情况布置。如果发现完成的情况不好,一定要及时讲评,争取当天或转天讲评,这样效果最好。时间拖得太长,就没有讲的必要了。

第二,作业讲评时,尽量避免一带而过,对于问题比较严重或错的比较多的题目,最好板演。可以找作业完成得好、过程规范、条理清楚的学生把需要讲解的过程写在黑板上,配合老师进行讲解。这样有很好的榜样带动作用,对过程写得好的同学也是一种有效的激励和肯定。

第三,作业的内容不宜过难或过于简单,这样都很"劳民伤财"。而且还要考虑学生当天的精力、时间的情况。如果没有精力或活动较多的话就不要强求,不如不留作业,否则学生会很反感,受累不讨好。

④形成性测验的策略

形成性测验是对学生数学学习结果评定的一项重要手段。形成性测验是指在数学教学过程中与反馈和矫正相联系的、为改进数学教学而进行的测验,是形成性评价的一种重要方法。其目的功能在于强化或检验前一段教学的效果,诊断学习上存在的问题,获得矫正反馈信息,为进一步改进教学和调整学习活动提供依据。

形成性测验通常"只关心学生是否达到了教学目标,所以测验分数一般不计入成绩册,也不评定学生的等级或名次"。[①] 一般说来,数学形成性测验比较灵活,可以记分,也可以不记分;可以在整堂课中单独进行测试,也可以穿插在课的开始、课的中间或课的结尾来进行;另外,对时间的安排可长可短,保持一定的弹性。这些都应视教学目标、学生学习情况、测验试题的多少或难易程度来灵活确定。无论是数学命题类的概念、公式、定理的陈述性知识,还是问题解决类的解题方法、类型变式题等的程序性知识都比较适合通过课堂的形成性测验进行测量。教师运用教学评价策略的同时,学生也会对学习情况进行自评而且相关知识得到强化。如果当天数学课时较多或讲解的数学内容较多,再讲授新内容,学生很疲劳或听不进去时,采取小测验倒是学生所乐于接

---

① 陈琦,刘儒德. 当代教育心理学[M]. 北京:北京师范大学出版社,1997.

受的消化方式。适当的形成性测验的教学策略可谓是一举多得,所以这种教学策略的使用率很高,效果也不错。

⑤教学反思策略

教师对当天的教学活动进行反思,是很有效的自我评价策略,主要着眼于教学主体对自身教与学行为的元认知认识。用反思的方式、批判的态度、理性的思维不断改进调整,以提高数学教与学的合理性、有效性。从教学设计策略、教学实施策略、教学管理策略到教学评价策略的各个环节都可以进行反思,找出需要改进的地方,分析教学的效果,从而更有针对性地指导后续的教学工作。

在数学教学中,应抓住反思性教学的四个镜头,即总结与回顾、学生的眼睛、同事的感受、理论文献。具体地说,教师要采取以下措施加强对数学教学的反思:

第一,加强教学实践的总结与回顾。在高中数学的教学过程中,总结与回顾的主要方法有:一是课后的整体教学策略整合运用的反思。要对这节课的教学设计策略、教学实施策略、教学管理策略的把握等进行整体的反思。二是关键事件记录反思,即对自己教育观念、教学方法触动较大的教学事件记录下来反思等。

第二,要听取学生的意见与评价。学生也是教学主体,数学学习的效果究竟如何,恐怕最有发言权的还是学生。透过学生的眼睛来反观我们的教学行为,可能对自身的教学行为有更为客观、公正的看法,要把与学生的讨论作为一种教学相长的方法。当然,在具体的教学实施过程中,出于种种原因,学生可能不大愿意把自己内心深处对教师的真实想法说出来。此时,一方面,应当为师生之间的沟通创设一个比较宽松、和谐的氛围;另一方面,可通过民意测验或建议、与学生侧面交流沟通等方式,将自己的想法表达出来。

第三,注重与其他教师的交流与合作。在各种教学支持系统中,同事之间的相互帮助应当是最直接、最简便,而且也非常有效。同事之间有效的相互帮助主要通过交流与合作两种方式进行。其中一个有效的交流方法是互相听课、评课及教研,而有效的合作方法是共同从事教学设计或从事专门的课题研究。从同事之间的交流与合作中,教师不仅能吸取其他教师的经验和教训,而且也能发现自己在数学教学中的长短。

第四,注意教育理论文献的阅读。阅读理论文献可以开阔我们反思教学行为的思路,使我们能够理智地看待自己在数学教学活动中"熟悉的""习惯性"的行为,从更深刻的层面上反思,不断提高数学的教学水平。可以多参加相关数学教学的课题研究工作及进行教育教学的论文撰写。不断提高自身的专业素养,用更专业的理论指导自己的日常教学工作。

数学教学评价策略目的是为了使自己对教学各环节及效果有一个准确而客观的认识。可以使教师通过常见的教学手段完成正确评价自己的教学效果和学生的学习状况的工作,是教师改善教学、进行教学监控的重要依据。这些教学策略只要善加利用,就会很好地辅助数学课堂教学,为下一步的教学提供保障。

整个高中数学教学策略模型体系的建立,旨在利用科学合理的教育教学理论,结合高中实际的教学情况,从整体上有效把握调控教学活动,力求为广大一线高中教师提供适用于数学学科教学具有简约化和可操作性的策略体系,从而更好地促进高中数学学科的教学工作,提高教学的效益。当然,要使高中数学的策略模型体系在日常的教学活动中能够行之有效,离不开对策略体系的深入理解把握以及恰当合理运用:

a. 在高中数学教学设计策略方面,注重对教学目标的细化把握,对数学概念、数学命题的不同掌握程度在教学中要有比较明确的体现,力求详略得当、重点突出;对教学主体分析要把握好学生已有的数学认知结构、认知技能与对数学学习的情感态度,这样才能使后续的教学内容更好地内化,提高课堂吸收率。

b. 在高中数学教学实施策略方面,注重基于数学知识分类思想的分类教学,针对数学概念、命题等陈述性知识采用上位、下位和并列学习的模式进行讲解,利用随机进入的知识建构策略促进学生对数学知识的深入把握,同时加强数学知识发生过程性教学,揭示数学知识产生、推证过程,突出数学思想方法的提炼和应用过程;数学问题解决训练的程序性知识采用变式练习促进数学知识稳定的产生式体系的形成,把新知识内化到原有的数学认识体系当中,最终实现数学知识图式的获得和操作自动化。在内容呈现上恰当利用先行组

织者完成新课的导入,精心设置实验、史实多种数学教学情景,激活学生思维,提升元认知能力;在整个的教学实施过程中创造"可教时刻"、变式教学方式等,提高学生学习兴趣、维持注意力,从而实现学生对数学学习的积极心向,提高教学效率。

c. 在高中数学教学管理策略方面,注重健康向上的教学环境的创设,满足学生的心理需要,从而使学生做出积极的、教学目标导向的行为、形成良好的纪律保证课堂教学;利用健康的交流方式和有效的沟通技能增进师生之间的关系,促进教学活动的开展;为学生营造一种以相互信任和尊重为基础的,愉快、健康、高效的健康课堂氛围,实现教学的有效管理。

d. 在高中数学教学评价策略方面,注重基于数学知识分类思想完成对数学陈述性知识、数学程序性知识、数学策略性知识等不同知识类型的测量评价,充分利用课堂提问、课堂导学案、课后作业的评改、形成性测验以及教学反思等不同形式进行测量评价。

整个高中数学教学策略模型体系中的教学设计策略、教学实施策略、教学管理策略、教学评价策略兼顾课上、课下,是对高中数学教学活动的完整设计。既有教学活动整体流程上的考虑,也有对每个策略环节得以落实的细化布局,整个策略体系相对独立又互相融合。高中数学的教学设计策略的运用对整个体系其他策略的运用进行统筹安排、前期预热;高中数学的实施策略的运用是在设计策略的基础上,运用高中数学教学管理策略完成实施过程的调控整合,同时根据不断结合高中数学教学评价策略的运用辅助教学策略的完善更新,及时根据学情深化落实教学的实施策略。整个高中数学策略的模型体系是一个动态的、即时更新调整的体系,对高中的数学教学活动起到纲举目张的作用,力求帮助高中数学一线教师建立教学策略运用的整体观,为教师在教学活动中科学合理地运用教学策略提供了一个工作框架和基本思路,同时找到策略理论在教学实践中的新的生长点,从而在提高高中数学教学效益的同时,促进教师的专业化成长。

(二)高中数学教学策略的修改完善

以相关课题研究、文献理论为基础并结合自身的高中数学教学经验初步建立起高中数学的教学策略模型体系,即教学设计策略、教学实施策略、教学管理策略、教学评价策略等方面,其合理性、有效性如何,会否得到专家及一线教师的认可,还有哪些方面需要改善整合,对此,进行了征询并做出相应的修改、调整。

1. 调查目的和对象

为了修改和完善高中数学教学策略模型,对全国部分师范院校和高级中学数学教学领域内的部分专家进行了意见征询。征询对象涉及天津师范大学、哈尔滨师范大学、北华大学、齐齐哈尔大学、天津市四十五中学、天津市五十四中学、天津市三十二中学、天津市六十一中学、天津市外国语学校、黑龙江省齐齐哈尔市第一中学、齐齐哈尔市铁路一中等七所高级中学以及河东区教研室的教授、数学特级教师及高级教师。共发出问卷30份,收回有效问卷26份,问卷以判断题的形式来设计(参见附录1),分别就教学设计策略、教学实施策略、教学管理策略、教学评价策略四个策略构成的高中数学教学策略模型体系征询意见。

2. 调查方法

本调查利用典型抽样的方法,兼顾了高校和中学两类数学教师。他们都是数学教学领域内的专家,均具有较高的理论水平和丰富的教学实践经验,从理论和实践两个方面修正和检验了高中数学教学策略,因此本调查具有一定的权威性和代表性。

3. 调查意见

分别就教学设计策略、教学实施策略、教学管理策略、教学评价策略四个策略构成的高中数学教学策略模型征求了意见。专家、教师对于整个模式持肯定态度,认为整体来讲还是有效可行的。但是一些具体的部分应适当局部的调整修改,而且不少专家都提出了相应的修改建议。

对于高中数学的设计策略,大部分专家给予肯定。有专家指出对于教学设计包含的具体内容应加以补充,根据专家意见,经过探讨分析后把"高中数学设计策略中学生起始状态的分析策略"补充修改为"高中数学设计策略中的教学主体分析策略,包括学生起始状态分析及教师的自我分析与调试"。

对于高中教学实施策略,有专家认为,对于"高中教学实施策略中包括的课堂管理调控策略"应倾向于学生心理上的调试,有关课堂纪律、氛围方面的内容可以放在后续的"高中数学教学管理策略"的部分,经修改后定为"教学实施策略是整个数学教学策略核心部分,是在教学设计策略指导下的具体操作过程。主要进行了以下几个方面的研究:学习心态的积极维持策略、教学内容的呈现策略、分类实施的教学策略"。

对于高中数学的教学管理策略,根据专家的意见加入了强调课堂纪律方面的内容,重新修正为:"所谓教学管理策略,是在教学活动进行的过程中,为保证教学活动的顺利进行以及其他教学策略能够有效运用而采取的相应的组织管理上的措施,旨在创设健康向上的教学环境的策略。主要包括:创建积极课堂环境,满足学生心理需要、运用有效沟通技能,改进师生互动的交流方式,坚持健康课堂管理思想,实施健康课堂纪律等方面的内容。"

对于高中数学的教学评价策略,适逢我校承担了导学案课题的研究工作,经与名师及教研员等多位教师的探讨后,把"课堂导学案"加入进来,并在多个班级的教学中使用,收到良好效果。另外有专家指出"教学评价策略是教学活动后期发生的"并不尽然,相应修改为"教学评价策略主要指在经过教学设计策略、教学实施策略、教学管理策略等几方面的教学活动的过程与结果做出的一系列的价值判断行为。这一定义说明了评价行为贯穿整个教学活动,而不仅只是在教学活动之后,实施高中数学教学评价策略的途径主要包括数学学习评定的测量内容编制和对数学学习的结果进行评定的策略两方面内容,以充分发挥教学评价的导向性、激励性所采取的一种策略。"

根据专家的上述意见,以调查、探讨的方式对高中教学策略进行了重新地修改、完善,并把修改后的问卷(参见附录2)又重新发给相关专家,再次征询意见,认为修改后的高中数学教学策略模型体系设置比较合理有效,高中数学教学的应然策略模型体系是兼顾教学活动的各个环节,是对教学活动整体流程上的把握,从课前准备的教学设计策略,到课堂上的教学实施策略,同时又有维护教学活动的教学管理策略,到贯穿教学始终的教学评价策略。这几种策略的运用既有流程上不同环节的独特性,又有策略之间的互相融合,任何一部分的运用不当都会影响其他策略的运用效果,确实能够组成比较合理紧密的策略体系模型。

四、高中数学教学策略运用的调查

前面我们已经进行了高中数学教学策略的应然模型体系的构建,即教学设计策略、教学实施策略、教学管理策略、教学评价策略。根据相关的教育教学及心理学的理论对其进行探讨、研制,并征询了专家的建议进行完善、修改。下面我们将在此基础上自制《高中数学教学策略运用现状的调查问卷》(见附录3),通过问卷调查的方式进一步了解目前高中数学教学活动的现状以及数学教学策略的运用情况,关注高中数学教学策略运用的问题,改进高中数学的教学。

(一)调查目的和对象

为调查目前高中数学教师的数学教学策略运用现状,我们对河东区四十五中学、三十二中学、五十四中学、八十二中学、第八中学、育才中学、华英中学以及和平区六十一中学、红桥区第五中学、河北区外语学校等市、区级重点学校和普通校共40名高中数学教师进行了调查。本次调查共发放问卷42份(其中高一17份,高二理科班12份、文科班3份、高三理科班8份、文科班2份),收回有效问卷40份(高一15份)。本次调查目的明确,组织实施有序,数据与结论基本可信。

(二)调查问卷的说明

1. 调查问卷的编制

本文运用SPSS进行数据分析,主要是对调查问卷本身的信度、效度、难度和区分度进行质量分析。

信度:信度即可靠性,是指采用同一方法对同一对象进行调查时,问卷调查结果的稳定性和一致性,即测量工具(问卷或量表)能否稳定地测量所测的事物或变量。信度系数越高则表示问卷的结果越一致、稳定与可靠。据统计分析本调查问卷的 α 系数为 0.755，从一致性系数可以看出，本问卷是可靠的。

效度：效度即有效性，它是指测量工具或手段能够准确测出所需测量的事物的程度。对数据是否适合因子分析进行检验，KMO 是取样适当性度量，是用于探查变量之间的偏相关性的重要指标，其取值范围为 0~1。KMO 值较小时，表明观测变量间的共同因素（又称为公共因子）较少，不适合做因素分析。KMO 值越大，表示变量之间共同因素越多，越适合进行因子分析。通常对该指标值的优劣判断标准为：该指标值在 0.9 以上，非常好；0.8~0.9，好；0.7~0.8，一般；0.5~0.6，差；0.5 以下，不能接受。在本问卷中，KMO 值为 0.802，适合进行因子分析；统计学水平 Bartlett 球形检验的 x^2 值为 1342.450（自由度为 91），达到统计学水平，适合进行因子分析。将探究性学习中探究意识层面 9 个条目进行因子分析，取相关矩阵后，计算特征值、贡献率、累积贡献率。根据 Kaiser 准则，选取特征值大于 1 的因子，共抽取 3 个因子。旋转后的因素载荷矩阵是依据共同因素中条目的因素负荷量的大小排序。考察各共同因素所包含的层面条目，因子 1 包含 3 个，因子 2 包含 3 个，因子 3 包含 3 个，可再进行因子分析。最终测量的最低量值也达到了 0.5 以上，说明本问卷具有较好的结构效度。

难度：难度是指问卷题目的难易程度。本问卷题目的难度值在 0.33~0.65 之间，大多数题目的难度值都在 0.5 左右波动，平均值为 0.54，适合进行调查。

区分度：区分度是指测验项目对所测量的心理特性的区分程度和鉴别能力，也就是项目的效率。鉴别指数越大越好。本问卷中有超过 60% 的题目的指数都达到了 0.4 以上，说明区分度比较令人满意。

2. 调查问卷说明

问卷的题目设计大致分类如表 2—1。在问卷中，对前 45 个题做分数统计，即统计被试者所圈各个数字的次数，评分标准为：① = 1，② = 2，③ = 3，④ = 4。用下列公式可以算出被试者的总得分：总得分 = 1 × ①的次数 + 2 × ②的次数 + 3 × ③的次数 + 4 × ④的次数。

表 2—1　问卷题目分类

教学策略	教学设计策略	教学目标	题号:1、2、11
		教学主体	题号:4、5、10、31、32
		教学材料	题号:3、9、12、13
	教学实施策略	维持状态	题号:6、7、8、30
		内容呈现	题号:14、15、16、17、29
		分类施教	题号:18、28、44、20
	教学管理策略	创建环境	题号:19、21、24
		师生互动	题号:22、23、25、33
		健康管理	题号:26、27、35、36
	教学评价策略	评价结果	题号:34、35、36、40
		教学反思	题号:41、42、43、45

根据教学设计策略的开展情况(本部分共有 12 题)的总得分即可推断被试的策略运用的程度,本部分内容最高分数为 48。若总分为:12-21,可认为情况很差;22-28,可认为情况一般;29-39,可认为情况较好;40-48,可认为情况很好。

根据被试者教学实施策略、教学管理策略和教学评价策略的答题情况和总得分依次类推,就能得出其他相似的结论。同时根据教学策略开展情况的得分可以了解被试者所在学校的大致教学情况等。

(三)调查结果与分析

基于高中数学教学策略运用现状的调查分析

1. 教学设计策略的运用现状

(1)教学目标分析策略

题目 1、2、11 选择后两项的比例分别为 83%、37%、28%,整个教学设计策略的运用情况并不尽如人意。在高中数学新课改的情况下,由于很多内容都有变化,加入了不少新知识,而且所有高中数学教材的顺序都进行了调整,原有的知识在内容及难度要求上均有较大变化。但是很多教师只是了解新课改整个知识的框架顺序,对于自己任教过的内容比较有深入的了解,而对于未教过的学段内容把握得还不够到位,甚至说不出相关教学内容。策略运用的现状是对于高中数学新课改后整个知识方法体系没有完整把握,具体到知识模块的教学目标的把握不够准确到位。说明新课改后老师们也是在适应和学习当中,至于能较准确地领悟和把握教学的深度还需要一定的时间进行实践摸索。

(2)教学主体分析策略

从题目4、5、10、31、32选后两项的比例分别为33%、52%、29%、43%、55%来看,初中的数学,甚至小学近几年都在进行新课改,每届高中生接受新课改学习的时间和程度都不尽相同,相应的他们的初中数学的知识结构和认知方式都很不一样。大部分教师能够意识到这种情况,但对学生已有的数学认知结构以及已具备的数学知识技能了解不到位;另外对学生的数学课上的起始状态关注度不够,为赶课时既使明知道状态不好也"硬灌"。题目31、32选后两项的比例分别为43%、55%,反映出很多教师不太关注学生情况,对大部分学生的数学学习情况不太了解。策略运用的现状是教师有一定的研究学生的意识和策略行为,但对于学生的了解程度还是停留在面上,关注程度也很不够,如果比较深入地了解所有学生的情况还需要投入更多的精力和时间。

(3)教学材料的选择策略

题目3是多选题,选择两个以上的比例为45%,不少教师对备课选题工作不够重视,即使选了比较新的数学变式题目或例题也不是很适合学生的程度,梯度不明显;题目9选择后两项的比例为84%,教师对于阶段性数学知识的归纳复习都比较重视,但大部分是老师领着复习后做综合卷子,学生自行消化归纳的能力得不到培养,都等着老师给复习;题目12选择后两项的比例为84%,很多老教师比较喜欢用以前的老教案,而年轻教师则喜欢上网下载现成的数学课件或者听完别人的课后照搬教学内容;题目13选择后两项的比例为34%,教师对于高中数学教学中的问题情境的设置都不愿多考虑,直接给结论的时候多。策略运用的现状是教师在日常工作中不太重视数学的学法指导和教学策略的运用,很多时候以完成教学任务为主,流于形式,对于数学教学材料的选择不够精心而且不注意更新,对于帮助学生构建高中数学的认知体系考虑的不是很多。

2. 教学实施策略的运用现状

(1) 学生学习心态的积极维持策略

题目6、7选择后两项的比例分别为29%、59%,高中的数学教学基本上还都是老师讲解占大部分,即使学生比较疲倦或者注意力不能集中的情况下。基本上没有老师在课上留给学生大部分时间探究活动,只有29%的老师会给学生留一半时间活动,但也是以做题为主。题目8选择后两项的老师仅占34%,大部分老师都是简单提问,不会考虑太多,一部分老师以满堂讲解为主,基本不提问。题目30选后两项的有42%,在数学课堂上对于提问学生基本上都是不太积极,对回答问题不是很感兴趣或者是怕回答错了。策略运用的现状是:新课改后,高中数学的内容较多、课时相对较少,教师很多时候也是为有足够的时间完成教学进度而选择删去学生回答问题的环节,以讲解练习为主;高中数学本身比较有难度,而且相关知识也比较多,学生大部分感觉回答正确不是很容易,积极性不高。

(2) 教学内容呈现的策略

题目14、15选择后两项的比例分别为82%、58%,教师们大都会介绍整节课的安排以及所学内容在整个高中数学知识结构中的位置,便于学生与已有的相关知识建立联系,更好地进行有意义学习,但是利用先行组织者的情况并不乐观。题目16选择后两项的比例为62%,对于数学思想的总结和渗透,教师的重视程度并不够。题目29选择后两项的仅占23%,课堂上的数学问题情境的设置只是流于形式或干脆省略。策略运用的现状是:利用先行组织者,使新的数学知识更好地内化到学生已有的数学认知结构,建立相关的联系,形成高中数学知识的网络体系,需要教师在这方面要有足够的认识,大部分教师都能够考虑到这一点,但是力度还是比较欠缺的;对于比较深入的数学思想的深化、渗透教学中涉及的比较少;高中数学的问题情境的设置需要较强的技巧,另外需要花一定的精力准备,讲课的时候也需要花一定的时间,所以很多教师宁愿舍弃能够生动深入地激活学生思维的数学情境的设计,而是直接给出,图省事、省时间、赶进度。

(3)分类施教的策略

题目18、20选择后两项的比例分别为82%、38%,阶段性的测试是经常进行的,但是进行专门的数学类型题的章节归纳复习进行得很少;学生"一听就会,一做就错"的情况还是比较普遍地发生,尽管学生有了很多相关的数学知识,但是并未产生稳定的数学问题解决的产生式体系。

题目28、44选择后两项的比例分别为62%、58%,课上练习的量还是比较多的,老师们认为让学生练习是比较有效的学习方式,但老师安排的强度并不是很适当,过大或过小都会使训练变得低效乏味。策略运用的现状是:数学的练习安排得很多,相关数学知识了解,也有一定程度的掌握,只是变式训练的量把握得不够好,这样就影响稳定的产生式体系的形成,使新的数学知识并未真正地内化到学生的认知结构中去。

3. 教学管理策略的运用现状

(1)创建积极课堂环境,满足学生心理需要策略

题目19、21选择后两项的比例分别为62%、88%,老师们一般都会要求主动维持课堂纪律,但是课堂纪律未必总是很好,管理存在一定问题。题目24选择后两项的比例为62%,部分老师和学生沟通少,尤其不是班主任的任课教师大多上完课就走,这也导致了学生并不愿意配合老师而产生管理上的问题。策略运用的现状是:老师需要花一定的时间维持秩序,课堂管理的方式缺乏艺术性。平时与学生不是很熟悉,甚至关系不好,另外前面教学策略运用的效果不佳,这些都是教学管理策略的问题所在。

(2)运用有效沟通技能,改进师生互动的交流方式

题目22、23、25、33选择后两项的比例分别为42%、32%、42%、9%,反映了教学策略运用的现状是:师生互动的时间安排上很少,很多老师为了赶课时讲课还来不及,提问可能还有点,板演根本不可能。不少老师课下和学生的交流很少,对学生的学习情况了解不够,甚至自己的学生都认不全,更别提叫名字了。师生互动方面的策略开展的情况不乐观。

(3)坚持健康课堂管理思想,实施健康课堂纪律

题目26、27、35、36选择后两项的比例分别为62%、72%、38%、53%,反映了教学策略运用的现状是:教师在课上讲得过多,和学生有距离感。对学优生

比较青睐,对学困生关注不够,对调动学生的积极性也缺乏策略,整个课堂教学活动的整合协调需要管理策略的进一步落实。

4. 教学评价策略

(1) 评价内容

题目34、36、40选择后两项的比例分别为42%、48%、33%,反映了教学策略运用的现状是:老师们大部分会及时布置作业,但是有一部分老师不会去检查,很多老师虽然批改作业但也是走形式不会去讲解也不及时发下去。认为教高中不应该在作业上花太多精力,对于完成很差的作业也只是发下去,并不真正检查修改情况。学生们对数学学科的热情不高,甚至觉得枯燥无味,评价内容策略的后续工作亟待完善。

(2) 结果评定

题目41、42、43、45选择后两项的比例分别为82%、91%、68%、29%,反映了教学策略运用的现状是:大部分教师都会通过和同事交流来解决问题,但是比较抵触用书面的形式记录反思,虽然知道反思的重要性,但由于日常教学工作比较忙,很多时候当时来不及记录,过后有时间了却又忘记录。评价策略的开展有很好的意识基础,教师也经常通过各种方式对教学进行评价,但是真正落实、细化要花一定的精力。

通过对高中数学教学策略运用现状的调查分析,得出以下几方面的结论:

其一是相当一部分教师的教学观念滞后,甚至完全倾向"应试"教育、急功近利。忽视数学教学活动中教学策略的运用,教学设计策略的环节准备不充分,教学材料分类准备不够细化,教学主体分析不重视;教学实施策略的运用过分强调机械的重复性训练,死记硬背的偏多,对数学思维的训练及数学思想的深化提炼流于形式。造成学生高中数学认知结构的不稳固,训练强度大,但是知识内化效果差。

其二是对教学策略的运用不能与时俱进适应新课改后的教情、学情。有很多老师对教学策略有一定完整程度的考虑及使用,并能够结合高中数学的学科、学段的特点。新课改后高中数学教学内容、教学手段、教学方式、学生已有的数学认知结构都有很大程度上的变化、更新,面对每年都有的变化,我们的教学策略如不及时刷新显然是不进则退,不能行之有效。

其三是当今的高中教学设备的更新程度与以往相比决不能同日而语,多媒体的使用、网络资源的共享都是教学策略体系构建所要重点考虑的。多媒体课件的使用要恰到好处:①课件的选择要根据学生情况进行编选、删改。②课件演示不能完全代替教师的板书讲解,教师不动笔,学生更不动笔,造成缺失详尽的过程示范,师生互动流于形式。③课件的设置要考虑教学速度进程的掌握,展示过快学生来不及细算,甚至笔记都来不及记;过慢则教学重点不突出,过渡学习的解题训练量不够。

五、教师教学策略运用的案例与分析

经过上述高中数学教学策略体系的探讨、构建,首先,根据专家的指导进行修改完善,得出高中数学应然的教学策略,为后期的策略运用现状调查工作做好理论平台。然后,通过对高中一线教师的高中数学教学策略的运用状况的问卷调查,进一步掌握新课改背景下目前策略运用的现状,析出问题所在,使我们的策略体系更具实效性。最后,为更具体、细化地把握高中数学教学策略的运用状况,我们选择了资深教师与新手教师的教学案例并进行策略的对比分析,力求使我们的策略调查工作更贴近实际的日常教学工作,为策略体系的探讨提供更有现实意义的参考。

(一)资深教师的教学案例

下面给出的是一个高中数学教学策略运用的教学案例,是一名资深特级教师的一节公开课,该老师在日常教学中深受学生的欢迎和喜爱。

学生情况:高二学生已经逐渐适应并形成了一定的高中数学认知方式,初步具有数学问题解决的能力。通过高一及本章前几节课的学习,学生已经熟练掌握二次函数图像、椭圆、双曲线的第二定义与求轨迹方程等内容,迫切想了解抛物线的定义及性质。

教学目标：

1. 理解抛物线的定义，掌握抛物线的标准方程及其推导。明确抛物线标准方程中 p 的几何意义，能解决简单的求抛物线标准方程问题。

2. 通过对抛物线和椭圆、双曲线离心率的比较，体会三种圆锥曲线内在的区别和联系。

3. 熟练掌握求曲线方程的基本方法，通过四种不同形式标准方程的对比，培养学生分析、归纳的能力。

4. 营造亲切、和谐的氛围，以"趣"激学。引导学生用运动变化的观点发现问题、探索问题、解决问题，培养学生的创新意识，体会数学的简捷美、和谐美。培养合作学习的意识，体会成功带来的喜悦。发展数学应用意识，认识数学的应用价值。

教学材料：本节内容是《抛物线及其标准方程》是人民教育出版社普通高中课程标准实验教科书（选修 2－1）数学第二章《圆锥曲线与方程》第 2.4 节第一课时内容。在前几节椭圆、双曲线的学习过程中对圆锥曲线有初步了解。讲解的时候利用自制课件、教具，并自编《§2.4.1 抛物线及其标准方程导学案》（见附录 4）进行例题讲解、解题训练。

教学重点和难点：

教学重点：抛物线的定义及其标准方程的推导。通过学生自主建立平面直角坐标系和对方程的讨论突出重点。

教学难点：抛物线概念的形成。通过条件 $e=1$ 的画法设计，抛物线标准方程与二次函数的比较突破难点。

教学过程：

1. 设置教学情景，导入新课

由课件给出姚明投篮的图片，引导学生分析讨论其投篮精准的原因：除了身高、练习之外与投篮时的弧线有关。由此引入抛物线。

2. 体验推证过程，类比学习新知

联系初中的二次函数的图像也是抛物线，简单复习从二次函数角度看抛物线。利用上位学习方式引出高中解析几何中的抛物线。在本章前几节学习

>>> 第二章 高中数学教学策略的研究

了椭圆的标准方程是 $\frac{x^2}{a^2}+\frac{y^2}{b^2}=1(a>0,b>0)$，双曲线的标准方程是 $\frac{x^2}{a^2}-\frac{y^2}{b^2}=1(a>b>0)$。它们都属于圆锥曲线。比较分析它们的异同：从图像是否封闭进行定性的讨论；从离心率 e 的角度进行定量的讨论，类比地介绍抛物线的标准方程的推导。引导学生利用圆锥曲线第二定义进行推证。根据离心率不同，椭圆离心率 e 的范围是 $0<e<1$，双曲线离心率的范围是 $e>1$。结合几何画板进行定量的动态演示：

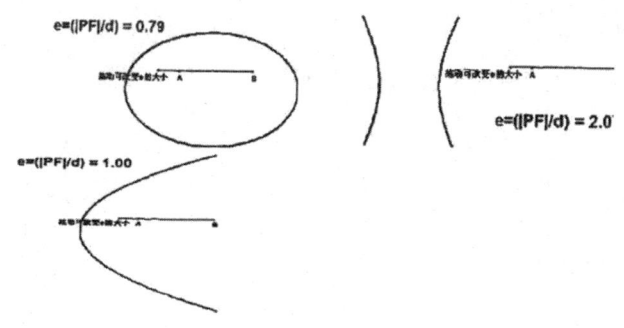

随着教师渐变的操作，很容易观察推测出 $0<e<1$ 是椭圆，$e>1$ 是双曲线，而 $e=1$ 时的图像就是抛物线。通过分析 $e=1$ 的含义：到定点的距离等于到定直线的距离回归到第二定义。先由教师演示自制教具：将直尺与定直线重合，竖直固定在黑板上，再将磁铁固定在定点上，拉紧白线画出，然后请两位学生上台板演，最后用几何画板软件演示抛物线的形成过程：

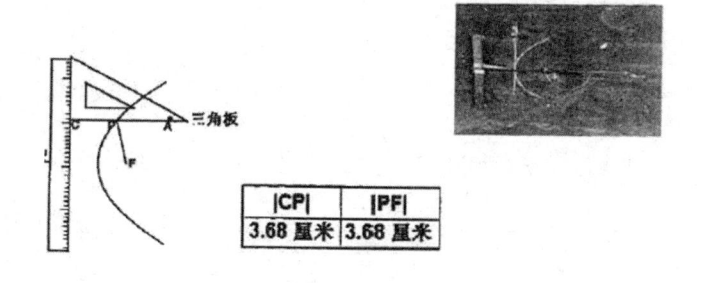

123

利用几何画板软件同步动态演示 P 点的运动过程,引导学生得出:$|PA|+|PC|=|PA|+|PF|=|AC|$,所以点 P 在运动时,$|CP|$始终等于$|PF|$。由此,归纳出抛物线的定义:平面内到一个定点 F,和到一条定直线 l 距离相等的点的轨迹叫做抛物线,定点 F 叫做抛物线的焦点,定直线 l 叫做抛物线的准线。

3. 利用函数与方程思想,归纳推导

(1)师生讨论建系方式

设 $FK \perp l$ 于 K,且$|FK|=p$.

①以点 K 为原点,定直线 l 所在的直线为 y 轴建立平面直角坐标系. 此时得方程为:$y^2=2px-p^2(p>0)$;

②以点 F 为原点,过点 F 且垂直于定直线 l 的直线为 x 轴建立平面直角坐标系,此时得方程:$y^2=2px+p^2(p>0)$;

③以线段 FK 的中点为原点。FK 所在的直线为 x 轴建立平面直角坐标系,此时得方程:$y^2=2px(p>0)$.

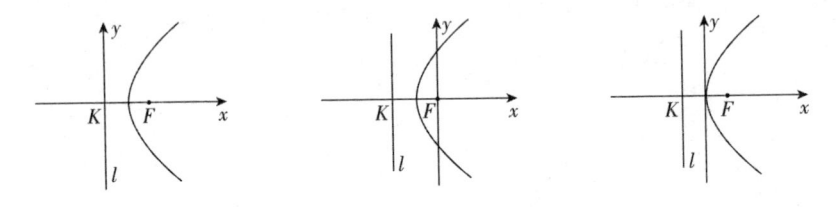

由学生分小组讨论总结出:第三种方式最简,洁即顶点在原点,图像关于 x 轴对称。通过有启发性的活动设计和层层深入的问题设置,使学生在分析、探究、反思和归纳中,不断获得解决问题的方法。

(2)归纳抛物线标准方程

引导学生把抛物线按逆时针旋转 90°再观察,学生得出:x 轴和 y 轴对调了,开口向上。图形上的变化反映到解析式上,将 $y^2=2px(p>0)$ 中的 x 和 y 对调就行了,就是 $x^2=2py(p>0)$,并进一步要求学生在等式两边同除 2p,得到的 $y=\frac{1}{2p}x^2(p>0)$ 就是二次函数形式。以此类推,由学生归纳出把 $y^2=2px$ 图像关于 y 轴对称,将 $-x$ 替换 x 就行,就是 $y^2=-2px(p>0)$;再逆时针旋转 90°,$x^2=2py(p>0)$ 图象关于 x 轴对称,将 $-y$ 替换 y 就行,就是 $x^2=-2py(p>0)$.

要求学生填写《§2.4.1抛物线及其标准方程导学案》中的"知识梳理、双基再现"。

标准方程	图形	焦点坐标	准线方程
$y^2=2px$ $(p>0)$		$\left(\dfrac{p}{2},0\right)$	$x=-\dfrac{p}{2}$
$y^2=-2px$ $(p>0)$		$\left(-\dfrac{p}{2},0\right)$	$x=\dfrac{p}{2}$
$x^2=2py$ $(p>0)$		$\left(0,\dfrac{p}{2}\right)$	$y=-\dfrac{p}{2}$
$x^2=-2py$ $(p>0)$		$\left(0,-\dfrac{p}{2}\right)$	$y=-\dfrac{p}{2}$

(3) 分析方程特点

由学生讨论总结，从 $y^2=2px(p>0)$ 的形式上，方程的一次项决定焦点的位置；一次项系数符号决定开口方向，而且可以迅速算出焦点坐标为 $\left(\dfrac{p}{2},0\right)$ 和准线方程为 $x=-\dfrac{p}{2}$；抛物线标准方程和椭圆、双曲线的标准方程不同的是——确定抛物线只要一个自由量 p，而确定椭圆和双曲线则需要两个自由量。引导学生透过现象看本质，不断提升分析、总结与归纳等能力，也为分析例题和解决实际应用问题奠定了基础。

4. 进行解题训练，应用强化

利用当堂发给学生的《§2.4.1抛物线及其标准方程导学案》，进行例题的讲解，巩固四种方程的形式及曲线特征，熟悉相关公式，另外强调解决抛物线方程问题时要先转化为标准方程。例题、练习的设计有梯度，注意讲练结合，课件、提问、板演、讨论等多种教学方式相互切换，并设计一道求投篮轨迹的方程的例题，通过设置问题情境，巩固新知识的同时培养学生问题解决的能力，学会处理实际生活中的解析问题，恰当建系、设点、列方程，最终与开头遥相呼应，完整连贯。

5. 小结概括，深化认识

（1）通过课件回顾抛物线的标准方程，强调数形结合的方法，记忆、理解抛物线的标准方程。

（2）强调圆锥曲线的统一定义的作用，强调离心率 e。

（3）探讨实际生活中数学知识提炼的化归思想，从解析几何的角度处理图形问题的解题步骤。

6. 布置作业（分层）

书后作业、导学案的作业。

（二）新手教师的教学案例

下面给出的是同一学段、同一教学内容、不同学生的高中数学教学策略运用的教学案例，是一名刚刚工作三年的青年教师的常态课。由于教学内容与前面案例完全一致，在教学目标、学生情况、教学重点、难点方面基本相同，不再赘述。

教学材料：《§2.4.1 抛物线及其标准方程》PowerPoint 课件

教学过程：

1. 回顾圆锥曲线第二定义，导入新课

复习第二定义：与一个定点的距离和一条定直线的距离的比是常数 e 的点的轨迹，当 $0<e<1$ 时，是椭圆；当 $e>1$ 时，是双曲线。那么，当 $e=1$ 时，是什么曲线？

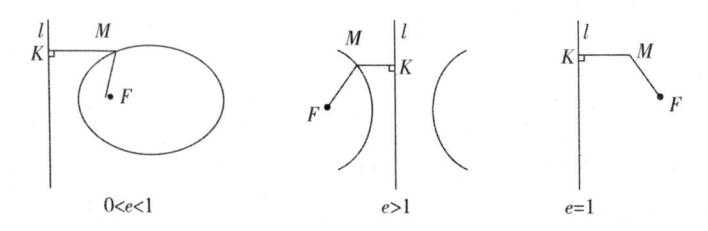

2. 直接给出定义,归纳推导

由教师总结定义,讲解利用函数与方程思想推导抛物线的标准方程。

设 $FK \perp l$ 于 K,且 $|FK| = p$.

①以垂线段 FK 的中点为原点,FK 所在的直线为 x 轴建立平面直角坐标系.

②设点 $M(x,y)$.

③列方程,$\sqrt{\left(x-\dfrac{p}{2}\right)^2+y^2}=\left|x+\dfrac{p}{2}\right|$,并进行化简推导.

给出相关定义,利用填表的形式写出抛物线标准方程的四种形式。

3. 进行解题训练,应用强化

例 1:①已知抛物线的标准方程是 $y^2=6x$,求它的焦点坐标和准线方程;

②已知抛物线的标准方程是 $y^2=-6x$,求它的焦点坐标和准线方程;

③已知抛物线的焦点坐标是 $F(0,-2)$,求此抛物线的标准方程。

例 2:求过点 $A(-3,2)$ 的抛物线标准方程。

例 3:M 是抛物线 $y^2=2px(p>0)$ 上一点,若点 M 的横坐标为 x_0,求点 M 到抛物线焦点的距离。

教师讲解与提问结合,反复强调标准方程,要求学生记忆。

练习:书后练习及质量检测,选择部分题目,由学生回答,有疑问的就停下来解答。

4. 课堂总结,布置作业

本节知识的回顾是引导学生观看课件,共同回忆。

(三)资深教师与新手教师的教学策略的比较分析

1. 教学设计策略的运用

资深教师对学生已有的二次函数及圆锥曲线的已有认知结构把握准确,利用姚明投篮设置数学问题情景很"吸引眼球"。从整个教学过程来看,对于数学问题情境的创设、抛物线标准方程的推证过程的展示、解题训练应用阶段的导学案的设计使用,以及课堂上的师生互动、多种教学方式的切换、总结反思和课外作业的布置,无不饱含了教师匠心独具的精巧设计,这些都得益于教师教学准备策略的充分准备及恰当运用。实际上,这里既有教师对学生起点能力的把握,又有对教学目标的准确把握,也体现了对教学圆锥曲线材料的结构化、传递过程情景化等方面的考虑。

新手教师在这方面基本没有问题情景的精心设计,只是按照教材的内容逐一给学生讲解一下,并未有很深入地思考教学策略的设计运用。数学概念、命题的推证介绍只是一带而过,主要强调学生记住结论。解题训练的部分,大部分是书上、质量检测上的题目,在难度上没有梯度,种类上比较少,基本上靠重复性训练,教学材料的准备不够充分。课件的制作比较粗糙,并未体现出数学课件的优越性,没有图形的动态展示,把多媒体当"挂图"使用了。目前,随着多媒体教学的深入推广,由于教学经验不足,很多青年教师很喜欢从网上下载现成的课件,但是由于对教学内容的把握不准,对课件的修改工作很不到位,甚至懒得改而直接照搬。另外,课件使用过度代替板书,解题训练变成了"看题训练",很多学生一节课下来不怎么动笔,这样解题技能谈不上,甚至连基本的陈述性知识都"手生"。相比之下,老教师对多媒体教学的使用比较慎重,能够在准确把握教学主体的情况下修改调整、适度使用。

2. 教学实施策略的运用

资深教师授课的开始由姚明的投篮弧线是抛物线的数学问题情景导入,一出手就激活课堂,调动起学生学习研究的热情,教学过程中注重多种教学材料的使用:PowerPoint、几何画板课件、自制教具、导学案等,这些都体现了对学生学习心态积极维持策略的充分运用,在学生初中数学对二次函数的知识结构的基础上进行有意义地学习,并充分联系前面所学的椭圆、双曲线的相关知识进行并列学习,为整个圆锥曲线的认知结构的完善整合进行的上位学习做好铺垫。对于标准方程形式的推导体现了对知识发生过程的追踪,在标准方程的四种形式的强化记忆部分,利用随机进入的教学策略从不同角度数形结合地进行讲解,有效促进新知识的内化。在解题训练的部分,精心设计导学案,首先保证有适当的题量形成充足的产生式,然后通过进一步的变式训练促进学生产生稳定的产生式,尤其是高考真题的设置,特别能激发学生的尝试心理,从而降低练习的厌倦感,再次,通过对前面姚明投篮的问题情境的回顾完成数学问题解决,真正帮助学生形成稳定的产生式体系,完成圆锥曲线整个认知结构的网络内化,使所学的新知识由陈述形态向程序形态的转化,进而形成智慧技能。

新手教师能够注重学生初中数学中的二次函数的认知结构,利用先行组织者促进学生有意义地学习。并联系本章前面所讲的椭圆、双曲线的相关知识进行并列学习,完善整个圆锥曲线的认知结构。对抛物线四种标准方程的推导介绍的力度不够,直接影响到学生进行数学问题解决能力的培养。在介绍方程的记忆特点、数形结合的形式讲解得比较清晰,可以看出教师重点是要求学生记住公式。训练题的变式不太充足,不利于学生稳定的产生式体系的形成,对知识组块的网络化有一定影响。

3. 教学管理策略的运用

资深教师本节课注重学生本意识的体现,通过课堂提问与学生及时交流互动。教师非常有亲和力、和蔼可亲,对学生的回答认真倾听,提醒并随时给予肯定鼓励、表扬。由于在这个班已经任教两年了,教师平时就注意与学生的沟通,教师在业务、师德等方面深受学生喜爱。每节课学生的参与气氛比较浓,每个问题,众多人在下面积极回答,课堂环境健康向上。教师不断变换教学方式,有提问、板演、分组讨论、多媒体课件动态展示等多种形式,不断地调节学生的状态,激活课堂。教师以充实生动的教学内容、良好的教学实施策略实现课堂教学的成功管理。

新手教师讲课也力求语言生动,比较有活力,有一定的师生互动,但对学生积极状态的维持缺乏有效策略,教学方式比较单一,学生到后半节课状态比较差,课堂教学比较沉闷、平淡。教学内容以基本要求为主,没有比较深入的教学目标要求,如果不进行精心设计、运用相关教学策略使课堂气氛活跃起来,高中数学课很容易变得枯燥机械。

4. 教学评价策略的运用

资深教师在评价策略的运用部分考虑得比较全面,教学设计部分在这方面的准备工作很充足。首先,教师基于数学的知识分类角度,针对概念、命题类数学陈述性知识以及解题训练数学问题解决等程序性知识,在课件、导学案等方面都有不同的精心设计。例如,本节最后对姚明投篮的抛物线问题的解决,就是数学程序性知识的测量,而前面运用导学案进行的解题训练,则是抛物线的标准方程的数学陈述性知识的测量。其次,在讲解过程中不断设置提问、板演,并给予引导、鼓励,对提问反映出来的问题及时进行反思调整。另外导学案的使用既有对课上知识的掌握程度的评价,也有课后作业部分便于课下教师对学习情况的书面评价。整个评价策略的运用比较细致完整、落实到位。

新手教师本节课提问的比较多,能够根据情况比较及时地进行调整。对数学概念、命题类的陈述性知识方面的测量进行得比较多,习题的设置基本上都是进行这方面的强化训练。而对数学情景问题解决方面的程序性知识,基本没有涉及。

六、优化教学策略的思考

在初步制定应然的高中数学教学策略基础上,通过高中数学教学活动中教学策略运用现状的调查及课例分析来了解新课改背景下,高中数学教师运用教学策略的真实情况。调查的进行能使我们后续的对策研究工作更具实效性,比较切合实际教学情况地找出教师在教学策略运用中的问题,从而优化数学教学设计策略,更有针对性地探索适合高中生身心发展特点的数学课堂教学实施策略和教学评价策略,注重数学教学管理策略的运用,建立有利于学生有效学习、教师有效教学的高中数学教学活动策略实践体系,真正实现学生在课堂教学过程中的最大吸收率、师生在教学互动过程中的最高达成率。在研究过程中,通过对高中数学教学策略的调查、实践和调整,以及不断地与同行探讨、与学生交流,认为可以从以下几个方面改善高中数学的教学:

(一)实施高中数学教学设计策略,注重准备工作的细化到位、与时俱进

数学教学设计策略是有效地运用教学实施策略的前提,对后续教学策略的安排起到纲举目张的作用。一般认为教学的准备包括两方面:备课、备学生。但是日常教学活动中,要真正落实教学设计策略,粗线条地考虑这两方面是远远不够的,必须把教学设计策略细化为三个方面:一是教学目标分析策略;二是教学主体分析策略;三是教学材料的选择策略。首先,新课改之后,整

个高中数学教材顺序、内容、形式都发生了很大的变化,很多原有的知识也在内容增减和难度要求上进行更新。所有的高中数学教师对老教材的知识结构都比较熟悉,即使是刚参加工作的青年教师其高中数学的认知结构也是建立在老教材的基础之上的,而有经验的老教师更是对老教材驾轻就熟。面对新课改后大面积的内容更新,要想与时俱进地把握好新的教学目标,必须既要从高考数学新动态的角度把握整体的教学要求,又要细致清楚地了解高中数学新课改的要求。其次,新课改是在整个初等教育体系中推行的,从小学起就接触新课改和从初中起才接触新课改的学生无论从形成的数学认知结构以及认知方式上都有很大差别,这些都涉及到学生初始状态的不同。要想到位地了解学生的认知情况及方式,除了和学生多沟通,还可以通过日常交流、作业、测验情况或者提问、导学案等形式随堂即时性地准确掌握学生数学认知结构中具体的知识点上的变化,从而便于高中新知识的内化。再次,教学材料的选择当然也要配合新课改高中数学的知识结构及时更新,可以说是精心准备为自己的学生"量身打造"。随着网络资源的丰富,教师获取高中数学每节课的配套习题、课件、导学案等教学资源都很容易,这些资源当中不乏优秀细腻者,但是一定要善用,要做精心的修改删增使其适合自己的学情、教情。

(二)实施高中数学教学实施策略,注重认知结构的网络化,促进知识合理内化

根据教学设计策略展开教学,进入教学实施策略的运用,也是整个数学教学策略体系的核心部分。在教学内容呈现策略的运用过程中,注意分类教学策略进行知识内化,同时运用学习心态的积极维持策略保证教学实施的有效性。根据前面的高中数学的教学策略的运用现状调查,新课改后老师们普遍感觉课时总是吃紧,每章节的学习总是比较匆忙,另外新教材的难度深度把握得还不是很好。这些都对数学教学实施策略的影响很大,大部分教师为了完成课时,留给学生互动练习的时间很少,提问以及数学问题情境的创设基本上被忽视。面对课时少内容多的现状,更应该注重精讲精练、精心设置问题情境,注重数学思想的渗透和总结,利用数学是由数学概念体系、数学命题体系、数学方法体系等构成的一个具有逻辑严谨性的知识体系,在初中的数学认知结构上构建高中的知识网络，实现认知结构的整体优化。分类施教的教学策略，即从数学知识分类的角度，关注数学概念、命题类陈述性知识的内化，最终形成数学问题解决类程序性知识。具备充足的产生式是远远不够的，还要帮助学生形成稳定的产生式体系，真正实现数学知识由陈述性形态向程序性形态转化，发展学生的数学智慧技能，从而使所学数学知识真正内化到学生的认知结构中去。

（三）实施高中数学教学管理策略，创设健康教学环境

为保证其他策略的顺利运用，必须采取有效的教学管理策略。高中生的教学管理应更体现人文关怀，与学生沟通更讲究技巧和细致。前面的调查中，在数学教学管理策略的运用方面，很多教师是靠要求课堂纪律或适当的惩罚来实现管理的，实际上这种方式是简单粗暴的，反而容易使学生反感甚至厌恶数学的学习。教师在教学中必须具有一定的教学机智，随机应变，合理运用注意转移法、随机发挥法、幽默法、宽容法、设疑法等方法灵活处理课堂教学中发生的偶发事件。创建健康课堂的根本是改善教师的教学，展示高中数学学科的魅力，以成功有效的数学教学准备策略、实施策略来保证教学管理策略的运用。另外注意改进课堂交往结构、提高学生参与比率，加强教学节奏的管理调控。

（四）实施高中数学评价策略，注重评价方式的多元化

传统的数学教学评价形式主要采取作业和考试等定量评价，没有充分发挥定性评价的作用，评价方式比较单一；作业类型也停留在常规作业的形式上，缺乏激励性。为切实发挥数学教学评价的反馈和甄别功能，同时最大限度地突出评价的激励与发展功能，要大力实施促进学生发展的多元化评价。促进学生发展多元化的评价的含义是多方面的，包括评价主体的多元化、方式的多元化、内容的多元化、目标的多元化。主体的多元化是指将教师评价、自我评价、学生互评、家长和社会有关人员评价等结合起来；方式多元化，是指定性与定量相结合、结果与过程相结合、书面与口头相结合、课内与课外相结合、结果与过程相结合等；内容多元化，包括知识、技能和能力，过程与方法，情感、态

度、价值观以及身心素质方面的评价等;目标多元化,是指对不同的学生有不同的评价标准。这些方面的细化落实,才能真正发挥教学的评价作用。对于教学活动的评价回顾,教师除了结合对学生的评价外,还要重视教学反思的环节。高中数学知识体系比较复杂、庞大。教师要顺利地、有效地进行教学必须对其进程及出现的问题及时了解监控,这就要根据教学评价策略的恰当运用来实现对整个策略评价体系的掌控。

　　新课程改革背景下高中数学教学策略现状的调查研究是一个具有重要理论与实践意义的课题。从有关高中数学教学策略的研究、课题理论依据的精选、高中数学教学策略体系的构建与完善、高中数学教学策略运用的现状调查分析,到高中数学教学策略运用的案例与分析等几方面进行探讨,力求通过调查找出所构建策略体系在运用方面的问题,针对新课改背景下教学策略的运用现状,进一步调适、完善构建的策略体系,更好地实现其对高中数学教学比较科学的、系统的、实用有效的指导作用。在调查研究方面还存在许多不足。从调查的内容来看,在对教学专家的意见征询和对数学命题教学现状的调查中,所用问卷是自行设计的,其科学性有待进一步考证;从调查的方法来看,尽管都采用了典型抽样的方法,但样本偏小,研究结论还需要大样本检验。由于受到个人的研究视野和研究资料占有等诸多因素的制约,本研究对高中数学教学策略的探讨也只能是初步性的、不甚成熟的,制定的高中数学教学策略模型体系还显得粗糙,数学学科特点有待加强等,这些不足之处尚需要在以后的数学教学实践和教学策略研究中不断加以修正、完善。

附录 1

高中数学教学策略调查问卷

姓名：_____ 教龄：_____ 职称：_____

各位专家老师：

您们好！

为了对高中数学教学策略的定义及相关调查研究的内容进行合理界定，特作此项专家问卷调查。

希望得到您的支持与配合。在此，对您在百忙之中给予的帮助表示深深的感谢。

下列各题所构建的高中数学教学策略，根据您的理解，如果该策略能比较客观地反映出高中数学教学策略的有效性，请在该策略后的括号内划"√"；如果该策略能够反映出高中数学教学策略的有效性，尚不够充分（缺少支持性条件或有不尽合理之处），除了在该策略后的括号内划"√"外，请在下面的横线上写出支持性策略或您认为需要修改的地方；如果该策略不能成为高中数学教学的有效策略，请在相应的教学策略后划"×"，并在下面的横线上写出相应的有效策略或您的建议。只言片语也好，请不吝赐教。

再次谢谢您的合作！

1. 教学设计策略：所谓教学设计策略，是指在教学实施之前，教师为了有效地实施教学而进行的整体活动的设计，对后续的教学策略的安排起到纲举目张的作用。高中数学教学设计策略主要有三个方面：

一是教学目标分析策略；二是学生起始状态的分析策略；三是教学材料的选择策略。（　　）

_____

2. 教学实施策略：教学实施策略是整个数学教学策略核心部分，是在教学设计策略指导下具体的整体上组织教学的过程。主要进行了以下几个方面的研究：学习心态的积极维持策略、教学内容的呈现策略、分类实施的教学策略

以及坚持健康课堂管理思想,实施健康课堂纪律。(　　)

3. 教学管理策略:所谓教学管理策略,是在教学活动进行的过程中,为保证教学活动的顺利进行以及其他教学策略能够有效运用而采取的相应的组织管理上的措施,旨在创设健康向上的教学环境的策略。主要包括:创建积极课堂环境,满足学生心理需要、运用有效沟通技能,改进师生互动的交流方式等方面的内容。(　　)

4. 教学评价策略:教学评价策略主要指在经过教学设计策略、教学实施策略、教学管理策略等几方面的教学活动的过程后对其结果做出的一系列的价值判断行为,以充分发挥教学评价的导向性、激励性所采取的一种策略。这一定义说明了评价行为贯穿整个教学活动,而不仅只是在教学活动之后,实施高中数学教学评价策略的途径主要包括数学学习评定的测量内容编制和对数学学习的结果进行评定的策略两方面内容。(　　)

附录2

高中数学教学策略运用现状的调查问卷

老师,您好!

非常感谢您的热情参与。本问卷旨在调查高中数学教学活动中教学策略开展的现状。

在不属名的前提下,请根据您的实际情况认真填写。您的每一个选择都是十分重要和宝贵的,再次感谢您的支持与参与!

本问卷如果没有特殊注明,均为单项选择,在相应的选项上打"√"即可。

年级:□一年级　　□二年级　　□三年级

性别:□男　　□女

任教班级类别:□文史类　　□理工类(高一年级选择)

职称:□高级　　□一级　　□二级

1. 您对所教学学段的高中数学新课程标准了解吗?

①不太了解　　　　　　　　②大概知道框架

③比较了解　　　　　　　　④很熟悉,能详细描述

2. 对于数学教育学、数学心理学等教学理论,您工作后的学习情况是

①从未　　　　　　　　　　②很少

③有时　　　　　　　　　　④常常

3. 除了教材、质量检测外,您讲课时所用的数学例题的来源最常见的是?(可多选)

①课外辅导材料　　　　　　②近年高考题

③上网搜题　　　　　　　　④自编

4. 您觉得新课改后,学生所学的初中数学知识每年都有变化吗?

①没太注意,与高中数学关系不大

②有变化,但不是每年都有

③好像每年都有,偶尔听学生说起

④每年都有,对变化的部分比较关注了解

5. 如果所教内容涉及前面的相关数学内容,您在讲新课前会给复习吗?

①一般不会,没那么多时间

②如果课上有学生问到,会个别解答一下

③如果课上有学生问到,会给全班讲解一下

④基本上都会以不同的方式复习回顾一下

6. 您最主要的教学方式是

①全由老师来讲解

②以老师讲解为主,辅以学生活动

③教师讲解和学生活动各占一半

④以学生活动为主,辅以教师讲解

7. 上课时,学生对讲的数学内容不太感兴趣时怎么办?

①继续讲自己的课　　　　　②让学生坚持一下

③变换教学方式　　　　　　④幽默一下,调动情绪

8. 您总是精心设计您课堂上的提问,使描述数学问题的语言尽量生动活

泼吗?

①基本不会 ②很少

③有时 ④常常

9. 您是否经常引导学生把学过的数学知识进行总结、加以系统化?

①从未 ②很少

③有时 ④常常

10. 您是否会因为学生的状态差(如刚上完体育课、当天或转天有活动等)而改变教学计划?

①不会,课时紧没办法

②一般不会,除非课时富裕

③偶尔会根据情况放慢速度

④总是根据学生状态放慢或调整难度,想办法给学生提神

11. 您觉得高中数学新课程的教学目标与老教材比较变化大吗?

①没太注意,没时间研究

②变化不大

③比较注意教研时提到的变化大的部分

④很关注,备课时总是研究一下

12. 您经常对所讲内容很熟悉,所以不太详细准备了吗?

①从未 ②很少

③有时 ④常常

13. 对于数学概念或数学命题的教学中,是否经常创设数学教学情境?

①从未 ②很少

③有时 ④常常

14. 在新授课前,比如说在一章学习的开始,您是否会先介绍所学内容在整个高中数学知识体系中的地位和作用?

①几乎不 ②很少

③有时 ④总是

15. 在讲解新的数学知识时,您是否会类比学过的相关内容?

①从未 ②很少

③有时　　　　　　　　　　④常常

16. 在日常教学过程中,对于数学思想方法的渗透、揭示和运用的情况是

①从未　　　　　　　　　　②很少

③有时　　　　　　　　　　④常常

17. 对于新授课中数学命题的证明,在日常教学中您认为

①基本没时间细说,课时紧

②一般会带着学生一起看书上的过程进行讲解

③按照书上的要求进行详细讲解

④根据其命题的难易程度适当进行讲解、证明

18. 您是否在每个阶段的学习后对本阶段所学的数学知识或相关知识进行专题性的练习讲解?

①基本没时间单独上专题课

②一般通过作阶段性测试卷子复习一下

③有时会进行专题性的习题课,之后作阶段性的测试卷子

④常常

19. 您上课时总是需要维持纪律吗?

①常常　　　　　　　　　　②有时

③很少　　　　　　　　　　④从未

20. 您的学生会抱怨自己解决数学问题时总没思路,听老师一点拨马上会做了吗?

①常常　　　　　　　　　　②有时

③很少　　　　　　　　　　④从未

21. 在您课上小声说话、不听讲等现象,您会停下来提醒他(她)们吗?

①几乎不　　　　　　　　　②很少

③有时　　　　　　　　　　④常常

22. 您在课上,总是会安排些题目让学生板演吗?

①几乎不　　　　　　　　　②很少

③有时　　　　　　　　　　④常常

23. 您在讲解某些比较灵活的题目时总是和学生探讨,力求多找出些方

法吗？

①课时紧,没时间

②不启发,学生想说才说

③和学生讨论,使用多种方法

④介绍几种经典方法,其他方法课下探讨

24. 您在课下经常与学生交流沟通吗？

①几乎不　　　　　　　　②很少

③有时　　　　　　　　　④常常

25. 对于中等生,您上课总找机会提问吗？

①几乎不　　　　　　　　②很少

③有时　　　　　　　　　④常常

26. 您在课上总是会走下讲台,了解学生听讲情况吗？

①几乎不　　　　　　　　②很少

③有时　　　　　　　　　④常常

27. 在您课上有出色表现的学生,您会找适当的机会表扬鼓励吗？

①几乎不　　　　　　　　②很少

③有时　　　　　　　　　④常常

28. 对数学内容的相关变式训练您是怎样掌握安排的？

①看课上时间,尽量安排

②一般能做例题及课后习题,其他练习一般没时间

③加大强度,压缩命题证明及概念的讲解,大量进行变式训练

④适当压缩命题证明及概念的讲解,强度适中,课上与作业相结合进行变式训练

29. 讲授新课时您是否精心设计不同类型的数学教学情境,激发学生的思维？

①一般不会,太麻烦

②很少,好说的就提一下

③教材上涉及的大多会提及

④经常会设置不同的数学问题情境辅助教学

30. 您课堂提问的时候,学生很紧张,不太想被叫到吗?

①常常 ②有时

③很少 ④从未

31. 有多少学生,您知道他在班里的数学成绩的排名?

①几个 ②少部分

③大部分 ④全部

32. 您认为自己比较适合教什么类型的班级?

①没太想过 ②活泼外向型

③安静内向型 ④都比较适合

33. 对于学困生您在课上会找机会提问吗?

①几乎不 ②很少

③有时 ④常常

34. 对于学生的作业,您通常的做法是

①主要看是否完成

②打等第

③错的要求改过来,但是很少去检查

④根据完成情况及时讲评,错得比较多的面批

35. 对于学困生你会适当安排学生类似一对一的学习互助吗?

①几乎不 ②很少

③有时 ④常常

36. 您的学生对数学有畏难情绪,对数学的学习比较犯怵的多吗?

①基本没有 ②很少

③一部分 ④大部分

37. 您在教学过程中,认为自己更多的时候是一个什么样的形象呢?

①权威 ②演讲者

③指导者 ④顾问

38. 考试或测验后,对于考得不理想的学生您总是找他(她)们分析试卷吗?

①几乎不 ②很少

③有时 ④常常

39. 学生的作业您总是及时讲评吗?

①几乎不 ②很少

③有时 ④常常

40. 您认为自己的学生中大部分人的学习数学积极性处于哪一种程度?

①没太注意过,说不清

②谈不上积极,主要是为升学

③有一定积极性,挺热情

④很积极,相对别的科来讲非常喜欢数学

41. 在平时教学中,当您遇到自己无法解决的问题时,您经常与同事探讨吗?

①几乎不 ②很少

③有时 ④常常

42. 您认为数学学习的评定常用策略为

①课堂提问、板演等及时评价

②课后批改作业检查练习情况或通过阶段性测试

③教师的教学反思

④以上都有

43. 每次测验或考试后您会仔细看一下学生们的试卷答题情况并做分析吗?

①从未 ②很少

③有时 ④常常

44. 您进行数学的解题练习最常用的方法是

①强化训练 ②专项训练

③综合训练 ④变式训练

45. 教学反思以后,在以后实践中您会有意识地调整教学行为吗?

①想调整,但很快就忘掉了

②有时

③经常

141

④基本每节课都会

抛物线及其标准方程导学案

【学习目标、细解考纲】

1. 掌握抛物线标准方程的形式,了解推导过程。

2. 能正确写出方程,并能根据方程写出焦点坐标、准线方程及画出图形。

3. 熟练解决变式题,能初步处理圆锥曲线综合题。

【知识梳理、双基再现】

标准方程	图形	焦点坐标	准线方程
$y^2 = 2px$ $(p>0)$			
$y^2 = -2px$ $(p>0)$			
$x^2 = 2py$ $(p>0)$			
$x^2 = -2py$ $(p>0)$			

【小试身手,轻松过关】

1. 求下列抛物线的焦点坐标和准线方程:

① $y^2 = 20x$ ② $x^2 = y$

③ $2y^2 + 5x = 0$ ④ $x^2 + 8y = 0$

2. 根据下列条件,写出抛物线的标准方程:

① 焦点是 $F(3,0)$

② 准线方程是 $x = -4$

③焦点到准线的距离是2

【基础训练,锋芒初显】

1. 若直线 $ax-y+1=0$ 经过抛物线 $y^2=4x$ 的焦点,则实数 $a=$ _____.

2. 设双曲线 $\dfrac{x^2}{a^2}-\dfrac{y^2}{b^2}=1$ 的离心率为 $\sqrt{3}$,且它的一条准线与抛物线 $y^2=4x$ 的准线重合,则此双曲线的方程为(　　)

(A) $\dfrac{x^2}{12}-\dfrac{y^2}{24}=1$　　　　(B) $\dfrac{x^2}{48}-\dfrac{y^2}{96}=1$

(C) $\dfrac{x^2}{3}-\dfrac{2y^2}{3}=1$　　　　(D) $\dfrac{x^2}{3}-\dfrac{y^2}{6}=1$

3. 求过点 $A(-3,2)$ 的抛物线的标准方程.

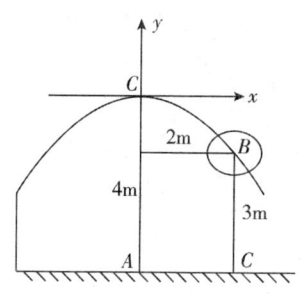

4. 姚明在一次投篮时,测得投篮的轨迹是抛物线,请看右边画的图形,抛物线最高点离地面距离为4m,篮筐高为3m,篮筐中心离最高点的水平距离为2m. 如何求投中时抛物线的方程?

【举一反三,链接高考】

1. 抛物线 $x^2=y$ 的准线方程是(　　)

(A) $4x+1=0$　　　　(B) $4y+1=0$

(C) $2x+1=0$　　　　(D) $2y+1=0$

2. 已知点 P 在抛物线 $y^2=4x$ 上,那么点 P 到点 $Q(2,-1)$ 的距离与点 P 到抛物线焦点距离之和取得最小值时,点 P 的坐标为(　　)

(A) $(\dfrac{1}{4},-1)$　　　　(B) $(\dfrac{1}{4},1)$

(C) $(1,2)$　　　　(D) $(1,-2)$

3. 在平面直角坐标系 xoy 中,点 A、B 分别为直线 $x+y=0$ 与 x、y 轴的交点,点 C 为 AB 的中点. 若抛物线 $y^2=2px(p>0)$ 过点 C,求焦点 F 到直线 AB 的距离.

【课后作业,巩固提高】

1. 已知双曲线 $\dfrac{x^2}{4}-\dfrac{y^2}{5}=1$,求以双曲线中心为焦点,双曲线左焦点为顶点的抛物线方程.

2. 在平面直角坐标系 xoy 中,有一定点 $A(2,1)$,若线段 OA 的垂直平分线过抛物线 $y^2=2px(p>0)$ 的焦点,求该抛物线的方程.

第三章

培养思维能力的教学探究

一、课堂教学中,思维能力的培养

数学在培养和提高人的思维能力方面有着其他学科不可替代的独特作用,数学课程标准坚持的能力立意很好地体现了这一点。在整个高中数学,加上学生已有对数学的一些认识,牵涉的概念、定理是不计其数的,不在理解的基础上,加以灵活应用,学生学的只是一些"死"的知识。有些学生只是记住一些题目,想想老师以前似曾这么讲过,这些都不能很好地学好数学,只有注重数学思维能力的培养,才能建立良好的学习态度,培养对数学的浓厚兴趣,这才是学好数学的有效途径,那么,数学的思维能力包括什么内容呢?在数学学习中可以直接培养的几种能力有:抽象概括能力、逻辑推理能力、选择判断能力和数学探索能力。现在的许多高考试题,一方面是老师认为出得好,出得妙,试题容易入手,运算量相应减小;另一方面却是老师教出来的学生认为出得难,出得怪,不知如何解题,有力使不上。高考中经常会出现一些平时学习、训练不曾出现的新面孔试题,学生不能采用"把问题放到严密的数学体系中,将思维重点放到如何剖去具体问题的外部伪装,将其中的数学本质挖掘出来,找到解决问题的关键"的做法。而想得更多是如何套上以往见过的哪一类题型,想来想去想不出,以致想到没有时间为止。因此在数学教学中一定要下大气力来抓思维能力的培养,让学生在学习数学的过程中能迸发出更多的数学灵感。

(一)抽象概括能力

数学抽象概括能力是数学思维能力,也是数学能力的核心。它具体表现为对概括的独特的热情,发现在普遍现象中存在着差异的能力,在各类现象间建立联系的能力,分离出问题的核心和实质的能力,由特殊到一般的能力,从非本质的细节中使自己摆脱出来的能力,把本质的与非本质的东西区分开来的能力,善于把具体问题抽象为数学模型的能力等方面。数学教学中如何培养学生的抽象概括能力呢?我认为从以下几方面入手:

1. 教学中将数学材料中反映的数与形的关系从具体的材料中抽象出来,概括为特定的一般关系和结构,做好抽象概括的示范工作,要特别注意重视"分析"和"综合"的教学。

2. 在解题教学中要注意发掘隐藏在各种特殊细节后面的普遍性,找出其内在本质,善于抓住主要的、基本的和一般的东西,即教会学生善于运用直觉抽象和上升型概括的方法。

3. 培养学生概括的习惯,激发学生概括的欲望,形成遇到一类新题时,经常把这种类型的问题一般化,找出其本质,善于总结。

4. 培养学生的抽象概括能力是长期艰苦的工作,在教学中要随时注意培养,有意识地根据不同情况严格训练和要求,逐步深入,提高要求。

(二)逻辑推理能力

数学运算、证明以及数学发现活动都离不开推理,数学的知识体系实质上就是用逻辑推理的方法构成的命题系统,因此,推理与数学关系密切,教学中应注重推理能力的培养。

逻辑推理在数学中是普遍存在的,应予以重视,除逻辑推理能力外,更要注意直觉推理能力的培养,因为直觉推理使数学思维具有灵活性、敏捷性和创造性,使人们去猜想。教学中,一定要注意引导学生自己思考、分析问题,逐步培养学生的这种能力。

教学中如何培养学生的推理能力呢?我认为重要的是要注意推理过程的教学,一开始就要逐步养成推理过程"步步有根据",严密的推理,在熟练的基础上又要逐步训练学生简缩推理过程。要充分利用学科特点,如几何学科,适宜地、逐步地培养学生的推理能力。

(三)选择、判断能力

选择、判断能力是数学创造能力的重要组成部分。选择、判断不仅表现为对数学推理的基础过程及结论正误的判定,还表现为对数学命题、事实、解题思路、方法合理性的估计以及在这个估计的基础上做出的选择,判断能力实际上是思维者对思维过程的自我反馈能力。具有选择判断能力的学生,在判断选择中较少受表面非本质因素的干扰,判断的准确率较高,判断迅速,对做出的判断具有清晰的认识,能区分逻辑判断和直觉猜测,他们具有明显的追求最合理的解法,探究最清晰、最简单,同时也是最"优美"的解法的心理倾向。

教学中如何培养学生的选择判断能力呢? 我认为应从以下几方面入手:

1. 我们知道,直觉判断、选择往往要经历获取信息、信息评价(判断)、策略选择几个环节,因此,教学中应首先注意信息的获取,这是培养选择、判断能力的关键。

2. 教学中应逐步使学生建立起恰当的价值观念,因为它是选择判断的根据。

3. 在解题教学中应训练学生具有选择探求最佳解法的欲望,不仅提倡一题多解,而且还要判断几种解法谁最佳? 好在何处?

(四)数学探索能力

数学探索能力是在抽象概括能力、推理能力、选择判断能力基础上发展起来的思维能力,探索的过程实质上是一个不断提出设想、验证设想、修正和发展设想的过程,在数学中,它表现在提出数学问题、探求数学结论、探索解题途径、寻找解题规律等一系列有意义的发现活动之中,而数学探索能力就集中地表现为提出设想和进行转换的本领。数学探索能力是数学思维能力中最富有创造性的要素,也是最难培养和发展的要素。探索能力强的学生,能迅速地、轻易地从一种心理运算转到另一种心理运算,表现出较强的灵活性,在对思维活动的定向、调节和控制上,有较强的监控能力,对思维过程有较强的自我意识,善于提出问题,敢于大胆猜想。

教学中如何培养学生的探索能力呢?我认为应重点从以下几方面入手:

1. 激发学生的学习兴趣,使学生始终处于探索未知世界的主动地位。

2. 在具体的教学中要善于引导学生推敲关键性的词句。

3. 使学生学会"引伸"所学的知识。

4. 从具体的探索方法上给学生以指导,在探索过程中要广泛应用各种思维方法,如分析、综合、一般化、特殊化、归纳、类比、联想、演绎等,要重点给学生介绍逻辑的探索方法——综合法和分析法。

5. 鼓励学生勇于探索,善于探索,发扬创新精神,提出独立见解,形成探索意识。

数学教学与思维密切相关,数学能力具有和一般能力不同的特性,因此,发展数学思维能力是数学教学的重要任务,我们在发展学生数学思维能力的努力中,不仅要考虑到能力的一般要求,而且还要深入研究数学科学、数学活动和数学思维的特点,寻求数学活动的规律,培养学生的数学思维能力。

二、解题教学中,学生直觉思维能力的培养

(一)问题的提出

1. 有关直觉思维

直觉,又称为顿悟,在某些领域中又称为灵感。直觉思维是创造性思维的重要组成成分,我国著名科学家钱学森认为:"直觉是一种人们没有意识到的对信息的加工活动。是在潜意识中酝酿问题然后与显意识突然沟通,于是一下子得到了问题的答案。"美国教育家布鲁纳说:"直觉是指没有明显地依靠个人技巧的分析器官掌握问题或情境的意义、重要性或结构的行为。"英国著名病理学家贝费里奇认为:"直觉是指对情况的一种突如其来的顿悟或理解。"爱因斯坦认为直觉是科学家真正可贵的因素。庞加莱指出:"逻辑是证明的工具,直觉是发明的工具。"

直觉思维是一种客观存在的思维形式,它具体表现为主体在解决问题时,

运用已有的经验和知识,对问题从整体上直接加以认识把握,以一种高度省略、简化、浓缩的方式洞察问题的实质,并迅速解决问题或对问题做出某种猜测。大量的科学史证明,在科学认识过程中,科学家常常依靠直觉进行辨别、选择,找到解决问题的正确思路或最佳方案;也常常凭借直觉启迪思路,发现新的概念、新的方法和新的思想,建立新的科学理论体系。直觉思维具有思维的突发性、思维过程的跳跃性、思维对象的完整性、思维结果的创造性等基本特征。在数学解题中,直觉思维具有导向作用功能。

2. 有关直觉思维能力的培养

①直觉思维能力培养的重要性和紧迫性

在数学教学中,培养学生的直觉思维能力,是一项重要的工作。布鲁纳富有远见地指出:"我们不能等到可以给直觉思维下一个纯粹而不含糊的定义,而对出现的直觉有鉴别的精密技术时,才来研究这个项目。"布鲁纳的观点表明,研究直觉思维问题,特别是研究直觉思维能力的培养具有重要性和紧迫性。法国著名科学家庞加莱指出:"没有直觉,年轻人在理解数学时便无从着手;他们不可能学会热爱它,他们从中看到的只是空洞的玩弄辞藻的争论;尤其是,没有直觉,他们永远也不会有应用数学的能力。"这说明直觉对数学学习的重要性。高中数学是基础教育,直觉思维能力的培养是教师面临的现实问题,它直接关系数学基础教育质量的好坏。在基础教育的过程中,解数学题是学生认知、理解、领悟数学的重要一环。在此环节中,它对培养学生的直觉思维能力是有很大益处的,为学生有意识地加强直觉思维能力起到了推动作用。

②审美情感、直觉思维与数学问题的关系

数学美的表达形式是简单性、和谐性、对称性和奇异性。对学生来说,数学美的因素对他们思维活动的影响是潜在的,不被察觉的,但这种审美情感却是驱动学生直觉思维的一股强大的力量。数学家们将数学直觉又区分为审美直觉、关联直觉、辨伪直觉等若干种。以审美直觉为例,就是可以后天培养和发展的。我国著名数学家和数学教育家徐利治教授也明确指出:"作为科学语言的教学,具有一般语言文字与艺术所具有的美的特点,即数学在其内容结构上和方法上也就具有自身的某种美,即数学美。数学美的含义是丰富的,如数学概念的简单性、统一性,结构系统的协调性、对称性,数学命题与数学模型的概括性、典型性和普遍性,还有数学中的奇异性等,都是数学美的具体内容。"并提出:"数学教育与数学的目的之一,应当让学生获得对数学美的审美能力,从而既有利于激发学生对数学科学的爱好,也有利于增长学生的创造发明能力。"数学直觉思维能力是可以培养的,它有一个发展的过程,比如数学的统一美、对称美等,都能通过教师的引导让学生学会观察、欣赏和发现数学美。

3. 直觉思维能力培养研究的目的

直觉思维能力培养中,创造力是解决问题能力的最高层次,培养学生的创造力和创造精神是教育所追求的重要目标之一,因而,学生在解题过程中直觉思维能力的培养是学生创造力的一个切入点。中学数学中诸多概念、法则、性质、定理的形成都是从现实世界中经过抽象概括建立数学模型而逐步发展起来的,此过程就是数学美的再现。中学数学教学中应注意揭示数学美的构造过程,注意培养学生应用数学美的意识,并在实际问题教学的过程中,培养学生的审美能力与创造力。审美能力的提高,也是创造能力的飞跃,审美是一个相对复杂的过程。现代审美学对其有着不可估量的作用。我们的工作正是基于上述思考来开展的。

本研究的目的可概括为:以数学解题为载体,加强学生对数学美的进一步认识,培养高中生直觉思维的能力。

(二)研究假设及其理论基础

本实验最基本的研究假设是在数学解题教学中有助于培养学生的直觉思维能力。那么,在解题教学过程中,为什么能够培养学生的直觉思维能力呢?事实上,一方面,数学直觉思维的含义中说明了数学直觉思维是对抽象的数学对象的一种直接领悟和洞察,并非是对具体事物的感性直观,而是在一定的数学素养和数学知识积累过程中形成的一种思维能力。徐利治教授认为,数学直觉是可以后天培养的。古希腊学者亚里士多德曾指出:"虽然数学没有明显地提到善和美,但善和美也不能和数学完全分离。因为美的主要形式就是秩序、匀称和确定性,这些正是数学所研究的原则。"实际上,每个人的数学直觉都是在不断提高的。数学直觉是抽象思维的起点和归宿,通过抽象思维对数学对象的本质有所洞察和概括,从而形成更高层次的数学直觉。提高抽象思维,对数学本身的本质有所洞察,有所概括,这样就形成了更高层次的数学直觉,从而又可进行更高层次的创造性思维活动。新课标下高中数学课程应注意提高学生的数学思维能力,这是数学教育的基本目标之一。人们在学习数学和运用数学解决问题时,不断地经历直观感知、观察发现、归纳类比、空间想象、抽象概括、符号表示、运算求解、数据处理、演绎证明、反思与建构等思维过程。这些过程是数学思维能力的具体体现,有助于学生对客观事物中蕴涵的数学模式进行思考和做出判断。数学思维能力在形成理性思维中发挥着独特的作用。

(三)研究方法

1. 被试者:本次试验研究的被试是天津市第四十五中学高一、高二、高三年级同时展开试验。共计200名学生,被试的采用随机抽取现存自然班的方式完成,其中高一(1)班、高二(4)班、高三(1)班为控制,以高中数学所包含的内容为试验内容。

2. 自变量:试验的自变量为数学问题教学过程中不同的教学方式,即针对同样的数学题,对实验班和控制班采取不同教学设计和教学方式。

3. 因变量:试验的因变量是学生的直觉思维能力,这是因变量的抽象定义,而因变量的操作定义是指用以具体衡量学生直觉思维能力的各项指标,例如学生的观察力的准确度、观察力的有效性、阅读的转化能力、数学美的认识、思维的深度、思维的广度、思维的灵活性、思维的发散性、思维的批判性以及综合概括、归纳类比等多方面的能力。

4. 试验因子:根据研究假设,我们设计了如下的试验因子:

在课堂教学中尽可能地以实际问题引入课题,将数学问题还原到其他应有的实际背景中去,努力向学生展现实际问题数学化的过程,指导和训练学生创设问题空间,培养学生的数学建模能力,同时加强数学美的认知能力。这是我们在实验过程中采取的首要而基本的措施。

在课堂教学中以指导发现法为主,综合运用其他多种教学方式。在保证课堂教学效率的同时,为学生提供更充分的思维空间和更多发表见解的机会,以培养学生独立思考,努力提高数学审美和数学语言表达的能力。

在教学过程中采取多种方式,设计各种各样的变式,对学生进行多角度、全方位的训练,培养学生的发散思维能力。

在日常教学中建立有效的反馈机制,对解题过程和教学内容及时进行反馈和总结,以促进学生反省认知水平的提高,进一步加深数学美的再认识。

5. 控制变量:为了保证试验的效度和信度,我们对实验采取了诸多控制手段。试验班与控制班的选择采取了随机抽取的方式。在实验开始前先进行创造能力测验,测验成绩经统计分析无显著差异,且两班的数学学业成绩和智商水平也无显著差异。实验开始后,实验组教学加入实验因子,控制组采用常规教学,实验组除去课堂教学设计之外,教学内容、教学进度、考核方式等均与控制组相同。为防止无关因素的干扰,历次测试事先均不通知学生,事后卷子全部收回,不发还给学生,也不进行任何讲评。

6. 研究程序:本实验采取了不相等实验组、控制组前测后测设计。在实验开始前先进行了创造能力前测试,以确定实验组和控制组创造能力是否存在差异,并比较了两班学生的数学学业成绩和智商水平。实验开始后,实验组教学加入实验因子,控制组采用常规教学,在实验进行两个月后,对实验组和控制组进行创造能力后测验。

7. 数据分析:在直觉能力结果测验中,实验组的平均成绩为79.83分,控制组的平均成绩为60.98分,经过检验,二者有显著差异。另外,同一年级两班的人数相同,但控制组的标准差为16.94,而实验班的标准差为15.56,控制组明显高于实验组,说明控制组的成绩分布更为分散,而实验组的水平更为平均。

(四)实验成效

课题研究过程中,本课题组老师在科研、教学等方面都取得了显著的成绩。在高考中,实验班与非实验班在选择题的得分中,实验班的期望值高于非实验班,且稳定性强。

由上述对实验结果的分析可见,教学试验所取得的效果是显著的,试验中所设置的试验因子对于提高学生的数学审美能力确实起到了明显的促进作用,同时经过两年多的教学试验,试验班在很多方面出现了令人欣喜的变化:

1. 学生对数学美的认识有了长足的发展

经过两年多的探索与实验,学生被高中数学中无穷的美所吸引,学生感知数学美,如总和符号Σ、阶乘符号n!的简单美;几何图形、杨辉三角的对称美;欧拉公式、圆锥曲线方程的统一美;欧拉的七桥问题的奇异美等。通过数学美的感知,诱发学生在自己的数学实践中把这些美再现或创造出来的欲望,从而产生对美的向往和追求的意志,并进行以审美为主体的再现或创造美的教学实践活动。这对磨炼顽强的意志、培养开拓创新精神,无疑具有积极意义。

数学教学的审美性还涉及其他方面,如教学中生动的讲解、精辟的分析、严密的推理、讲究的板书、精美的作图、幽默的启发、机智的诱导、诙谐的比喻、奇特的联想、巧妙的方法等,以及教师自身的形象和职业道德,都对培养学生的直觉思维产生着潜移默化的作用。

2. 学生对数学解题有创造性的发展

原先解数学题,学生盲目地把已知写在草稿纸上,不假思索,任意胡乱构造,缺乏理性指导,实验之后,学生的创造意识增强,目标性明确,在解题时,能分清楚知识点、考点,抓主要矛盾,会用不同的语言和试题进行"对话",用自己的"美学"精神思索批判,去构造,阅读速度加快了,做题的准确性加大。

3. 学生对数学的再认识能力提高

学生对数学的再认识不局限于原先的计算、证明及复杂的变形,关键是学生对数学的认识从美学角度审视之,明辨之。因为数学的美,学生爱上它、接受它、欣赏它,复杂的证明就是对它的一种认同,繁琐的计算就是对数学美的一种考证,其学数学的心理就不是一种畏惧,而是一种追求、一种享受。尤其是加强了对内容和形式统一的认识。

4. 学生对直觉思维的认识有了质的改变

以往学生对直觉思维的认识停留在表象上,只是简单地认为直接得出答案,殊不知构造数学的美却是其中的一环,让学生体会是一种享受,经常通过这种训练,学生对绝对值等一些抽象概念的认识就不仅仅局限于抽象的符号,更多的是一种图形,一种美的再现。

实践证明,教学实验基本上实现了我们预先的设想,取得了较好的效果,在今后的教学与科研工作中需要对以下三个方面做进一步探讨和研究:数学史知识的渗透;加强学生数学建模能力的培养;加强学生哲学观的培养。

(五)直觉思维能力的培养的教学实践

现代思维学理论认为,直觉就是对于一些现象和事物经过严密的逻辑程序,直接地认识到其内在本质或规律的活动,是人脑对数学对象及其结构的敏锐想象和迅速判断,直觉思维和形象思维以及逻辑思维并列为人类三大思维方式,它有别于后两者的特征是:思维发生的突发性、随机性;思维过程的跳跃性、突变性;思维结果的突变性、超常性。

法国数学家彭加勒说过:"逻辑用于论证,直觉用于发明。直觉无处不在,直觉为我们打开发现真理的大门。"直觉思维是现代人才素质必备的思维品质,近几年高考已越来越重视对学生直觉思维能力的考查。因此,数学教学中,有必要对学生进行直觉思维能力的基本训练。

1. 加强"四基",构建引发直觉思维的知识模块和网络

直觉思维必须以人的知识经验为基础,使学生建立以基础知识、基本技能、基本数学思想方法和基本活动经验为基础的网络图像。只有掌握学科结构,形成知识网络,才能引发知识能力的迁移,促进思维从低级的感性直觉上升到高级的理性直觉。

例1 正三棱锥两侧面所成的二面角为直二面角,则侧面与底面所成的二面角为( ).

(A)60°

(B)45°

(C)余弦值为$\frac{\sqrt{3}}{3}$

(D)因这样的棱锥不存在而无解

分析:根据正三棱锥侧面两两垂直,再由熟悉的正方体模型可知,正三棱锥恰好为正方体的一个"角"(如图1):正方体$ABCD - A_1B_1C_1D_1$中,连BD_1,交平面AB_1C于点F,则$BD_1 \perp$平面AB_1C。连接A_1B交AB_1于点E,则$A_1B \perp AB_1$。根据三垂线逆定理,$EF \perp AB_1$,所以$\angle BEF$为所求.

设正方体边长为 a，则 $BE = \dfrac{\sqrt{2}}{2}a, BF = \dfrac{\sqrt{3}}{3}a, EF = \dfrac{\sqrt{6}}{6}a$，所以 $\cos\angle BEF = \dfrac{EF}{EB} = \dfrac{\sqrt{3}}{3}$，故选 C.

2. 加强全面思维训练，提高直觉思维的敏锐性、准确性和突变力度

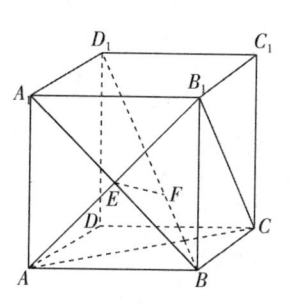

图1

直觉思维是一种瞬间思维，它是逻辑思维的凝结、浓缩和跳跃，而凝结、浓缩和跳跃的具体过程是不清晰的，但将这些思维环节展开时，可以看到不少是发散思维、类比、猜想、归纳、联想，以诱发学生直觉，培养学生直觉思维的敏捷性、准确性和超常发挥水平。

例2 如图2，已知平行六面体 $ABCD - A_1B_1C_1D_1$ 的底面是菱形，且 $\angle C_1CB = \angle C_1CD = \angle BCD = 60°$.

(1) 证明 $CC_1 \perp BD$;

(2) 假定 $CD = 2, CC_1 = \dfrac{3}{2}$，求二面角 $C_1 - BD - C$ 的余弦值;

(3) 当 $\dfrac{CD}{CC_1}$ 的值为多少时，能使 $A_1C \perp$ 平面 C_1BD？请给出证明.

分析：(1)、(2) 略.

第(3)问为探索开放性题型.

如果从设 $\dfrac{CD}{CC_1} = \lambda$ 切入，让参数 λ 掺入运算，则容易因复杂的计算和繁琐的推理而作罢．解答探索性问题，常规探求方法主要有三种：猜想—证明；分析—综合；特殊化——般性证明．那么，本题的切入点到底应在哪里呢？

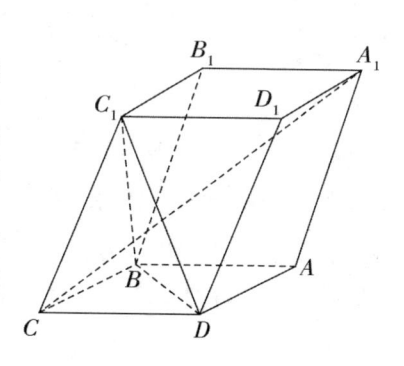

图2

· 联想特殊化的平行六面体——正方体 $ABCD - A_1B_1C_1D_1$ 中，有 $A_1C \perp$ 平面 C_1BD，如果 $CD = CC_1$，题设中的平行六面体就成了正方体推斜的情形。此时六个面都是全等的菱形。类比于正方体，以它的任意一面为底面，都有相同的线面位置关系．由图形的直观性，易证得

$BD \perp A_1C$ 后,即可同理得到 $BC_1 \perp A_1C$,所以 $A_1C \perp$ 平面 C_1BD.

3. 追求数学美感,培养学生学习数学的情趣,努力寻求直觉思维的源泉

所谓美感就是客观存在的诸审美对象在人们头脑中能动的反应。从狭义上说,美感就是审美感受,即人们在欣赏和创作中的一种特殊的心理现象。审美感受过程就是人的感觉、知觉、想象、情感、思维等心理过程。善于捕捉、挖掘数学教育中的情趣,就能激发学生对数学的喜爱之情,学生的心境从悦耳悦目的审美愉悦发展成悦心悦意的知性领悟,升华为悦志悦神的激动追求。可见,对数学美感因素的审视与挖掘是直觉思维的重要源泉。当学生用数学美来审视问题时,必能启发他们冲破旧的思维框框,开拓新颖巧妙的解题思路,挖出学生潜在的创造才能。

例3 有两个各条棱的长度都是 1 的棱锥,除了其中一个棱锥有一个面是正方形,其余所有面都是正三角形,现假设把这两个棱锥沿着全等的一个表面完全粘合起来,问所得的几何体有几个表面?

这是美国 80 年代采用过的一道全国性测试题,现实由专家提供的答案是"7",实际上这是一个错误的答案,请看我们的分析:

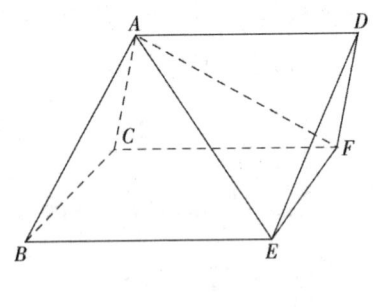

图3

假定我们有这样的三棱柱 $ABC - DEF$,它们的所有棱长都等于 1,而且对角线 $AE = AF = 1$(如图3),现在将该三棱柱沿平面 AEF 分割,则恰好得到题目条件中的两个棱锥,从而正确答案是"5".

总之,直觉思维能力的培养是一项复杂的系统工程,它有很强的科学性、创造性,应当成为数学教育的一个重要目标。数学教学中,只要我们精心设计问题情境,以学生为主体,激发学生创造思维的热情,就一定能提高学生直觉思维能力,不断培养和发展学生的创造性思维。

三、学生创新能力的培养

江泽民曾经指出:"创新是人类不断进步的灵魂。如果不能创新,一个民族就不能发展起来,难以屹立于世界民族之林。"可以说21世纪国家之间的竞争,归根结底是人才的竞争,更是创新性人才的竞争,因此培养学生的创新意识和创造精神是当前进行教育改革、实施素质教育的重要任务之一,在数学教学中应遵循数学本身的发现、发明与创新的发展规律,遵循学生的年龄特征及认知规律,努力营造良好的教学氛围,激发学生的学习动机,引导学生积极参与教学活动,全面提高学生的素质,以培养学生的创新意识和创造能力。

(一)结合教学内容,介绍相关数学成果的创新思维过程,激发学生创新欲望。

任何数学理论的产生和形成都是有一定的现实背景的,都是人们创造性的产物,没有创新思维,就不可能有新理论的面世。在数学教学中,教师要研究课标,钻研教材,结合所教的内容,适当地介绍一些创立这些理论的数学史,讲述创立这些理论的创新思维。这样,不但可以活跃课堂气氛,培养学生的兴趣,启迪学生思维,而且对激发学生的创新欲望也有不可估量的作用。如在讲《解析几何》时,可向学生介绍笛卡尔创立解析几何的传说。据说笛卡尔是从二元一次方程组的解的个数联想起平面上两直线交点的个数,从而突发奇想:它们之间是否存在着某种联系?终于通过坐标法,把数学中这两个不同的分支——代数与几何联系了起来,建立了《解析几何》,为现代数学——《微积分》等的发展奠定了基础。实现了"数学史上的一次革命"。由此进一步向学生阐述创新思维的重要性:要是没有创新思维,就不会有新理论的建立,新发明的面世,新产品的开发,创新是一个民族的灵魂、国家的希望。以此来激发学生的创新欲望,在头脑中形成创新概念,为创新能力的培养和发展奠定基础。

(二)创设教学情境,培养学生的创新意识。

素质教育是一种涵盖崭新理念的教育思想,素质教育的重点则是在教育中对学生进行创新思维和实践能力的培养,而课堂教学作为素质教育的主渠道,更应注重培养学生的创新精神和实践能力。在课堂教学中,应做到如下几点:

1. 根据学生认知规律,训练创新思维习惯。

众所周知,人们对数学的认识总是先在实践中获取大量的数学事实,然后再根据这些事实来归纳、总结、提炼出相应的数学理论,并进一步证明它,应用它。但教材的编写由于受到篇幅等客观条件的限制,无法很好地把数学结论的发现、提炼等过程完整地展示出来,大多数是按照演绎的方法,即按先给出概念、定理然后再加以证明和应用的顺序来编写。如果我们的教学照搬这个顺序,那么学生学到的仅仅是一些重要的数学理论的内容及其对它的正确性的验证和应用,根本无法看到这些重要结论的发现过程,更无法领略数学家们运用已有知识去探索未知世界,获得新结论的曲折而艰辛的创造性劳动的过程,不利于创新精神和创造能力的培养。因此我们的教学应该对教材进行必要的重组,并根据学生的认知规律和学情适当地创设问题情境,引导学生模拟数学家们发现新结论的创造性劳动,如在学习了《三角形内角和》之后,让学生探求四边形、五边形……的内角和,并猜测 n 边形的内角和,这样,通过让学生去思考,去探索,进行必要的创新训练,使学生不但学到了知识,还从中体验到数学家们获得这些知识的探索性思维过程,并训练其应用数学知识去探索未知世界的创造性思维的能力,获得研究数学的基本方法。

2. 构建问题氛围,强化创新训练。

古人云:学贵有疑,小疑小进,大疑大进。科学史上的许多发明创造往往起源于疑问。"日心说"的诞生来源于对"地心说"的怀疑;比萨斜塔实验来源于对亚里士多德理论的怀疑等。要是没有对某事物的现状的大胆怀疑,就不可能全身心地投入到对该事物的研究,从而也就无法打破现状,推出新理论和新的发明创造。因此,要培养学生的创新意识和创新能力,在教学中就要有意识地培养学生敢于怀疑、大胆质疑的习惯。事实上,金无足赤,人无完人,任何理论都未必十全十美,教科书也不例外。如《解析几何》在"点到直线的距离"一节中,提到:

"根据定义,点 P 到直线 l 的距离是点 P 到直线 l 的垂线段的长。

设点到直线 $l:Ax+By+C=0$ 的垂线为 l',垂足为 Q。由 $l'\perp l$ 可知 l' 的斜率为 $\dfrac{B}{A}(A\neq 0)$,根据点斜式可写出 l' 的方程,并由 l 与 l' 的方程求出点 Q 的坐标;由此即可根据两点距离公式求出 $|PQ|$,这就是点 P 到直线 l 的距离。

这个方法虽然思路自然,但是运算很繁。"为此,课本介绍了另一种求法。

果真如此吗?我在课堂上就提出了疑问,接着引导学生通过一系列的求解探索,得到如下新的解法:

设点 $P(x_0,y_0)$ 至直线 $l:Ax+By+C=0$ 的距离为 d。因为过 P 点且垂直于直线 l 的直线 l' 的方程为 $y-y_0=\dfrac{B}{A}(x-x_0)$,即 $Bx-Ay+Ay_0-Bx_0=0$。则 l 与 l' 的交点 $Q(x_1,y_1)$ 必满足:$\begin{cases}Ax_1+By_1+C=0\\Bx_1-Ay_1+Ay_0-Bx_0=0\end{cases}$,即

$$\begin{cases}A(x_1-x_0)+B(y_1-y_0)=-Ax_0-By_0-C & (1)\\B(x_1-x_0)-A(y_1-y_0)=0 & (2)\end{cases}$$

$(1)^2+(2)^2$ 得

$(A^2+B^2)(x_1-x_0)^2+(A^2+B^2)(y_1-y_0)^2=(Ax_0+By_0+C)^2$,故

$(x_1-x_0)^2+(y_1-y_0)^2=\dfrac{(Ax_0+By_0+C)^2}{(A^2+B^2)}$,所以

$$d=\sqrt{(x_1-x_0)^2+(y_1-y_0)^2}=\dfrac{|Ax_0+By_0+C|}{\sqrt{(A^2+B^2)}}.$$

这种解法,解题思路直观,运算简洁,令人耳目一新。要是没有对课本论断的大胆怀疑,就不可能得到这种优美的解法。正如朱子所说的:尽信书则不如无书。因此,在日常教学中,不但要引导学生认真学习基本理论,而且还要引导他们善于用审视的眼光来看待所学的理论,处处留心,勇于质疑,善于质疑,能于无疑处见疑,自觉地养成凡事都能"大胆怀疑,小心求证"的科学态度,

以强化其创新意识。

3. 揭示知识联系,提高创新能力。

数学是一个结构缜密的有机整体,它的各个知识点之间是相互联系的,只有系统地认识这些联系,才能形成较完善的数学认知结构,更好地综合利用这些知识来创造性地解决数学问题。因此,教学中就要适时地创设情境,揭示这些联系。例如:m 是什么实数时,关于 x 的方程 $x^2+(m-3)x+m=0$ 的两个根都是正数?这是一道应用判别式和韦达定理的基础题,大多数学生都能给出解答:

$$方程有两正根 \Leftrightarrow \begin{cases} (m-3)^2-4m \geq 0 \\ m-3<0 \\ m>0 \end{cases} \Leftrightarrow 0<m \leq 1.$$

但从培养创新能力的角度来说,仅仅到此是远远不够的,应该进一步引导学生从一元二次方程与一元二次函数的关系上寻求新的解法:

令 $f(x)=x^2+(m-3)x+m$,

方程 $x^2+(m-3)x+m=0$ 有两正根 $\Leftrightarrow f(x)=x^2+(m-3)x+m$ 与 x 轴的

$$两个交点均在原点右侧 \Leftrightarrow \begin{cases} (m-3)^2-4m \geq 0 \\ f(0)>0 \\ -\dfrac{m-3}{2}>0 \end{cases} \Leftrightarrow 0<m \leq 1.$$

这样,一元二次方程便与二次函数联系起来了。这时,再进而对原题加以引申,做如下变式:m 为何值时,关于 x 的方程 $x^2+(m-3)x+m=0$,(1)两根都大于 1?(2)两根分别落在区间 $(0,1)$ 和 $(1,2)$ 内?(3)一根大于 1,另一根小于 1?(4)两根都在 $(1,2)$ 内?(5)有且只有一根在 $(1,2)$ 内?通过对这个题目的解答,一元二次方程、一元二次函数、一元二次不等式的有关联系便很好地揭示出来,为学生综合利用这些知识创造性地解决问题奠定了必要的基础,此外,引导学生进行跨分支的知识迁移,综合利用有关知识解决问题,还可拓宽学生创造性地解决问题的思路,如题目:"设实数 a,b,c 满足 $a^2+b^2=1$,$c^2+d^2=1$,证明 $|ac+bd| \leq 1$。"可引导学生把题目内容与不等式、三角、复数、解析几何等有关知识加以联系,得到多种不同的解法。这样,不但使学生多角度地

160

提取和应用知识进行分析问题和解决问题的能力得到全面的锻炼和发展,而且在这跨分支的应用知识解决问题之中,也培养和训练了学生综合应用知识解决问题的创新能力。

(三)重视数学应用教学,促进学生创新能力的形成。

现代教育理论研究表明,知识与能力、素质的明显区别在于个体获得知识可以凭借教师的传授来实现,而能力和素质则不然,它不能单凭教师的传授而形成,必须通过个体积极主动的实践活动来构建。因此,要培养创新思维和创造能力,就不但要向学生展示科学发现的认识方法和创造性解决问题的思维过程,而且要适时地设置创新诱因,引导学生进行创造性地解决问题的实践活动,以促使个体为解决问题而进行积极主动的主观努力,从而达到培养创新思维和创造能力的目的。为此,教学中要重视数学应用教学,注意应用题的分析思考过程,努力让学生运用发散思维,去猜想、尝试、探求其结论及解决问题的办法。

如在讲增长率的应用问题时,有这样的例子:

某企业今年某项生产的利润为 5 万元,计划使用一项新技术,使这项生产利润在 5 年内平均每年增长 15%,求企业在这个项目上后年的利润及 5 年的总利润。

如果直接列出公式求解,那固然简单省事,但学生对问题的实质不易理解,因此要重在对问题的分析、思考上。首先让学生估计一下所求问题的答案应在什么数以上(后年的利润必须在 5 万元以上,5 年的总利润必须在 25 万元以上),这样学生对问题就有了一个直观的估量。其次分析今年到明年,经过一年利润增加了多少?(增加了 $5 \times 15\%$),明年的利润是多少?[明年的利润为 $5 + 5 \times 15\% = 5 \times (1 + 15\%)$]。继续分析明年到后年,又经过 1 年利润增加了多少?[增加了 $5 \times (1 + 15\%) \times 15\%$],那么后年的利润呢?[后年的利润为 $5 \times (1 + 15\%) + 5 \times (1 + 15\%) \times 15\% = 5 \times (1 + 15\%)^2$],以此类推。经过以上分析,很自然地推出它们之间的关系满足等比关系,进而可利用等比数列的有关公式建立起数学模型进行求解。教学中还可紧紧抓住问题进行延伸,可继续向学生抛出下面的问题:

(1)按此增长率递增,要使年利润翻两番需经过多少年?

(2)要在5年内使年利润翻两番,每年的平均增长率至少要达到多少?

(3)若今年的年利润为 a 万元,平均每年的增长率为 x,经过 n 年后利润达到 b 万元,那么它们的关系式如何?并分析 $a>b$ 与 $a<b$ 的情况。

(4)若每年的增长率按加速增长,情况又会如何?

通过对以上的分析、思考和探索,学生不仅对增长率的问题有了实质性的理解,而且也促进了创新能力的形成。

近年来,考试命题对数学的应用和创新能力都有一定的要求,这就要求教师在教学过程中要给予充分的重视。当然,学生的创新意识和创造能力的培养是一个长期而复杂的过程,不可能一蹴而就,它要求我们在日常教学中要持之以恒地认真钻研教材,合理创设问题情境,加强思维训练,并积极探索规律,总结经验,改进教学方法,优化教学过程。

四、单元教学培养思维的系统性

随着新课改的不断深化,高中数学知识体系,无论从内容、顺序、技能要求都较之以前发生了很大变化,新教材中对数感、符号感、空间观念、统计观念与数学应用意识等现代数学在新的教育理念下都有不同于以往的进一步解读。从教学主体来看,无论是学生还是教师自身都自然也随之发生很大改变:一方面,新课改是在整个初等教育系统进行的,学生在不同的学段接触新课改,对于他们的数学认知结构和认知方式的影响程度也不同;另一方面,随着高中数学教学目标的更新,多媒体等先进教学设备的运用,也要求教师运用相应的教学方式、选择适当的有效教学策略,本文力求通过自己对教育理论的学习与理解,并结合多年教学实践经验,建立利于学生有效学习、教师有效教学的高中数学单元教学策略,期望能对提高高中数学教学的质量,优化数学教学有所帮助。

有效教学策略是以一定的教学观念和教学理论为指导,结合学科、学情、学段特点为完成特定的教学目标或教学任务,充分关注学生的学习,动态地贯穿于教学活动的整个过程,对影响教学的各个要素进行系统化整合的总体研究,形成可以具体操作的整体化实施方案。

高中数学有效教学策略是有效教学策略的数学学科具体化,它除了具有一般有效教学策略的共性以外,还应当考虑数学学科的逻辑严谨性和形式化等知识结构特点,同时要兼顾数学学习机制和高中学段的教学规律。因此,我们将高中数学有效教学策略定义为:教师在一般学习理论和数学教学理论的指导下,为有效实现数学教学目标而根据特定的数学教学情境和学生已有认知结构及高中学段特点,有意识地对数学教学活动进行计划、调控的系统决策方案以及由此表现出来的行为方式。高中数学单元教学有效教学策略是高中数学有效教学策略在单元教学中的有效运用,意在整体把握知识,抓住本质,提高教学效率。

下面以数学必修2第一章空间几何体的单元教学为例,从教学设计策略、教学实施策略、教学评价策略三个方面探究高中数学单元教学有效教学策略。

(一)教学设计策略

教学设计策略是指在教学实施之前,教师为了有效地实施教学而进行的整体活动的设计。高中数学教学设计策略主要有三个方面:一是教学目标分析策略,二是教学主体分析策略,三是教学材料的选择策略。

1. 教学目标分析策略

教学目标是教师对教育教学活动的预期,是对要完成的教学内容的高度概括,是根据学生生理、心理和知识的发展水平而制订的教学计划。根据布卢姆的教学目标分类理论,教学目标主要考虑以下三个方面:认知、情感和动作技能。当然,教学目标分析策略要结合高中学段以及数学学科特点,并根据新课标的要求进行制定。

本单元的教学目标是认识柱、锥、台、球及其简单组合体的结构特征,并能运用这些特征描述现实生活中简单物体的结构;了解空间图形的不同表示形式,会用材料制作模型,并用斜二测法画出它们的直观图;了解球、棱柱、棱锥、台的表面积和体积的计算公式。

2. 教学主体分析策略

任何一项新知识的学习,都要以学生的初始状态为基础,同时更要了解教师自身的风格特点。学生的初始状态分析是指学生对进行特定内容的学习已经具备的知识技能基础,以及对有关学习内容的认识水平与情感态度,它是学生学习新知识的前提条件,通过对学生初始状态的测定来了解学生的具体程度。

本单元是在学生已有初中平面几何知识及对简单几何体初步了解的基础上,由二维空间拓展到三维空间的学习。教师还要对所教学生的认知水平与情感态度及知识掌握程度进行具体分析。

3. 教学材料的选择策略

(1)教学材料选择要典型、易懂,考虑不同学段学生的接受能力和教学内容的抽象程度。

(2)教学材料的组织注重结构化。结构化教学,有利于学生对知识的掌握、迁移和提升。教师在组织教材的时候,把各部分材料按有机的层次整合到一起,实行结构化教学,这对于达成课程目标具有十分重要的作用。

(3)教学材料传递的情境化。合适的问题情境能使学生引起强烈的思考动机和最佳思维定向。创设问题情境可以让学生积极参与到问题的解决中。

本单元教学可根据学生的接受能力,对教材顺序适当调整,以利于教学目标的达成。这一点在下面的教学实施策略中详细说明。

(二)教学实施策略

教学实施策略是整个数学教学策略的核心部分,是在教学设计策略指导下具体地从整体上组织教学的过程。主要包括以下三个方面:一是学习心态的积极维持策略,二是教学内容的呈现策略,三是分类实施的教学策略。

1. 学生学习心态的积极维持策略

动机对学生的行为和学习有很大的影响。教师针对学生的心理在课堂上应合理使用各种教学手段,提高学习兴趣,激发学生的学习动机。在高中的数学教学中激发学生的学习动机,实现学生积极心态的维持主要通过以下两种方式：

(1)利用好奇心理,创设可教学时刻

可教学时刻是指学生愿意学习新知识的时刻。激发学生的好奇心理,从学生的切身经历或体验出发去教授新知识,这样,不但使数学学科变得更加令人感兴趣,而且可以更好地把握教学难度,寻求学生的最近发展区。

(2)教学方式灵活多样,适时切换

教师要根据教学内容适时变换教学方式,提高教学的有效性。根据教学内容还可以使用多媒体辅助教学,例如教学模型或图形的动态展示,立体几何的空间感展示等帮助学生理解感受并完成想象过程。还可以设计课堂学案,让学生自己动手强化训练。

2. 教学内容呈现的策略

课堂教学的基本任务是将教学内容传递给学生,并将所学知识深化,使其融入学生的认知结构,内化成学生自己的认知结构。

3. 分类施教的教学策略

高中数学教学中,对知识的难度,层次性、逻辑性和学生深入思维的能力要求都比较高,要收到预期的效果,就要做好分类施教。要针对不同的教学内容而采取不同的教学实施策略。

基于以上教学实施策略,本单元教学对教材顺序做以适当调整,分为以下四部分:做模型—学画图—识结构—会计算。具体实施如下:

首先,要求学生做模型,做模型是直观感觉的第一过程。将本单元中常用几何体及课后所有制做模型的作业,第一时间布置下去,提出具体要求和评价标准,以达到学生在制做模型的过程中,更好地认识几何体结构特征的目标,为进一步学习几何体打下初步基础。

第二,画几何体的直观图。创设情境:将学生所做几何体的直观图在 PPT 上展示给学生,让学生观察模型与直观图,思考直观图是怎样画出来的呢？由此引入:

构成空间几何体的基本元素(点、线、面),中心投影与平行投影的概念,进而学习斜二测画法画空间几何体的直观图。

第三,认识几何体的结构特征。

165

棱柱、棱锥、棱台的结构特征,圆柱、圆锥、圆台和球的结构特征的教学,由于空间几何体在现实世界中看得见,摸得着,教师只需要设置情景问题,充分利用教具模型的直观展示,引领学生自己探求概念,并通过表格形式由学生归纳完成。

表一

	棱柱	棱锥	棱台
定义			
图形及元素标注			

表二

	圆柱	圆锥	圆台	球
定义				
图形及元素标注				

像这样用表格的形式呈现,使得概念教学具有较好的操作性。课上边分析模型,边得出概念,边在课件上填充表格,表一是多面体,表二是旋转体。课后把空白表格发给学生,让学生课后复习时自行填表。这样不仅提高了学生的自主学习能力,还大大提高了课堂教学效率。

另一方面,学生填好表格后,可对照表格比较不同几何体的结构特征的异同,有利于学生对概念的理解与掌握。这样的课堂充分发挥学生的主观能动性,让新课标中的构建共同基础,提高发展平台的理念,在课堂上得以实现。

第四,柱、锥、台、球的表面积和体积是从度量的角度认识几何体。教学中可根据学生认知的不同程度采用实验与探究相结合的教学方法。如柱体、锥体、台体表面积的教学,可从学生熟悉的正方体和长方体的展开图入手,分析展开图与其表面积的关系,类比正方体和长方体的表面积,结合柱体、锥体的形成过程及其几何特征,得到其展开图,进而求得其表面积。对台体表面积的探究也可以按照这样的思路教学。对柱体和锥体的体积教学,可采用复习已学过的体积公式,并将其推广到一般柱体、锥体的体积公式,为有助于学生理解和掌握公式,也可采用动手操作,用模型装水或沙等方法获得柱体、锥体的体积之间的关系。对台体体积公式的得到,可启发学生根据台体的结构特征推证得到。

球的体积公式可采用动手操作,用半球装满水或沙,倒入底面半径和高都等于球半径的圆柱中,利用圆柱体积公式得到。

教学中要引导学生从柱体、锥体和台体结构特征去认识柱体、锥体可看作"特殊"的台体,从而柱体、锥体的体积公式可看作台体体积公式的"特殊"形式。

对学有余力的学生还可指导其对球的体积和表面积公式的推导做进一步探究。

本单元通过以上四部分教学,有利于学生整体把握空间几何体,抓住其本质,知识脉络更清晰,通过学生动手操作,自主学习提高了学习能力,提升了学习效率。

(三)教学评价策略

教学评价策略贯穿于整个单元的教学活动,实施高中数学教学评价策略的途径主要包括数学学习评定的测量内容编制和对数学学习的结果进行评定的策略两方面内容。

1. 数学学习评定的测量内容编制

在教学活动中教师对学生数学知识学习结果进行评定需要编制相应的试题,而试题的编制实际上是对不同知识类型的测量,基于广义的知识分类可以将高中阶段的数学知识分为数学陈述性知识和数学程序性知识两大类。数学教学评价策略中所做的测量不仅要根据知识的类型加以判断,而且要根据知识习得层次和水平加以判断。

2. 数学学习结果评定的主要策略

对数学学习结果评定策略主要有课堂提问、课堂导学案、课后作业的评改、形成性测验以及教学反思等几种形式。

(1)课堂提问策略

教师要善于向学生提问,并对答对和答错的学生实施不同的策略,使学生的回答对学生产生积极作用;而且教师可以根据提问情况及时调整后续教学;另外,提问也是活跃教学、实现师生互动的重要部分。

(2)课堂导学案策略

在教学中可以通过编制导学案的方式随堂强化训练,以及时反馈学生掌握的情况和程度以及学生的问题所在。

(3)课后作业的布置与评改策略

作业的布置与评改需要注意以下几方面:

①作业的内容不宜过难或过于简单。而且还要考虑学生当天的精力、时间的情况。

②作业的内容主要针对当天的题型与方法,或者综合几天的情况布置。争取当天或转天讲评,这样效果最好。

③作业讲评时,尽量避免一带而过,对于问题比较严重或错的比较多的题目,最好板演。可以找作业完成得好、过程规范、条理清楚的学生把需要讲解的过程写在黑板上,并配以老师的讲解。

(4)形成性测验的策略

形成性测验是对学生数学学习结果评定的一项重要手段。形成性测验是指在数学教学过程中与反馈和矫正相联系的、为改进数学教学而进行的测验,是形成性评价的一种重要方法。其目的在于强化或检验前一段教学的效果,诊断学习上存在的问题,获得矫正反馈信息,为进一步改进教学和调整学习活动提供依据。

一般说来,数学形成性测验比较灵活,可以记分,也可以不记分;可以在整堂课中单独进行测试,也可以穿插在课的开始、课的中间或课的结尾来进行;另外,对时间的安排可长可短,保持一定的弹性。

(5)教学反思策略

教师对当天的教学活动进行反思,是很有效的自我评价策略。用反思的方式、批判的态度、理性的思维不断改进调整,以提高数学教与学的合理性、有效性。从教学设计策略、教学实施策略到教学评价策略的各个环节都可以进行反思,找出需要改进的地方,分析教学的效果,从而更有针对性地指导后续的教学工作。

数学教学评价策略目的是使教师对教学各环节及效果有一个准确而客观的认识。是教师改善教学、进行教学监控的重要依据。

本单元教学评价,可采用每节课课前做测试练习,这样做的目的,是想测试上节课所学知识是否得以落实,并为下面的学习做好铺垫。在测验和作业中,要自始至终进行画图的训练与评价。通过画图加深对概念的理解,为后续立体几何的学习铺平道路。

在此单元教学中,充分利用了模型的直观、多媒体的动态演示辅助教学,将传统教学与信息技术有机融合,这样有利于激发学生的学习兴趣和培养学生的空间想象力。

坚持让学生动手做模型,自始至终画图,画好几何体的直观图,需要有一个长期培养的过程。解决立体几何问题要求学生先画图,再研究。画图可提高学生的自主学习的能力,画图能调动学生的思维活动,能够让学生在课堂上充分地活动起来,提高课堂效率,比如圆锥、圆台的侧面积公式,都可在学生完成自我作图的过程中完成。做模型、画图、视图,初步培养了空间想象力,为培养逻辑推理能力打下了良好的基础。

坚持渗透数学思想方法,如前面提到的归纳类比法;通过多面体和旋转体的展开图,将空间图形问题转化为平面图形解决的划归转化法;让学生从实物及模型去发现和猜想,再归纳出一般结论的具体到抽象的方法,这样做本身也是尊重学生的认知规律。

本单元教学从知识的基础性、发展性和可行性出发,对教材顺序做了适当调整,将教学内容分为做模型、学画图、识结构、会计算四部分予以设计实施,增强了从"单元到课时"的设计意识,较好地落实了数学教学的整体观、联系观。

总之,在高中数学单元教学中,注重教学各个环节教学策略的有效运用,以新课标为准,从知识的基础性、发展性和可行性出发,对教学内容适当整合,因材施教,提高高中数学教学的有效性,这样才能真正意义上提高教学效益,有效促进教学,更好地培养学生的数学核心素养。

五、案例分析与思考——"函数教与学"

内地新课程以"课程标准"为本,香港新课程以"课程及评估指引"为依据。我通过对比内地中学数学课程标准与香港数学课程及评估指引,发现两地中学数学教学有很多内容和理念是相同、相近或相通的,比如:在理念上都注重帮助学生提高数学思维能力,强调为学生终身学习奠定稳固的基础,发展学生的创新意识,激发兴趣,增强应用意识等。同时也感到两地的函数教学内容相近且值得探讨与交流。下面介绍内地"函数教与学"的情况:

内地高中数学新课程分必修和选修。必修课程由5个模块组成;选修课程有4个系列,其中系列1、系列2由若干个模块组成,系列3、系列4由若干专题组成。其中函数内容分布在:

必修课程中的数学1:函数概念与基本初等函数Ⅰ(指数函数、对数函数、幂函数)及数学4:基本初等函数Ⅱ(三角函数)。

(一)新课程关于函数教学要求的特点

1. 注重实例在概念形成阶段中的作用

新课程把函数作为描述客观世界变化规律的重要数学模型来学习,这是新课程注重数学应用性的重要表现之一,实际上也是期望学生对函数概念的真正理解而非形式化地记住函数概念的定义。实际上,函数概念的出现,要比正式定义早得多,也自然得多,学生在日常生活中能够而且也经常运用实际中出现的函数概念,比如:火车票的票价随里程数而变化,汽车走过的路程是时间的函数,汽车的速度是时间的函数,加油站的储油罐中的油量是油面高度的函数,重量是体积的函数,卫星离地面的距离随时间而变化,家庭的电费随该家庭的用电量而变化,炮弹的发射高度是时间的函数,臭氧层空洞面积随时间变化,反映人民生活质量高低的恩格尔系数随时间变化等。在教学中通过实例,让学生体会变数间的依赖关系,再引导学生用集合与对应的语言来刻画函数。通过细胞的分裂,考古学中所用的^{14}C的衰减,药物在人体内残留量的变化等具体实例了解指数函数模型的实际背景;通过考古学中年代的计算,里克特震级等具体实例,直观了解对数函数模型所刻画的数量关系,初步理解对数函数的概念,体会对数函数是一类重要的函数模型。对于三角函数,实际生活中有大量的周期变化现象可以用三角函数加以刻画和描述,如音乐的旋律、波浪、昼夜的交替、潮汐、钟摆的运动、交流电等,这些都是三角函数的实际背景。

像这样,在教学中通过大量学生熟悉的实例帮助学生形成和理解概念,有利于:

(1)提高学生的数学思维能力:事实上,人们在真正学懂数学的过程中,除了经常用到逻辑思维以外,重要的还有从具体现象到数学的一般抽象,以及将一般结论应用到具体情况的思维过程。在数学教学中能够而且应该十分重视培养这种数学思维能力。(因为在培养这种数学思维能力的同时,一方面会使得学生更深入和扎实地掌握数学;另一方面,这种思维能力在学生处理日常生活以至将来工作或进行研究时,会大大地提高他们的工作水平,使他们既不会在思维方式上犯浮夸和刻板的毛病,又能准确地抓住事物的本质,得出符合实际的有创见的看法。)

(2)发展学生的数学应用意识:作为数学中最重要的概念之一,函数具有非常广泛的应用性,因此,必须结合实际问题,使学生感受学习函数概念的必要性,以及函数与实际生活的联系,从情感上启动学习的欲望,同时感受函数的广泛应用。

(3)促进学生对函数概念的真正理解。

2. 强调应用,而且对于应用的定位既包括应用形成函数概念的思想分析实际问题,还包括函数在数学其他部分知识上的应用

新课程关于"函数应用"包括:

(1)函数与方程——利用函数性质判断方程解的存在;利用二分法求方程的近似解。

(2)函数模型及其应用

利用计算工具,比较指数函数、对数函数以及幂函数增长差异;结合实例体会直线上升、指数爆炸、对数增长等不同函数类型增长的含义。(如:通过几种投资或奖励方案的选择,认识几种不同增长的函数模型。)

收集一些社会生活中普遍使用的函数模型(指数函数、对数函数、幂函数、分段函数等)的实例,了解函数模型的广泛应用(如:行程问题,马尔萨斯人口增长模型等)。通过探究某地区未成年人身高与体重的关系,让学生感受我们在解决实际问题时,一般是要经历的收集数据—画散点图—选择函数类—确定拟合函数的大致过程,其中函数类的选择就是根据我们经验中对各种基本初等函数的变化规律的理解做出的。

根据学生的生活经验,创设丰富的情境(例如,通过单摆、弹簧振子、圆上一点的运动,以及音乐、波浪、潮汐、四季变化等实例)使学生感受周期现象的广泛存在,认识周期现象的变化规律,体会三角函数是刻画周期现象的重要模型,以及三角函数模型的意义。要注重三角函数模型的运用。即运用三角函数模型刻画和描述周期变化的现象,解决一些实际问题。(但并不是只有三角函数才是周期函数,三角函数只是刻画了一类最简单的周期现象,应该帮助学生认识这一点。)

3. 在函数自身性质的研究中,加强了单调性的要求,降低了奇偶性的要求,淡化了定义域、值域的计算

新课程在函数自身性质的研究中,通过已学过的函数特别是二次函数,理解函数的单调性、最大(最小)值及其几何意义;结合具体的函数,了解奇偶性的含义。对函数定义域、值域的计算,只要求会求一些简单函数的定义域和值域,要避免在求函数定义域、值域及讨论函数性质时出现过于繁琐的技巧训练,避免人为地编制一些求定义域和值域的偏题。

4. 增加了一些新知识

如:分段函数、二分法、幂函数等。

5. 加强了函数在数学文化方面的要求

新课程的实习作业:根据某个主题,收集17世纪前后发生的一些对数学发展起重要作用的历史事件和人物(开普勒、伽利略、笛卡儿、牛顿、莱布尼兹、欧拉等)的有关资料或现实生活中的函数实例,采取小组合作的方式写一篇有关函数概念的形成、发展或应用的文章,在班级中进行交流。

这样的实习作业有利于学生了解人类社会发展与数学发展的相互作用,

认识数学发生、发展的必然规律；了解人类从数学的角度认识客观世界的过程；发展求知、求实、勇于探索的情感和态度；体会数学的系统性、严密性、应用的广泛性，了解数学真理的相对性；提高学习数学的兴趣。

（二）为什么新课程对函数的要求有了这种特点？

新课程对函数的要求之所以有这种特点，其原因应从以下两方面考虑：

1. 函数概念的本质和函数方法的意义是什么？

例：某工程队要招聘甲、乙两个工种的工人150人，甲、乙两工种工人的月工资分别为600元和1000元，要求乙工种的人数不少于甲工种人数的2倍。问甲、乙两个工种各招聘多少人时，可使每月所付的工资最少？

解法1：设甲工种招聘的工人为x。根据甲工种工人的月工资600元/人，乙工种工人的月工资1000元/人，可以断定乙工种工人越少越好，但又要满足题目中条件"乙人数不少于甲人数2倍"，"不少于"即"大于或等于"，即等于2时乙工种人最少，从而求出了甲工种人取值范围$150-x \geq 2x \Rightarrow x \leq 50$，而甲取最大时，付钱最少。

解法2：设甲工种招聘的工人为x，工资总额为y，则y是x的函数：$y=600x+1000 \cdot (150-x)$，即$y=150000-400x$，

由$150-x \geq 2x$，解得，$x \leq 50$，

由于函数$y=150000-400x$是减函数，所以当$x=50$时，y取最小值。

比较上面两种解法，我们看到：

函数方法提供了一种把问题的逻辑关系清晰表达出来的语言。函数的本质是变量间的依赖和对应关系，把握了这一本质，才能应用函数。

研究函数的目的在于通过一个变量的变化来观测或把握另一个变量的变化状况，所以单调性是核心。奇偶性（对称性）自身是几何性质，它为单调性的研究提供了方便，但不能喧宾夺主。具体问题的定义域和值域经常是天然的，它们更多的是考察学生的计算技能，而与对函数的理解无关。

此外，函数方法贯穿于高中数学的始终，函数为其他数学内容的解决提供了新思路（有了函数，方程的近似解可以得到系统研究——二分法；在算法、数列、解析几何、欧拉公式、矩阵与变换等内容中都有函数方法的运用）。

2. 中学生的函数学习状况是什么样的？

请看以下案例：

案例1：学生对于函数的理解——函数概念

课堂上与学生的对话：

片段1：洞庭湖地区连日遭受暴雨袭击，导致湖水的水位猛涨，下图是涨水期22日至27日的水位纪录。观察这个图形，你能从中获得什么信息？

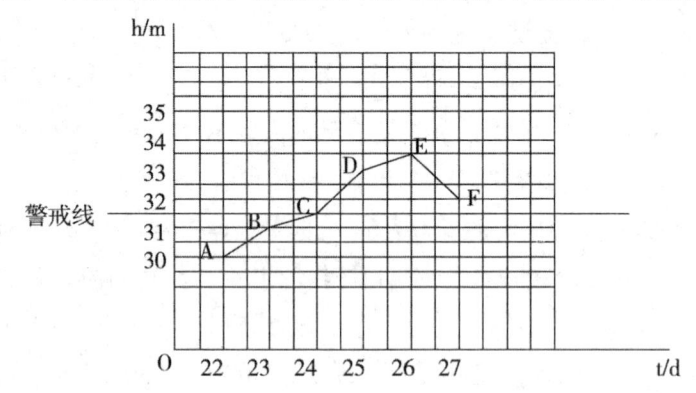

教师：从图像中你可以看出什么？

学生甲：水位随时间的变化而变化。

学生乙：22日到26日水位不断上升，26日水位最高，26日到27日水位下降。

学生甲又说：24日达到警戒水位。

教师：那么水位是时间的函数吗？

学生乙答道：水位是时间的函数。

学生甲补充：因为有一个时间就有一个水位值。

教师：这个图像可以表示函数吗？

学生甲、学生乙异口同声道：不可以！

教师：既然你们能从图像中读出水位是时间的函数，为什么它不能表示函数关系？

学生甲回答：从图像中能读出水位是时间的函数，但是不能写出它的解析式，所以它不是函数。

教师又说:函数有三种表示方法(解析法、列表法、图像法),有些函数可以用三种方法表示,有些函数只可以用一种方法表示。如:股市曲线图、气温曲线图,它们只可以用图像法表示。

学生甲、学生乙思考了片刻说:只要符合函数定义的关系的都是函数。

片段2:

教师:每个同学的学号与成绩之间是不是函数?

学生:不是!

学生:变数在哪里呢?

学生:没有对应关系!

学生:没有对应关系,两个变量有固定的对应关系,第一个 x,第二个 y,对 x 的每一个值,y 对应一个值与它有固定的对应关系,这个写不出 y 等于什么。

从这两个片段我们看到学生只是形式化记住函数的概念,而非真正理解。

案例2:学生对函数的理解——函数图像

片段1:

画对数函数 $y = \log_3 x$ 的图像。

学生甲:写出 $3^y = x$,心算并描点 $(3,1)$ 和 $(9,2)$,坐标系太短,延长,然后就不动了。

教师问:做函数图像是不是要考虑一些特殊的点,比如与 x 轴的交点。

学生甲(思考):是。找与坐标轴的交点,又经历了一番挫折找到了,描出点。就以为自己画完了。教师又问他:x 轴下面有没有点,你还是规范些吧,列个表……

学生乙:画出坐标系,没有进展。

学生丙:看书,按照反函数法做出的图像,但是她并不明白为什么对数函数是指数函数的反函数。

片段2:

画正切函数的图像。

学生:取点:$0, \dfrac{\pi}{2}, \pi, \dfrac{3\pi}{2}, 2\pi$,正弦函数就是这样画的。

教师:能不能描出模样?

学生：换点。

教师：怎么换？

学生：$\frac{\pi}{4}, -\frac{\pi}{4}, 0, \pi$.

老师非常着急！

上面的两个案例，反映了一些中学生的函数学习状况。

为什么学生迟迟不能入门？高中上来就是函数，理解函数不是通过技能训练达到的！

技能训练和思维训练的切入点和结合点需要思考。不能仅是列表、描点、连线，通过技能训练真正得到的是什么？通过技能训练从感性上升到理性，这样在高中学习才不会困难。思维训练不到位，只是技能层面的。

"不能写出它的解析式，所以它不是函数。"这是学习的难点，在数学中，学生认为"式子"和"数"是比较实在的。

"我不明白一个式子怎么就成一条直线了。"作图，对于初中生和高中生都是如此困难，似乎原因是相同的：不知道如何把一个解析式变成图像。

由此可见：理解函数概念需要一个漫长的过程，需要循序渐进，但这并不意味着我们无所作为。我觉得：

第一，学习函数重要的目的之一就是帮助学生形成一种变化的眼光看世界的思维方式；以及如何分析纷繁复杂的变化中的变化的缘起，也就是找变量、因变量和它们的依赖关系。

第二，作图是一种技能，但是技能形成如果离开了思维的发展，其生命力是脆弱的，因此应该通过重视学生作图过程的发展来挖掘作图的思维价值。

基于以上函数概念的本质和函数方法的意义以及学生的函数学习状况，新课程对函数的要求有了上述特点。

(三)新课程，我们怎么教？

1. 挖掘数学建模和数学应用的教育价值

(1)概念形成的过程自身就是数学建模的过程，在这一过程中，应注重培养学生的：

①数学洞察力:大量不同背景下的问题用数学的视角进行审视,把握问题的数学本质。积累和发现函数应用实例,认真研究课程标准,用好教材,结合学生实际适当取舍,难理解、喧宾夺主的内容舍去,生活中的实例多举。

②数学概括和表达能力:引导学生将自己的(感性)认识用简洁而精确的语言表达出来,从而使得自己的活动从一个层次上到另一个层次。

(2)数学的应用价值:既要应用知识结论,也要应用知识形成过程中的方法。要注重检验学生对知识、方法的掌握状况,注重必要的训练。

应用和联系实际的意义在于通过大量的生活中的例子让学生理解他们所学的这些内容就是他们生活中一些现象的抽象和升华,一些基本概念就在他们的周围,从而对数学产生亲切的情感体验。

2. 从知识理解的深刻性的角度认识数学文化的价值。

要让学生感受到:

(1)重要的数学概念的产生过程中都对人类的行为、观念、态度、精神产生影响。

(2)许多问题本来属于人类知识的不同领域,需要各个领域的专家分别进行研究,但是用数学的眼光来看、走进数学的避风港,它们却具有相同的结构,通过数学这种语言,世界内部的和谐得以揭示,这就是数学的魅力!

3. 在教学中需要明确各类不同性质的问题,从而确定不同的解决策略。

在值得花时间的地方花时间,在学生需要帮助的地方进行有效帮助,如:如何帮助学生识别函数概念,并在技能形成过程中发展思维;当基本概念和基本方法学习后,如何灵活运用这些知识需要的是解题策略的支撑。

4. 教学设计中要关注三维目标。

教学的过程是已有概念向科学概念的发展过程;科学概念的发展必然蕴涵着科学思维方法的发展;伴随着科学概念和科学方法的形成,形成科学态度、科学观念和科学精神。

(四)教学中的难点与挑战

1. 函数意识的形成:新课程希望能通过大量的实例让学生认识函数——

一般的函数和具体的函数。对教师来讲,注重开发身边的函数实例,具有函数意识,才能帮助学生形成函数意识,用函数的眼光看待周围的世界,认识到函数的重要意义,形成深刻的理解。

2. 数学建模的能力:对教与学都提出了新挑战。

3. 函数的发展与作用:了解函数的发展史,重要数学家、重要的函数在函数概念发展中的作用。使教学不仅停留在传授知识层面,更注重学生情感、态度及价值观的培养。

4. 信息技术的掌握:掌握信息技术,与数学内容有机整合、合理使用,使得信息技术成为真正促进学生学习的有效工具。

第四章

探究数学教学的有效性

一、"有效教学"的概念及组织形式

有效教学是指教师遵循教学活动的客观规律,使用恰当的教学策略,以尽量少的时间、精力和物力投入,取得尽可能多的教学效果。

有效教学理念的核心是指教学中的效益问题。它有如下三重含义:一是有效果,即教学活动结果与预期教学目标的吻合程度高;二是有效率,即有效教学时间应占实际教学时间绝大部分;三是有效益,即注重教学目标的社会性。

这里结合高中数学课堂教学过程中的几个关键性行为对如何实施"有效教学"进行思考与探究。

(一)有效备课

备课需要考虑多方面的因素,如知识结构、角色定位、学生个性的需求、教学目标和教学方法等,而新课程理念下有效备课需特别强调以下几点:

1. 有效备课要体现预设与生成的统一

在新课程理念下,教师备课要把握预设与生成的内在联系。所谓预设,就是根据教学目标和学生的兴趣、学习需要以及已有的知识经验,以多种形式有目的、有计划地设计教学活动。所谓生成是指教师依据学生的兴趣、经验和需要,在与环境的交互作用中进行有效调整,以引导学生生动、活泼、主动地进行新知识的探究活动。

2. 有效备课要体现生活化的理念

传统备课中,教师主要是备教材,着重分析本节内容在本章中的地位、与前后知识的联系、教材的重难点等。而新课程理念下,教师备课要在分析教材的基础上,有针对性地搜集生活中相关的资料信息为教学服务,为学生的成长服务。在备课中力争做到:(1)创设生活情景,将问题巧妙地"设计"到生活情境中,使学生学得有兴趣,学有所得。(2)使学生学以致用,应用所学的知识解决一些问题。

3. 有效备课要体现课程资源整合的理念

课程资源的整合与拓展,既要体现全体学生的共同提高,又要完成对学生的因材施教,这就要求教师在备课时,有效地进行资源重组,合理运用多媒体整合课程资源,激发学生学习的兴趣和求知欲,促进学生更好的发展。

4. 有效备课要体现教学方式与学习方式转变的理念

埃德加·福尔在《学会生存》一书中指出:"未来的文盲不再是不识字的人,而是没有学会怎样学习的人。""教会学生学习"已成为当今世界流行的口号。我国著名教育家陶行知先生早就指出:"我以为好的先生不是教书,不是教学生,而是教学生会学习。"新课程理念下有效备课就是要构建旨在培养学生创新精神和实践能力的学习方式及其对应的教学方式。要注重培养学生的批判意识和怀疑意识,鼓励学生对书本的质疑和对教师的超越,赞赏学生独特性和富有个性化的理解和表达,要积极引导学生从事实验、实践活动,培养学生乐于动手、勤于实践的意识和习惯,切实提高学生的动手能力、实践能力、自主学习的能力,促进高中生适应社会变迁所需要的"终身学习"的能力。

(二)有效组织

在新课程理念下,数学课堂教学的有效组织形式主要表现在以下两个方面:

1. 有效组织表现为师生课堂角色的转换

倡导民主平等的师生关系,使教学过程成为一种师生双方交流、对话和合作的过程。教师不再拥有绝对的权威,而成为"平等中的首席",学生不再是被动地接受课程知识,而是自主的学习者,通过主动参与、积极探索、自主构建等活动,使创造力、潜能等得以充分的发挥,真正成为教学的主体、学习的主人。

2. 有效组织应为学生提供多样化的机会

数学课堂教学就是根据数学课程方案、课程标准的要求,为学生创设特定的学习情境,以使他们在这个特定的情境中获得新的经验。数学课堂教学组织形式是否有效,一个重要的指标就是看是否向学生提供足够多的机会,学生在学习情境中能否得到多样化的"机会"。多样化的机会主要体现在:(1)合作交流的机会:"参与"的前提是主体位置的平等,它应该是学生、教师间个性的真正交流,是学生的学习变成多种感官的活动过程。(2)主动探究的机会:向学生提供主动探究的机会,主要目的不在于探究所获得的结果,而是要让学生看到这些结果得以产生的整个过程。

(三)有效提问

课堂教学中,问题是核心,是灵魂,只有有效的问题及有效的提问方式,才有利于引发学生的探究动机,有利于激发学生的学习热情。

1. 有效提问要求问题具有一定的思维含量

提问应该从学生的认知结构、技能结构以及认知能力出发,有的放矢,让学生有所思有所得。因此,问题设计要有创意,要有一定的思维负载及生成思维的驱动力;问题要给学生充分的思考空间,能促成学生产生新颖的想法和充满创意的探究方法;问题还要给学生提供发现新问题的可能性;问题思维要求需符合学生"最近发展区"的原理。

2. 有效提问要注意问题的呈现时机

提问的时机首先是预见性的,如当教学到达关键处时,当教学到达疑难处时,当教学到达提升处时,当教学到达矛盾处时,都是呈现问题的好时机。但是起决定作用的是学生在学习过程中显示出来的实际状态,因此提出问题的最佳时机往往是生成性的。例如:在学生疑惑不解的时候,他们特别需要来自教师和同学的支持和帮助。这时提出另一个问题,稍加点拨,学生就能顺利解决所面对的问题。又如：在学生有所感悟、心情振奋、跃跃欲试的时候，应顺应学生这种情绪体验，使学生思维进一步聚集，这时提出一个有助于问题解决的问题，会使学生在短时间内，抓住重点，突破难点，解决问题。

3. 有效提问要注意问题的呈现密度

与问题呈现的时机紧密联系的是问题呈现的密度。提问要切中要害，就必须少而精。难以想象一节课学生可以探究一二十个问题。因此，应该抓住关键性和本质性的问题。

课堂上讨论的问题要整体、要集中，不要太零碎、太散乱。教师要分清什么是主要问题，什么是次要问题，从而给学生清晰的层次感，使学生明确重点。要给学生充分的思考时间，以便于他们集中精力，探究问题，解决问题。问题要有针对性，要定在关键处，要有质量。讲授新课时，围绕着教学重点提出问题；复习时，从知识的规律性方面、从易混淆的知识点提出问题；习题讲评时，从思考方法、解题规律上提出问题。要引导学生把精力放在主要的问题上，对主要问题做全面深入的讨论，真正使问题成为学生探究性学习的向导。

（四）有效倾听

教师在提问之后，要给学生留出足够的时间进行思考和回答，让学生感到教师在等待和倾听。在传统的课堂教学中，常见的现象是教师提问之后马上就会让学生回答，而且当学生回答问题有困难或回答错误时，教师就会马上打断，叫另外一位学生回答或教师代为说出正确答案，这样做的后果会挫伤学生的积极性，学生要么没有机会说出完整的答案，要么就会意识到他的答案是如此错误，以至于根本不值得听完。也许这种做法教师不是有意的，但学生会感到沮丧，挫伤了学生主动地参与课堂活动的积极性。有效教学意味着教师要善于耐心地倾听学生的声音，关注学生的想法，教师可以通过补问、补充学生的回答，让学生感觉到教师一直在关注问题回答的进展，这样自然而然地激励学生积极参与课堂教学活动。

（五）有效激励

在课堂上，当学生参与了某一教学活动或有所表现之后，不管学生的表现如何,教师都应做出激励性的反馈。如对于学生的回答,特别是错误的回答,教师更要做出富于鼓励性的回复。激励性的反馈能给学生带来成就感和成功体验,这是一种巨大的学习动力。任何回答,不管多么粗糙或错误,只要给以恰当的反馈和纠正,都能成为学习的起点,能让学生看到自己的成长和进步。

(六)有效反思

教师对自己的教育教学行为和全面发展状况进行系统的有效反思,可以充分认识自身的优势和不足,从而形成改进的计划,促进教师自身业务水平的提高。教师进行有效反思可从以下几方面进行:

1. 思所得,发扬长处,发挥优势。

作为教师,每堂课总有自己满意的地方。或是课堂教学突发事件的应变过程,或是教育学、心理学中一些基本原理运用的感触,或是在备课时未曾考虑而在课堂上突然迸发出的灵感和火花等。无论是哪一方面有益的收获,课后及时反思,日积月累,持之以恒,并把它们归类整理,提升一些带有规律性的东西,供以后教学时参考。这样对提高教师的课堂教学能力,探索教学改革的思路,形成自己独特的教学风格,会大有好处。

2. 思所失,汲取教训,弥补不足。

任何一节课,即便教师的备课十分细密,慎之又慎,也不可能十全十美,如教材处理不当、对某个问题阐述有失偏颇等。对它们进行回顾、梳理,并对其作深刻的反思、探究,使之成为引以为戒的教训,从而不断走向成功。

3. 思所疑,加深研究,明白透彻。

"疑"包括两个方面:一方面是学生的疑点,每节课下来,学生或多或少会存在某些疑问,教师应把从学生方面反馈过来的疑点记录下来,细加琢磨,有利于今后的教学和复习。另一方面是教师的疑点,教师对教材中的问题理解并非十分透彻,通过课堂教学,把它记录下来,促使自己今后对这些问题加以深入研究。

4. 思创新,扬长避短,精益求精。

一节课下来,教师应精心沉思:知识上有什么发现,组织教学上有何新招,启迪是否得当等。及时记下这些得失，考虑一下如何改进，写出新的教学设计，这样教师就可以扬长避短、精益求精，从而提高自身的教学能力和科研水平。

总之，备课、组织、提问、倾听、激励、反思的有效性可有效地提升高中数学课堂教学效率，是提高课堂教学效益的关键。

二、让教学发挥更大的作用

让中学数学教学在整个中学教育中发挥更大的作用，关键在于正确的观念和有效的实行两个方面。

（一）关于中学数学教学的目的

人们常把数学在社会生活和科学中的地位与数学教学在中学教育中的地位和价值同等看待，其实，它们有着重要的不同。

几乎在一切人类活动中，都离不开数学工具，在自然科学和工程技术的一切领域，数学更是重要的工具，是基础，但以此来认识中学数学教学的作用，却不够全面，甚至是舍本取末了。

中学教育的目的是什么？是各科知识吗？诚然，各科知识是需要的，但是，仅此而已吗？爱因斯坦曾援引过劳厄的一段名言："当一个学生毕业离开学校时，如果他把几年来学到的知识忘光了（当然，这是不可能的），那么，这时他所剩下的，才是学校教育的真正成果。"我理解这"真正成果"，是指知识之外的东西，是人的能力、素质。就是说，学校的教育，特别是中小学的教育，既要见"物"（知识），更要见"人"（能力、素质）。数学教学，尤宜如此。

北京大学张筑生教授曾谈过一种看法："数学是研究人类思维方式的科学。"因此，中学数学教学的目的，自然地应当表现为，通过教授数学知识，把知识的学习和能力的培养结合起来，通过知识的教学，培养学生的能力，在能力提高的基础上，不断发展和完善学生的素质。在这个目标逐步实现的过程里，中学生逐步掌握了数学知识，并且由于能力和素质的大大提高，必将使其他课程的学习效果大大改观。在非智力因素等同的条件下，智力的差异是决定性的。因此,把中学数学教学的目的,定在"通过知识的教学培养能力,发展和完善学生的素质,使学生的聪明日益长进"上,不恰恰是使中学数学教学在整个中学教育中发挥更大作用的远见卓识吗?而且也正是中学教育的需要。

(二)有益的实行

1. 时时刻刻、事事处处,总使知识以"系统中的知识"的面貌,出现在学生面前,着眼于知识之间的联系和规律,使学生养成从系统的高度去把握知识、认识世界和进行思考。

2. 着眼于知识之间的联系和规律的同时,着意于数学思想的渗透,更着重哲理观点的升华。人类历史上伟大的数学家、物理学家、化学家……哪一位不同时是思想家、哲学家?他们都是站在思想的高度、站在哲理的高度进行观察与思考的。把这些思想和哲理观点编成教材来教中学生,他们无法接受,学会了也是教条,无助于他们以此为武器进行思考和应用,当然增长不了聪明才干。但是在数学教学中点点滴滴地长期渗透,则会使学生在耳濡目染过程中得到熏陶。

3. 课堂上,使学生成为学习的主人,形成学生"超前思维,向老师挑战"的课堂气氛。例题写出来了,由学生思考、分析,到讲台上讲解;定理、公式写出条件时,鼓励学生想出它们的结论;再进一步,学生主动构造定理、公式;甚至,瞻前顾后,审时度势,提出应该给谁以定义和如何定义;乃至,对于教师课堂上的讲解,都抢在前面猜想它的下一句是什么……这样做的优点,将使学生在思维活动中得到思维的训练。同时,一切都是自己动手完成,"历经艰难",熟知其中的"沟沟坎坎",必将印象深刻、记忆久远。学生向老师挑战,如果思考失误了,将从反面加深对正确认识的理解;同时,在整个过程中,学生之间的相互影响当然要大大改善只模仿教师一个人的局限性。另外,这种给学生们以在自己同伴面前展示自己才华的机会,将是一种很好的鼓励青年积极追求的方式。

4. 一题多解,多解归一,多题归一。学数学需要做题,别的课程也如此,但怎样才能起到做题的作用,达到做题的目的呢?我认为,题不在多而在精彩。在这里,精彩是指题目本身无错误,不只是对定义、定理、方法进行复述,题目的思路应充满活力、综合性强等。但更重要的是"一题多解,多解归一,多题归一"。一题多解,将使学生身临其境,加深理解;多解归一,是寻求不同解法的共同本质,乃至不同知识类别及思考方式的共性,上升到思想方法、哲理观点的高度,从而不断地抽象出具有共性的解题思考方法——多题归一。为了这种"把题做透"的目标能够实现,教师必须少留作业。

5. 倡导学生从小进行学术研究。围绕中学数学内容,从初一到高三只要你去发掘,可以研究的课题大量存在。这里也一定要指出的是,醉翁之意不在酒,学生进行研究,最大的收获不是成果本身,更不是获奖,而是成长。

三、初高中数学的衔接教学

初中生经过中考的奋力拼搏,刚跨入高中,都有十足的信心、旺盛的求知欲,都有把高中课程学好的愿望。但经过一段时间,他们普遍感觉高中数学并非想象中那么简单易学。相当部分学生进入数学学习的"困难期",数学成绩出现严重的滑坡现象。渐渐地他们认为数学神秘莫测,从而产生畏惧感,动摇了学好数学的信心,甚至失去了学习数学的兴趣。造成这种现象的原因是多方面的,但最主要的根源还在于初、高中数学教学上的衔接问题。下面就这个问题进行分析,探讨其原因,寻找解决对策。

(一)高一学生学习数学产生困难是造成数学成绩下降的原因

1. 教材的原因

现行初中数学教材内容通俗具体,多为常量,题型少而简单,每一新知识的引入往往与学生日常生活实际很贴近,比较形象,并遵循从感性认识上升到理性认识的规律,学生一般都容易理解、接受和掌握。那些在高中学习中经常应用到的知识,如对数、二次不等式、解斜三角形、分数指数幂等内容,都转移到高一阶段补充学习。这样初中教材就体现了"浅、少、易"的特点。高中数学一开始,概念抽象,定理严谨,逻辑性强,教材叙述比较严谨、规范,抽象思维和空间想象明显提高,知识难度加大,且习题类型多,解题技巧灵活多变,计算繁冗复杂,体现了"起点高、难度大、容量多"的特点。

2. 教法的原因

初中数学教学内容少，知识难度不大，教学要求较低，且课时较充足。因而课容量小，教学进度较慢，对于某些重点、难点，教师可以有充裕的时间反复讲解、多次演练，能充分体现课堂教学中的师生互动。但高中数学知识点增多，灵活性加大和课时少，新课标要求通过学生的自主学习培养学生的创造性思维，因此，高中教学中往往会通过设导、设问、设陷、设变，启发引导，拓展思路，然后由学生自己思考、解答，比较注意知识的发现过程，侧重对学生思想方法的渗透和思维品质的培养。这使得刚入高中的学生不容易适应这种教学方法。听课时就存在思维障碍，不容易跟上教师的思维，从而产生学习障碍，影响数学的学习。

3. 学生自身的原因

（1）心理原因：高一学生一般是16岁，在生理上，正处在青春时期，而在心理上，也发生了微妙的变化。与初中生相比，多数高中生表现为上课不爱举手发言，课内讨论气氛不够热烈，与教师的日常交往渐有隔阂感，即使同学之间朝夕相处，也不大愿意公开自己的心事。心理学上把这种青年初期最显著的心理特征称为闭锁性。高一学生心理上产生的闭锁性，给教学带来很大的障碍，表现在学生课堂上启而不发、呼而不应。

（2）学法原因：初中三年的学习使得学生形成了习惯于围着教师转，满足于你讲我听、你放我录，缺乏学习主动性，缺乏积极思维，不会自我科学地安排时间，缺乏自学、看书的能力，碰到问题寄希望于老师的讲解，依赖性较强。而到了高中，许多学生往往沿用初中学法，致使学习出现困难，完成当天作业都颇困难，更没有预习、复习、总结等自我消化、自我调整的时间。这显然不利于良好学法的形成和学习质量的提高。

（二）搞好初高中数学教学衔接，帮助学生渡过学习数学"困难期"的对策

1. 做好准备工作，为搞好衔接打好基础

（1）搞好入学教育

通过入学教育提高学生对初高中衔接重要性的认识，增强紧迫感，消除松懈情绪。这里主要做好四项工作：

一是给学生讲清高一数学在整个中学数学中所占的位置和作用；

二是结合实例,采取与初中对比的方法,给学生讲清高中数学内容体系特点和课堂教学特点；

三是结合实例给学生讲明初高中数学在学法上存在的本质区别,并向学生介绍一些好的学法,指出注意事项；

四是请高年级学生谈体会讲感受,引导学生少走弯路,尽快适应高中学习。

(2)摸清底数,规划教学

在教学实际中,一方面通过进行摸底测试和对入学成绩的分析,了解学生的基础；另一方面,认真学习和比较初高中教学大纲和教材,以全面了解初高中数学知识体系,找出初高中知识的衔接点、区别点和需要铺路搭桥的知识点,以使备课和讲课更符合学生实际,更具有针对性。

2. 优化课堂教学环节,搞好初高中数学知识衔接教学

(1)立足于课标和教材,尊重学生实际,实行层次教学。

高一数学中有许多难理解和掌握的知识点,如集合、映射等,对高一新生来讲确实困难较大。因此,高一数学教学中,在速度上,放慢起始进度,逐步加快教学节奏。在知识导入上,多由实例和已知引入。在知识落实上,先落实课本,后变通延伸用活课本。在难点知识讲解上,从学生理解和掌握的实际出发,对教材做必要层次处理和知识铺垫,并对知识的理解要点和应用注意点做必要总结及举例说明。

(2)重视新旧知识的联系与区别,建立知识网络。

数学知识是相互联系的,高中的数学知识也涉及初中的内容。如函数性质的推证,求轨迹方程中代数式的运算、化简、求值。立体几何中空间转化为平面问题。初中几何中角平分线、垂直平分线上的点的集合,为集合定义给出了几何模型。可以说高中数学知识是初中数学知识的延拓和提高,但不是简单的重复,因此在教学中要正确处理好二者的衔接,深入研究两者彼此潜在的联系和区别,做好新旧知识的串连和沟通。

(3)重视展示知识的形成过程和方法探索过程,培养学生创造能力。

高中数学较初中抽象性强,应用灵活,这就要求学生对知识理解要透,应用要活,不能只停留在对知识结论的死记硬套上,这就要求教师应向学生展示新知识和新解法的产生背景、形成和探索过程,不仅使学生掌握知识和方法的本质,提高应用的灵活性,而且还使学生学会如何质疑和解疑的思想方法,促进创造性思维能力的提高。

(4)重视培养学生自学能力,变被动学习为主动学习。

在教学中培养自学能力要注重"导"与"学","导"就是教师在自学中起好引导、指导作用,开始教师列出自学指导提纲,引导学生阅读教材,怎样读,怎样归纳,教师逐步放手,学生逐步提高;"学"就是在阅读教材的基础上,使学生课前做到心中有数,上课带着问题专心听讲,课后通过复习,落实内容才做习题,作业错误自行做好"红笔"订正,这样能使学生开动脑筋,提高成绩,而学生有了自学习惯和自学能力,就能变被动为主动学习。

(5)重视培养学生自我反思自我总结的良好习惯,提高学习的自觉性。

高中数学概括性强,题目灵活多变,只靠课上听懂是不够的,需要课后进行认真消化,认真总结归纳。这就要求学生应具备善于自我反思和自我总结的能力。为此,我们在教学中,抓住时机积极培养。在单元结束时,帮助学生进行自我章节小结,在解题后,积极引导学生反思:思解题思路和步骤,思一题多解和一题多变,思解题方法和解题规律的总结。由此培养学生善于进行自我反思的习惯,扩大知识和方法的应用范围,提高学习效率。

3. 加强学法指导,培养良好学习习惯

高中数学教学要把对学生加强学法指导作为教学的重要任务之一,良好的学习习惯是学好高中数学的重要因素。培养学生良好的学习习惯,可以这样进行:引导学生养成认真制定计划的习惯,合理安排时间,从盲目地学习中解放出来;引导学生养成课前预习的习惯。可布置一些思考题和预习作业,保证听课时有针对性。还要引导学生学会听课,要求做到"心到",即注意力高度集中;"眼到",即仔细看清老师每一步板演;"手到",即适当做好笔记;"口到",即随时回答老师的提问,以提高听课效率。引导学生养成及时复习的习惯,下课后要反复阅读书本,回顾课上老师所讲内容,查阅有关资料,或向教师同学请教,以强化对基本概念、知识体系的理解和记忆。引导学生养成独立完成作业的习惯,要独立地分析问题,解决问题。切忌有点小问题,或习题不会做,就不假思索地请教老师同学。引导学生养成系统复习小结的习惯,将所学新知识融入有关的体系和网络中,以保持知识的完整性。引导学生养成阅读有关报刊和资料的习惯,以进一步充实大脑,拓宽眼界,保持可持续发展的后劲。加强学法指导应寓于知识讲解、作业评讲、试卷分析等教学活动中。另外还可以通过举办讲座、介绍学习方法和进行学习方法交流。

4. 选择恰当的教学方法

(1)处理教学内容时多举实例,增强教材趣味性、直观性;多用教具演示,借助多媒体辅助教学,帮助学生逐步增强空间想象能力;加强定义、概念之间的类比,逐步提高学生对教材理解的深刻性;对易混淆的概念(定理)对比学习;对公式、定理各字母的含义、适用范围、特例等做补充说明等来帮助学习,这些学习方法必须在教师的指导和帮助下,由学生亲身实践后,才能成为学生自身的学习方法和习惯,对于知识的结构性、整体性和问题的归类方法的选用要为学生做好充分的引导。如为了说明$\varnothing$与$\{\varnothing\}$的区别,可以类比空箱子放入空房子,房子不空。把个人与集体、小集体与大集体之间关系的相对性,联系到数学中元素与集合、集合与集合之间关系的相对性,可以使抽象的教材"活"起来,同时使学生逐步接受科学性和逻辑性都较强的高中教材。

(2)在课堂教学中多让学生参与,让学生有充分的时间思考,给学生讨论发言的机会,加之教师适时点拨,让学生多感受多体验,使学生想学、能学、会学。在时间许可的情况下,采用分组讨论的方式,甚至于让学生上黑板板书,让学生暴露思维中的错误观点。

(3)课堂教学的导言,需要教师精心构思,一开头,就能把学生深深吸引,使学生的思维活跃起来。如:在高一数学学习集合初步知识,集合是一个学生未接触的抽象概念,若照本宣科,势必枯燥无味,可以这样引入:"某同学第一次到商场买了墨水、日记本和练习本,第二次买了练习本和钢笔,问这个同学两次一共买了几种东西?"学生会回答应是4种,然而为什么不是$3+2=5$种呢? 这里运用了一种新的运算,即集合的并的运算:$\{a,b,c\} \cup \{c,d\} = \{a,b,c,d\}$,可见,这一问题中所研究的对象已不仅仅是数,而是由一些具有某种特征的事物所组成的集合。集合论是德国数学家康托在19世纪创立的,它是现代数学各个分支的基础和重要工具,等待我们去学习、研究、开拓、创新。这样,学生的注意力被吸引,使他们对学习知识产生了浓厚的兴趣。

在教学过程中,教师还要通过生动的语言、精辟的分析、严密的推理、有机的联系来挖掘和揭示数学美,让学生从行之有效的数学方法和灵活巧妙的解题技巧中感受数学的无穷魅力,并通过自己的解题来表现和创造数学美,产生热爱数学的情感,从枯燥乏味中解放出来,进入其乐无穷的境地,以保持学习兴趣的持久性。

5. 培养学生学习数学的兴趣

(1)推动学生进行学习的内部动力是学习动机,而兴趣则是构建学习动机中最现实、最活跃的成分。浓厚的学习兴趣无疑会使人的各种感受尤其是大脑处于最活泼的状态,使感知更清晰、观察更细致、思维更深刻、想象更丰富、记忆更牢固,能够最佳地接受教学信息。不少学生之所以视数学学习为苦役、畏途,主要原因还在于缺乏对数学的兴趣。因此,教师要着力于培养和调动学生学习数学的兴趣。在课堂教学过程中要针对不同层次的学生进行分层教学,注意创设新颖有趣、难易适度的问题情境,把学生导入"似懂非全懂""似会非全会""想知而未全知"的情境,避免让学生简单重复已经学过的东西,或者去学习过分困难的东西,让学生学有所得,发现自己的学习成效,体会探究知识的乐趣,增强学习的信心。

(2)重视培养学生正确对待困难和挫折的良好心理素质。

在高中数学教学中,注意运用情感和成功体验,调动学生学习热情,培养学习数学兴趣。学生学不好数学,少责怪学生,要多找自己的原因。要深入学生当中,从各方面了解、关心他们,特别是学困生,帮助他们解决思想、学习及生活上存在的问题。给他们多讲数学在各行各业广泛应用,使学生提高认识,增强学好数学的信心。在提问和布置作业时,从学生实际出发,多给学生创设成功的机会,以体会成功的喜悦,激发学习热情。

由于高中数学的特点,决定了高一学生在学习中的困难大、挫折多。为此,在教学中注意培养学生正确对待困难和挫折的良好心理素质,使他们善于在失败面前,能冷静地总结教训,振作精神,主动调整自己的学习方法,以尽快适应高中阶段数学学习。平时多注意观察学生情绪变化，开展心理咨询，做好个别学生思想工作。

总之，在高中数学的起步教学阶段，分析清楚学生学习数学困难的原因，抓好初高中数学教学衔接，能使学生尽快适应新的学习模式，从而更高效、更顺利地接受新知识和发展能力。

四、信息技术与教学的有效整合

以数字化、多媒体、智能化、网络化为特征的现代信息技术，正在改变人们传统的生活、学习和工作方式。以信息化带动教育现代化，教育信息化已成为社会信息化的重要组成部分，技术发展的趋势是不言而喻的。

数学与信息技术的相互促进与紧密结合，不仅形成了作为高新技术的核心成分和工具库的数学技术，也深刻地改变了数学的教学模式和学习方式，创设了新的教学学习环境。新一轮课程改革的到来，使得教师更加关注如何进行信息技术与数学课程的有机整合，从而提高课堂教学的有效性。

当前，以计算机技术为主体的信息技术的发展深深地影响了世界，也深刻地冲击和改变了整个数学世界。信息技术使当今数学变得更加现实，使数学模型思想发展到了前所未有的水平。在信息技术的支持下，数学家把头脑中的"数学实验"变成现实，对精深的数学概念、过程进行模拟。一道很难的计算题、一个很难想象的函数图像、一道复杂的方程，甚至是一个我们很难做出的几何图形等，只要给出算法，就能通过信息技术得到完美解决。由此可见，信息技术使得数学思想容易表达了，数学方法容易实现了，数学与现实的联系更加紧密了。

（一）信息技术与教学整合的理论依据

1. 现代教育技术理论

当今时代是信息时代，特别是多媒体技术、互联网络、信息高速公路的迅速发展，极大地改变了人们的工作、生活及互相沟通的方式。也改变了教师的教学方式和学生的学习方式。"现代教育技术就是运用现代教育理论和现代信息技术,通过对教与学过程和教与学资源的设计、开发、利用、评价和管理,以实现教学优化的理论与实践"。

2. 教育学理论

根据教育学的基本理论,信息技术与教学整合,利用多媒体以及网络教学,是一种很好的直观性教学手段,有利于学生很好地理解,有利于提高教育教学质量。根据教育学的基本学习理论和建构主义学习理论,教师是教学过程的组织者、指导者、知识意义建构的帮助者、促进者,教学资源的提供者、设计者;学生是知识意义的主动建构者,是学习的主体;教材所提供的知识是学生主动建构意义的对象;信息技术与教学整合,信息技术是创设学习情景、学生主动学习、协作探索,完成知识意义建构的认知工具,有利于提高教育教学质量。

3. 心理学的基本理论

根据心理学提出的"注意和兴趣是影响教学质量的重要因素"的理论。在教学中恰当地运用信息技术教学,声情并茂,协调学生多种感官的接受能力,无疑对激发学生的学习兴趣有着积极的意义。

(二)信息技术与高中数学教学整合的现状

目前信息技术与学科教学整合主要有三种形态:

1. 多媒体信息组合演示为主,即以教师使用信息技术为主的多媒体演示型教学模式。它是教师目前运用最早、最为得心应手的主流形态。

2. 网络环境下学生自主探究学习,即多媒体计算机和互联网能提供表现丰富、互动性强的学习环境,让学生更多、更好地获取关于客观事物规律及内在联系的知识,帮助学生进行积极的意义建构,这是信息技术与学科教学整合的典型形态。

3. 基于互联网资源的研究性学习,即围绕某项专题,利用网络搜寻与专题相关的信息,并对信息进行加工处理,以达到完成研究探索的任务。它是研究性学习与信息技术整合的一种开放形态,是现代教育的一种新形式。

(三)信息技术与高中数学课程整合的作用

1. 利用信息技术呈现以往教学手段难以呈现的内容

(1)变抽象为形象直观

在讲平行直线系 $y = x + b$ 或过定点的直线系 $y = kx + 2$ 时,利用几何画板,如图所示,分别拖动图(1)中的点 A 和图(2)中的点 B 时,可以相应地看到一组斜率为1的平行直线和过定点(0,2)的一组直线(不包括 y 轴)。再比如在讲椭圆的定义时,可以由"到两定点 F_1、F_2 的距离之和为定值的点的轨迹"入手,令线段 AB 的长为"定值",在线段 AB 上取一点 E,分别以 F_1 为圆心,AE 的长为半径和以 F_2 为圆心,BE 的长为半径作圆,则两圆的交点轨迹即满足要求。先让学生猜测这样的点的轨迹是什么图形,学生各抒己见之后,老师演示用几何画板演示,学生豁然开朗:"原来是椭圆。"这时老师可用鼠标拖动点 B(即改变线段 AB 的长),使得 $|AB| = |F_1F_2|$,满足条件的点的轨迹变成了一条线段 F_1F_2,学生开始谨慎起来并认真思索,不难得出 $|AB| < |F_1F_2|$ 时的情形。经过这个过程,学生不仅能很深刻地掌握椭圆的概念,也锻炼了其思维的严密性。

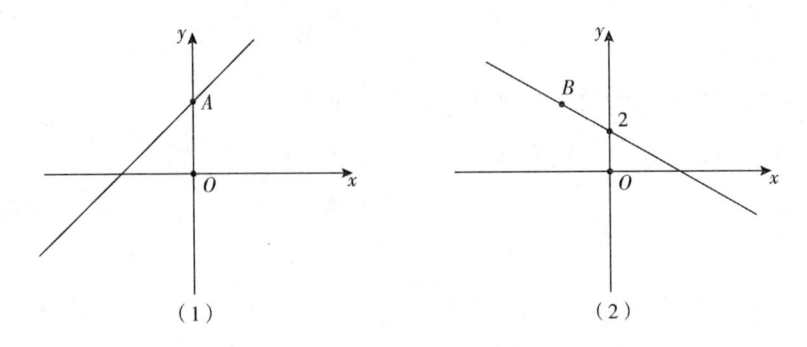

(1)　　　　　　　　(2)

(2)动态展示图像变换

在《函数 $y = A\sin(\omega x + \varphi)$ 的图像》一节的教学中,用《几何画板》制作课件,把 A、ω、φ 均设为参数,通过参数变化,向学生展示周期变换、相位变换和振幅变换,同时还能展示由 $y = \sin x$ 的图像通过变换得到 $y = A\sin(\omega x + \varphi)$ 的图像的全部过程。

(3)让几何体动起来

在立体几何的教学中,以往都是用教学模具辅助教学,给学生以直观形象,但几何模型难以展示图形内部的几何关系,更不能动态变化,在旋转体的定义教学中,用课件可以清楚地让学生看到圆柱、圆锥、圆台分别是矩形、直角三角形、直角梯形绕一边旋转而成。在"侧面积"教学中,通过课件可以展示各种多面体和旋转体的侧面展开图。在体积的教学中,通过课件展示斜棱柱与直棱柱、正棱柱之间的关系,展示圆柱、圆锥、圆台之间的关系。

2. 信息技术与课程整合能优化课程结构,提高课堂效率

(1)抄题不再费时,背景一目了然

以前,没有多功能教学平台,教学主要是靠讲解和板书。现在有了多功能教学平台,图像、声音、文字等多种媒体有机结合,旧的教学结构发生了改变,课堂容量增大,课堂效率得到了提高。以前最怕教的是应用题,题目要抄一大黑板,问题的背景难以说清,现在有了多媒体平台,题目用 Powerpoint 或是几何画板在屏幕上工整地展示出来,既清楚又快捷,还可以配上图片和动画,问题的背景一目了然。

(2)小结课学生自主学习

以前的章节小结老师总是不敢让学生自己完成,主要原因是时间紧,一节课如果把时间给学生后,老师就没有时间讲解,不讲总不放心,所以教师干脆把总结好的东西和盘托给学生,老师边讲边写,学生边听边抄。现在让学生自己归纳总结,然后在全班交流,老师最后展示事先准备好的总结,学生取长补短,不断完善,不仅巩固了知识,而且学会了学习。

(3)练习讲评课分层教学

练习讲评课也是以前"头痛"的课型。讲得太细,浪费了优等生的时间;讲得太粗,后进生又留下许多疑问。有信息技术作支持后,可把练习讲评课分为四步进行,第一步:公布结果,让学生先知道哪些对哪些错;第二步:自主探究,让学生自己找出自己的错误并在小组讨论;第三步:疑难点拨,对小组讨论不能解决的问题进行点拨;第四步:展示过程,将一些疑难题的解题详细过程展示给部分基础较差的同学看,同时出一些思考题让基础好的同学做。这样既体现了学生学习的自主性,也照顾到学生在学习上的个体差异。

(四)信息技术整合高中数学教学的实践

1. 利用信息技术,创设情景、化静为动,培养学生的好奇心和想象力

大家知道,好奇心和想象力是形成创造性思维的首要条件。因此在教学时应尽可能利用情景的创设,来激发学生的好奇心和想象力。

2. 利用信息技术,通过做数学实验综合训练思维能力和培养创新意识

直觉思维、形象思维、逻辑思维是数学学习必不可少的基本思维形式,在教学过程中让学生通过做"数学实验"主动发现,主动探索,实现三种思维的结合,不失为一种很好的培养方法。例如,在教学《正弦定理》时,运用几何画板软件在电脑上现场画出一个三角形,请学生用鼠标拖动三角形任意一个顶点,自己观察和发现:无论三角形的位置(横放、竖放、斜放)、形状(锐角三角形、直角三角形、钝角三角形)和大小怎么变,让学生观察 $\frac{a}{\sin A}$、$\frac{b}{\sin B}$、$\frac{c}{\sin C}$ 对同一个三角形是不变的。最后自己得出正弦定理。这样的教学由于是学生自己实验、观察得出的结论,学生对该定理的理解和掌握比传统教学要深刻得多。

3. 利用信息技术,化静为动,进行课堂演示,突破教学重点、难点,从而降低教学难度

传统教学过程中教师通过黑板、教具模型、投影片等媒体展示的各种信息,可由计算机加工成文字、图形、影像等资料,并进行一些必要的处理(如动画),将这些资料组合起来。课堂教学时,可以将计算机与大屏幕投影或电视连接起来,也可以在网络计算机教室中进行。例如,在教学三角函数线时,传统教学因较难展现其变化过程,从而造成学生对其不理解。利用几何画板在计算机屏幕上轻松地应用动画形式做出各种三角函数线,数形结合,把一个较为抽象的问题简单化,降低了教学难度。又如为了让学生较深刻地理解三种圆锥曲线的定义及性质,可以让学生利用几何画板做一次这样的数学实验。学生可以通过自己制作三种圆锥曲线的图像,思考 a、b、c 的选取是如何影响曲线的形状的?直观而自然地记住,并不需要由老师像传统教学中那样滔滔不绝地讲解,利用这种模式进行课堂教学,可以使抽象的数学知识以直观的形式

出现,能更好地帮助学生思考知识间的联系,促进新的认知结构的形成。不仅如此,运用信息技术,有利于降低知识理解的难度,培养严谨的思考习惯及求实的作风。例如:如图,直线 $y=\frac{1}{2}x$ 与抛物线 $y=\frac{1}{8}x^2-4$ 交于 A、B 两点,线段 AB 的垂直平分线与直线 $y=-5$ 交于 Q 点。(1)求点 Q 的坐标;(2)当点 P 为抛物线上位于线段 AB 下方(含 A、B)的动点时,求 $\triangle OPQ$ 面积的最大值;(3)求线段 PQ 中点的轨迹方程.

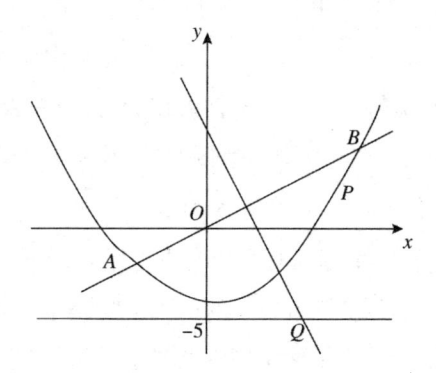

此题可以让学生利用几何画板动态地观察 $\triangle OPQ$ 面积的变化,及线段 PQ 中点的轨迹,然后书写完成解题过程。

4. 利用信息技术,进行自主的探究式学习

在信息技术环境发展的背景下,以学生为中心进行合作学习,以问题共同解决、培养能力为中心并且强调终身学习的思想将深入人心。例如,在《概率》的教学中,有一个探究活动:"用模拟方法估计圆周率 π 的近似值",用计算机模拟:在一个正方形内画一个内切圆,然后向其中撒芝麻,由落在圆内的芝麻数目和正方形内的芝麻数目比来探求 π 的近似值,学生积极探索问题的"做数学"的环境,利用它来做"数学实验",这样就能使学生在问题解决过程中获得真正的数学经验,而不仅仅是一些抽象的数学结论。

5. 利用信息技术,进行知识复习和学习评价

在课后,可以利用一些辅导软件来复习和巩固某些已经学会的知识和技能。我们在自己设计软件的同时,也可以借鉴和利用别人开发的软件,让学生在课后学习。

(五)信息技术与高中数学教学整合的反思

1. 学科整合使课堂更开放

在某节课中,教师设计了数学实验,让学生自主探索过一定点的直线与双曲线的交点个数,从而总结任意直线与双曲线的位置关系。在实验过程中学生可以移动定点到任何位置,而且类型的种数没有事先知道,由学生自主探索,这样的研究过程已经具有开放性。但是学生毕竟是在老师设计的研究方案下研究,假如数学实验的方案由学生设计好,并制作成课件,那么使研究更具有开放性,也全面地锻炼了学生的各种潜在能力,使探索过程更接近于数学家们研究数学的过程。当然,这需要老师和学生具备更强的信息技术能力。

2. 学科整合使难点的突破更有方向性

在探索过一定点的直线与双曲线的交点个数情况时,学生先找到其中的三种类型,而定点在双曲线的渐近线上的两种类型是本节课的难点,有这两种类型增加了探索的难度,提高了学生探索的热情,激发了学生的求知欲。在老师的点拨下,学生猜想验证、合作交流,终于完成了探索。但是总感到探索过程较盲目,信息技术与学科的整合没有很好地突破这个问题,使得探索更具有方向性。这还有待于在今后的探索和实践中改进。

3. 信息技术不能完全代替"手工操作"

在老师设计的数学实验中,学生自主操作、合作交流地学习新知识,老师实现了基本"无纸化"的教学,这样也造成学生的个别数学技能的缺失,如基本作图技能、计算能力等。因此不能盲目彻底地进行"无纸化"教学,不能把信息技术完全代替"手工操作"。例如已知直线和双曲线的方程,要判断交点个数,应让学生用笔和纸进行"手工操作"来解决此类问题。

总之,数学课程与信息技术的整合,改变了我们传统的数学教育思想与教学模式。倡导和探索信息技术和数学课程的整合,将复杂抽象的数学概念变得形象生动,提高了学生学习数学的兴趣,对于发展学生的"信息素养",培养学生的创新精神和实践能力,有着十分重要的现实意义。

五、学生数学学习心理探究

在我国教育改革正从应试教育向素质教育进一步转变的今天,高中数学教育,不仅要培养学生扎实的基本功、灵活的思维方式,更应重视对学生数学学习心理的探究与培养,以及学生学习潜能的开发。

(一)高中生数学学习的现状

1. 网络带来的困惑

现在的高中学生对一切充满好奇,对新鲜事物总想了解它,但他们在接受新事物的同时,无法不受不利因素干扰,网上游戏、聊天等的吸引力对他们来说要比书本上知识的吸引力更大,有些学生沉迷于网上的虚拟世界里,不但学习下降,性格还发生变化,成为思想上不健康的学生。

2. 家庭、学校带来的困惑

来自家庭、学校的无形压力往往使现在的高中学生喘不过气来,父母的关爱和老师的教诲,在对其形成动力的同时,也形成无形的压力,学生在和我交流时强调:谁不想上重点大学成为人才,谁不想成为父母的骄傲,谁不想受到老师的表扬,但有时看到自己在数学学习上与别人的差距,就会缺乏信心。

有的同学在现实学习生活中时常会被一些事感动着,也很容易下决心,尽管知道数学学习应当勤奋,但无法持之以恒,容易原谅自己,不喜欢听老师空洞的说教,比如刻苦学习等。喜欢听一些催人奋进的、真实的故事,但也只有三分钟热度。

3. 青春期的困惑

青春期的萌动、对异性的好奇使学生好表现,从而学习更有动力,这本是好事,可是如果男女同学交往处理不当,不但会严重影响学习,还会养成许多不良习惯,如打架、骂人、说谎等。同学之间的矛盾及偶尔出现的嫉妒心理,都是影响数学学习的不利因素。

由此可见,在高中这个年龄阶段的学生的心理特点呈现多样性和多变性,又主要表现为对周围的新生事物及现象产生极大的好奇心,对新生事物及现象产生的原因和过程有强烈的求知欲,对未知世界有敢于和勇于探索的精神。

(二)学生数学学习心理的培养

良好的数学学习心理是提高数学学习效率的重要因素。在教学过程中如果能很好地培养这些心理特点,就能培养学生学习数学的兴趣,从而使学生的学习潜能得以充分发挥。在高中数学教学过程中,我认为应注重培养学生以下几方面的学习心理:

1. 培养学生的期待心理

学生在以往的学习中,学习数学概念、公式、定理,获得解题的方法,由于多次练习已经在他们的心理品质中稳固下来,形成一种心理定式。他们在学习新知识、解决新问题时往往和这些稳固下来的方法直接联系起来,干扰影响新思路的形成,因而表现出对新知识接受的被动性和畏惧感,此时迫切需要教师进行心理辅导,借用学生生活中熟悉的非数学问题创设学习情景,将新概念、定理、公式的本质属性嵌入学生熟悉的生活情景中再提出来。

如在学习向量的加减法时设计问题:一艘货船航行 10km,再航行 8km,假设每一次的航行是同向的,求共航行多少 km?学生在分析了各种情况的可能性后,归纳出向量加减法的概念,从而进一步认识到:向量的加减法与实数的加减法有着根本的区别。通过上述问题,引发学生学习新知识的兴趣,从而培养了学生学习的期待心理。

2. 培养学生的求异心理

求异即与众不同,是创新能力的具体体现,鼓励学生提出自己的见解,即使错误的见解,也要给学生报以微笑,加以赞许。只有重视学生提出的问题,才能培养他们的求异心理。

例 1:已知 $\sin x + \sin y = a, \cos x + \cos y = b(b \neq 0)$,求 $\cos(x+y)$.

解法一:由 $\sin x + \sin y = a, \cos x + \cos y = b$,得

$$2\sin\frac{x+y}{2}\cos\frac{x-y}{2} = a \qquad ①$$

$$2\cos\frac{x+y}{2}\cos\frac{x-y}{2}=b \qquad ②$$

$\frac{①}{②}$,得 $\tan\frac{x+y}{2}=\frac{a}{b}$,

所以 $\cos(x+y)=\dfrac{1-\tan^2\dfrac{x+y}{2}}{1+\tan^2\dfrac{x+y}{2}}=\dfrac{b^2-a^2}{a^2+b^2}.$

还可鼓励学生从别的途径去考虑：

解法二：将已知两式分别平方得

$$\sin^2 x+\sin^2 y+2\sin x\sin y=a^2 \qquad ①$$

$$\cos^2 x+\cos^2 y+2\cos x\cos y=b^2 \qquad ②$$

①+②化简,得 $\cos(x-y)=\dfrac{a^2+b^2-2}{2}$ ③

②-①得 $\cos 2x+\cos 2y+2\cos(x+y)=b^2-a^2$

即 $2\cos(x+y)\left[\cos(x-y)+1\right]=b^2-a^2$

把③式带入上式,得 $\cos(x+y)=\dfrac{b^2-a^2}{a^2+b^2}$

3. 培养学生的反思心理

认知心理学和课堂实践都表明,对容易受负迁移影响的概念和容易形成肤浅认识的理论,与其一一给学生交代,正面引导,常常不如反面出击效果好。数学教学中,精心设计陷阱,让学生在常规思维思考中不自觉地掉入其中,然后鼓励学生去发现、探索,找出失误的原因,从而培养他们的反思心理。

例2: $\theta\in\left(0,\dfrac{\pi}{4}\right]$, $m>0$, $n>0$,求 $S=\dfrac{4m^2n^2}{m^2+n^2\tan^2\theta}\tan\theta$ 的最大值.

解: $S=\dfrac{4m^2n^2}{\dfrac{m^2}{\tan\theta}+n^2\tan\theta}\leq\dfrac{4m^2n^2}{2\sqrt{m^2n^2}}=2mn$

引导学生去发现陷阱（当 $\dfrac{m^2}{\tan\theta}=n^2\tan\theta$ 得 $\tan\theta=\dfrac{m}{n}$ 时,取"="）

因为 $\theta\in\left(0,\dfrac{\pi}{4}\right]$,所以,当 $m\leq n$ 时, $S_{\max}=2mn$.

若 $m > n$ 时,根据函数的单调性,

令 $y = \dfrac{m^2}{x} + n^2 x$,由 $x = \tan\theta, \theta \in \left(0, \dfrac{\pi}{4}\right]$ 是增函数,得 $x \in (0, 1]$

所以 $y_{\min} = m^2 + n^2$,故 $S_{\max} = \dfrac{4m^2 n^2}{m^2 + n^2}$.

4. 培养学生的探索心理

注意解题后的研究和探索,要对所学习题、例题进行反思,提出新问题,探索新题目,从不同角度观察,分析问题,拓宽思维,完善解题方法,探索解题规律,使思维在一定程度上形成新的定式。

例3:已知 $A + B = \dfrac{\pi}{4}$,证明 $(1 + \tan A)(1 + \tan B) = 2$.

可通过变化条件或结论让学生去探索:

①已知 A、B 都是锐角,且 $(1 + \tan A)(1 + \tan B) = 2$,求 $A + B$.

②$(1 + \tan A)(1 + \tan B) = 2$,求 A 与 B 的关系。

由此可见,数学学习心理的培养,应贯穿于数学教学的每一个环节,渗透到数学学习的全过程,只有这样,才能磨炼学生的学习意志,提高学习效率,达到开发学生潜能的目的。

(三)教学中应注意的问题

教师在高中数学教学中,应做到以下几点:

1. 教学模式的转变

改变教学理念和教学模式,不能采用填鸭式教学,教师应不断改变教学方法吸引学生,引导学生经历观察问题、发现问题、探究问题和解决问题,再回到实践中验证结论的正确性这一完整的过程,注重基础知识的讲解,这样不仅利于创新精神和实践能力的培养,更利于数学兴趣的培养。目前学生的学习兴趣是以自己学的好坏来确定的,有的学生由于数学基础差,对学习数学采用的是逃避的方式,教师的耐心、细心和教学方法的转化,在从根本上解决问题,使学生形成良好的学习氛围,真正做到让课堂教学焕发生命活力中起着重要作用。

2. 教师角色的转变

教师要爱学生,不能做"教育警察",而且要让学生切实体会到你对他的关爱,愿意将心中的困惑告诉你,同时要和学生一起面对困难,找到解决问题的途径,不能轻视学生,要尊重学生,和学生建立起平等、和谐的关系,真正成为学生的良师益友,多赏识学生,让学生有成就感,觉得学习是一种乐趣,而不是一种负担,做到由原来的被迫学转变为主动学。

3. 培养学生的自信心

循循善诱,对男女同学交往不能横加干涉,当众批评,要正确引导使他们形成良好的同学友谊,要成材先做人,激励机制要落到实处,不求人人成功,但求人人进步,每天表扬进步的学生,在教学过程中要注意学生良好的心理素质的训练,"大处着眼,小处入手",并持之以恒,培养学生自尊、自爱、坚毅等品格。

总之,教师应掌握好学生数学学习心理的特点,在教学中,加强数学学习心理的培养,设置适宜的难度,使学生在轻松愉快的学习氛围中,对数学学习产生浓厚的兴趣,这样,学生的数学学习能力就会增强,学习潜能就会得以更充分发挥。

六、数学乐学心理的培养

教学目标的实现,有赖于教学过程。教学过程的安排必须从学生的学情出发,学生是学习的主人,教师的教需要通过学生的学才能发挥其应有的作用。教学目标的实现必须依赖于学生的智力因素与非智力因素,只有这两方面有机结合,才能使教学效果达到最优化。

一般地说,智力因素是比较稳定的,而非智力因素是课堂教学中最活跃的成分,非智力因素对课堂教学的成败有很大的影响。因此,教师在设计教学程序时,依据教学内容、特点和学生的心理特征,创设迎合学生心理的教学氛围,富有成效地调动非智力因素,是取得良好教学效果的重要途径。

在教学过程中,教师要致力于创设亲切愉快的教学情景,让课堂 45 分钟成为学生每天的快乐时段,也使数学成为学生乐学的科目。在教学过程中,教师主要可通过下列几个方面来实施"乐学"教学。

(一)使学生觉得有亲切感

亲切感一方面指教师个人的亲和力,另一方面指知识内容与学生的认知实际零距离。具有较强亲和力的教师,易实现师生间在平等、和谐的氛围中进行沟通,学生极可能因喜欢数学老师而乐学数学。数学内容保持与学生认知实际零距离,消除学生的畏难心理,是实现学生进一步深入学习数学的关键,在课堂上举一些与社会、生活有关的例子,能使学生倍感亲切,在教学新内容、探索新知识时,从学生已熟知的知识入手,联系学生已掌握的解决问题的方法来解决新问题,把难题化整为零,铺平一小段坦途,能够较好地把学生初步引入数学世界。否则,学生在未深入学习数学之前就退避三舍,教师再费心力,也会事倍功半。

(二)使学生感到有兴趣

中学生的学习都带有一定的情感因素,如学习动机、学习兴趣、自我观念和对数学美的鉴赏等。学生对待数学的态度有很大的差异,有人认为数学就是抽象的符号、刻板的法则和枯燥的公式,因此,他们对数学既害怕又反感,有人却酷爱数学,迷恋数学,为解决数学难题苦思冥想,废寝忘食,把解决困难的探索活动视为乐趣。这种差异在很大程度上是由于学生对数学的兴趣和对数学美的领悟程度不同。所以要使学生能主动地学习数学,首先就要使学生对所学的内容感到有趣,特别是对于开课的引入环节。良好的开端是成功的一半,起讲抓得住人,如同磁力吸铁一般,促使学生的注意力集中指向教学内容。

开课的引入尽量做到别开生面。例如:教学高一第一课《集合的概念》时,教师开课就问:"谁学习成绩最好?"不少学生马上指出本班中考成绩最高的那一位学生,教师则提出其他年段,甚至其他地区的多个人选,由此指出,研究问题,往往对研究的对象先进行范围界定,今后为便于进行这样的"界定",我们引入集合的概念,随即提出学习"集合"的任务。又如教学"映射"一节时,教师开口就叫"16号",16号学生应声而起,教师随即礼貌地让该生坐下,课堂上立即产生一阵小骚动,教师则就座号和学生的关系引入"映射"的概念。有趣的开篇引入,引发了学生的学习兴趣,配上饶有趣味的教学内容,偶尔展示一两手"巧妙"的解答,再加上数学本身的规律美、严谨美,对学生产生了巨大的诱惑力,有效地激发了学生的求知欲。这时,教师因势利导,便能使学生带着愉快和求知的心境很快进入"角色"。

(三)使学生感到好奇

中学生的好奇心特别强烈,教学中教师要善于开发和利用学生的好奇心,创造特定的情境,激发和迎合他们的好奇心理,并以好奇心为动力,推动学习活动的进程。如早些年教数列的应用时,教师提出如下问题:现在我国的 GDP 为 5000 亿美元,日本为 3 万亿美元,美国为 6 万亿美元,如果中、日、美三国的年均增长率分别为 7%、2%、2%,问我国的 GDP 总量何时能赶上日本,又何时才能赶上美国,东方龙真的能腾飞吗?学生在好奇心的驱动下,不等教师下达任务,立即动手解答,他们真想早点知道答案。

教学过程中,教师经常制造悬念、巧问、巧答,让学生不断领略到数学知识的神奇风采,学生在求知的同时,也能得到极大的心理满足。

(四)使学生感到有"惑"

有惑,就是指要使学生在学习过程中心生疑窦。中学生都有好问的特点,教师在教学中要捕捉他们这种心理,依据数学内容的特点,设计一些特殊的问题,促其生疑,诱其有惑,让学生在学习进程中产生疑惑,在探索过程遇到障碍,形成认知冲突。"冲突"一旦形成,便可萌生排除"冲突"的强烈欲望,疑难愈多,进步就愈大,学生在不断地解惑中得到进步,又在不断地进步中乐趣倍增,趣味更浓,乐学也就能持续得更久。如在讲解求二次函数的最值方法时,可先让学生解下面的题目:

已知 m、n 是方程 $x^2 - 2ax + a + 6 = 0$ 的两根,求 a 取何值时,$y = (m-1)^2 + (n-1)^2$ 取最小值,并求出最小值.

学生利用配方法很快得到下列的解法:

解：由题意，得 $\begin{cases} m+n=2a, \\ mn=a+6. \end{cases}$ 于是

$y = m^2 + n^2 - 2(m+n) + 2 = (m+n)^2 - 2mn - 2(m+n) + 2 = 4\left(a - \dfrac{3}{4}\right)^2 - \dfrac{49}{4}.$

故当 $a = \dfrac{3}{4}$ 时，$y_{\min} = -\dfrac{49}{4}.$

教师将上述错解抄写在黑板上，让他们明辨真伪。不少学生一时琢磨不定，疑惑顿生，也就是要求解惑。教师抓住时机，启发和帮助学生找出错解的根源，即忽略判别式 $\Delta \geq 0$ 这一隐含的条件。并给出正确的解法：

正确解法：因为方程有两实根，故 $\Delta = (-2a)^2 - 4 \times 1 \times (a+6) = 4a^2 - 4a - 24 \geq 0$，即 $a \geq 3$ 或 $a \leq -2$.

当 $a=3$ 时，$y=8$；当 $a=-2$ 时，$y=18$。所以，当 $a=3$ 时，$y_{\min}=8.$

这样在学生力所能及的范围巧设悬念，使他们能从错误的解法中，领悟到正确的解法，并能愉快地接受一些解题方法和技巧。

（五）使学生有成功感

当学生在某一方面获得一次成功后，即使他们的"成功"只不过是解决了一些不很复杂的习题，学生也会像完成了一项重大的科研一样，感到兴奋，继而对数学产生亲切感。此时必然会产生巨大的内驱力，驱使他们向着第二次、第三次……的成功迈进，从而形成持续稳定的兴趣。所以，教学中教师要努力创造条件，使每一个学生都能在不同的基础上取得不同层次的成功，使他们体味到通过自己努力所取得成功的快感。在《三角函数》一章的复习时，教师引导学生利用 $\sin(\alpha \pm \beta)$、$\cos(\alpha \pm \beta)$ 的四个展开式，导出和差化积、积化和差、倍角公式、半角公式，经过学生多次动手，把整套公式全推导出来。课后，同学们感慨地说："我们再也不怕背三角公式了。"

值得一提的是，课堂教学是师生心理交往的过程，师生的心理交往的基础是情感交往。教师对学生的爱护激发学生努力完成学习任务。学生的自尊心很强，它往往是激励学生奋发向上的动力。因此，教师要在课堂教学中恰如其

分地运用批评和表扬的方式,以此来强化学生因获得成功而欢乐的心理,增强学生的自信心。

(六)使学生有竞争意识

现代心理学指出,随着学习活动的进展,不安感强的学生,学习成绩会更突出。中学生普遍都有争强好胜的心理,自我表现的意识很强,总想找机会显露自己,以便能赢得教师的赞赏和引起同学们的注意。一旦他们能在竞争中取胜,就能产生快感,乐于继续发扬优点和提高成绩。因此,在课堂教学中要注意培养学生的好胜心,适时引进竞争机制,开展形式多样的小型"数学竞赛",着意营造一种积极的互相竞争的学习气氛,使各种层次的学生都能有表现自我的机会,获得心理上短暂性的平衡。

从另一角度看,引入竞争机制,不但能使大多数学生能够志向一致,而且对少数缺乏学习动机和积极性的学生也能起到很好的鞭策和同化作用,促使他们融入积极思维的竞争氛围。

(七)使学生保持兴趣的持久性

数学学习过程需要学生保持学习兴趣的持久性。要做到让学生在课堂上长"乐"不"乏",教师要做生活和时事的有心人,要有丰富的生活积累和敏捷应对能力。例如,对"一解多题"和"通解"问题,教师提出一个很时新的名词"数学中的成片开发",学生就为这个新词,乐了好几分钟。又例如,上课时,有个别同学打瞌睡,教师停下讲课,目视全班,教室一静,那同学惊醒了,我坏笑着说:"怕吵醒你,所以停下来,想不到反让你睡不着,抱歉!"听了这话,谁不提提神?

教师要生性乐观,要像爱自己的子女弟妹那样善待学生。活跃课堂气氛是围绕教学展开的,课堂幽默应有品味,忌低俗粗野;手法要多样化,忌重复。把巧妙的比喻、适当的夸张(包括自谦、自嘲多种手法),应用到课堂语言中,都可随时随地为学生找得一乐,只有教师有心,数学课堂上就能常听到学生的欢笑声,更能见到学生会意的微笑和满足的神情。

七、有效教学设计案例

中学数学的课堂教学非常注重高效教学,无论是高一、高二的新课还是高三的复习课,高效教学都是热点和重点。众所周知,数学是一门自然学科。对于所有的高中生来说,要学好这门学科,却不是一件容易的事。大多数高中生对数学的印象就是枯燥、乏味、没有兴趣。"怎样才能学好数学?"成了学生问得最多的问题。而怎样回答这个问题便成了教师们的难题。很多人便单纯地认为要学好数学就是要多做题,见的题多了,做的题多了,自然就熟练了,成绩就提高了。于是,"题海战术"便受到很多教育工作者的青睐。俗话说:"熟能生巧。"当然,多做题肯定对学生数学成绩的提高有一定的好处。但长期这样,只会使数学学习越来越枯燥,让学生越来越厌烦,于是出现厌学、抄作业等现象。

要使学生学好数学,还是要从提高学生的数学思维能力和学习数学的兴趣上下功夫。中学数学教学的目的,应当表现为通过教授数学知识,把知识的学习和能力的培养结合起来,通过知识的教学,培养学生的能力,在能力提高的基础上,不断发展和完善学生的素质。教师要利用书本上有限的例题和习题来提高学生的学习兴趣和能力。在数学教学过程中,通过利用一切有用条件,进行对比、联想,采取一题多解与一题多变的形式进行教学。这对培养学生思维的广阔性、深刻性、探索性、灵活性、独创性无疑是一条有效的途径。另外,在能力提高的过程中,学生的成就感自然增强,并且在不断地变化和解决问题的不同途径中,兴趣油然而生。教师要高效利用课堂教学的 45 分钟时间,无论是课题的引入、问题的抛出,还是例题的讲解、习题的布置以及作业的合理选择等,教师都必须精心设计,才能让课堂高效。数学课堂教学的核心是培养学生的数学思维,高质量的数学课就必须注重数学的特征,尤其是在解题中注重连通性、变通性,才能让学生有所感有所悟,而要在这方面做得有效,例题教学尤其是相应的变式教学非常重要。这里就一堂高三数学复习课《数形结合思想在向量中的应用》的教学设计,谈谈如何构建高效课堂,在课堂教学中如何才能更有效地让学生领悟数学思想,活用数学解题方法。和通常的复习课一样,本着"低起点、高要求"的目标,先抛出一组判断是非题:

1. 若 $\vec{a} \cdot \vec{b} = 0$,则 $\vec{a} = \vec{0}$ 或 $\vec{b} = \vec{0}$;

2. 若 $\vec{a} \neq \vec{0}$,且 $\vec{a} \cdot \vec{b} = \vec{a} \cdot \vec{c}$,则 $\vec{b} = \vec{c}$;

3. 若 $\vec{a} \perp \vec{b}$,则 $|\vec{a} + \vec{b}| = |\vec{a} - \vec{b}|$;

4. 若 $\vec{a} = (\cos\alpha, \sin\alpha)$,$\vec{b} = (\cos\beta, \sin\beta)$,则 $(\vec{a} + \vec{b}) \perp (\vec{a} - \vec{b})$。

这组题的设计意图既可以用数的方法求解,也可用形的方法求解,通过比较两种解法的优劣让学生感受数形结合的简洁美。其次,利用向量加、减法的几何定义构建"平行四边形对角线",为后面构建几何图形做铺垫。

进而让学生思考:

若向量 $\vec{a} = (1, -2)$,是否存在满足下列条件的向量 $\vec{b}$,使 $|\vec{a} + \vec{b}| = |\vec{a} - \vec{b}|$ 且 $(\vec{a} + \vec{b}) \perp (\vec{a} - \vec{b})$ 成立.

此题是对是非判断题的巩固与延伸,可利用已知条件构建正方形,求解过程中转化为坐标运算。

至此提出本节课题及例题,课题——《数形结合思想在向量中的应用》。

例1:若 $\overrightarrow{OA} = \vec{a}$,$\overrightarrow{OB} = \vec{b}$,则 $\angle AOB$ 平分线上 $\overrightarrow{OM}$ 的向量为(　　).

(A) $\dfrac{\vec{a}}{|\vec{a}|} + \dfrac{\vec{b}}{|\vec{b}|}$　　　　　　(B) $\lambda\left(\dfrac{\vec{a}}{|\vec{a}|} + \dfrac{\vec{b}}{|\vec{b}|}\right)$,$\lambda$ 由 $\overrightarrow{OM}$ 决定

(C) $\dfrac{\vec{a} + \vec{b}}{|\vec{a} + \vec{b}|}$　　　　　　(D) $\dfrac{|\vec{b}|\vec{a} + |\vec{a}|\vec{b}}{|\vec{a}| + |\vec{b}|}$

变式一:O 是平面内一定点,A、B、C 是平面内不共线的三个点,动点 P 满足 $\overrightarrow{OP} = \overrightarrow{OA} + \lambda\left(\dfrac{\overrightarrow{AB}}{|\overrightarrow{AB}|} + \dfrac{\overrightarrow{AC}}{|\overrightarrow{AC}|}\right)$,$\lambda \in [0, +\infty)$,则点 P 的轨迹一定通过 $\triangle ABC$ 的(　　).

(A)外心　　　　　　(B)内心

(C)重心　　　　　　(D)垂心

变式二：平面四边形 $ABCD$ 中，$\vec{AB} = \vec{DC} = (1,1)$，$\dfrac{\vec{BA}}{|\vec{BA}|} + \dfrac{\vec{BC}}{|\vec{BC}|} = \sqrt{3}\dfrac{\vec{BD}}{|\vec{BD}|}$，则四边形 $ABCD$ 的面积为_____.

例2：已知 $|\vec{a}| = |\vec{b}| = 1$ 且向量 $\vec{a}$、$\vec{b}$ 的夹角为 $120°$，问实数 x 为何值时，$|\vec{a} - x\vec{b}|$ 的值最小，并求此时 $\vec{b}$ 与 $\vec{a} - x\vec{b}$ 的夹角.

变式：已知向量 $\vec{a}$、$\vec{b}$、$\vec{c}$ 相互间的夹角为 $120°$，且 $|\vec{a}| = |\vec{b}| = |\vec{c}| = 1$，证明 $(\vec{a} - \vec{b}) \perp \vec{c}$.

例1让学生通过构建图形，判断角平分线上向量满足的条件，从而得出正确的答案。同时通过两个变式训练（逐渐增加思维含量）让学生体会一题多变、多题归一及题目之间的联系，寻找解题的方法，发现解题的共性。

一题多变是在原有的基础上改变部分条件或者结论，形成新的问题，在不断地变形过程中，使学生关注前后联系，抓住问题本质，利于发展学生的创造性思维能力。多题归一则是看似不同的问题在解决过程中用到了同样的类似的解法，多题归一可以发展学生的抽象概括能力，使学生看清数学的本质。在数学习题教学中，一题多变要循序渐进，步子要适宜，要变得自然流畅，使学生的思维得到充分发散，而又不感到突然。

例2及变式启发引导学生从数、形两种角度求解，并引导学生利用坐标表示及运算求解。通过本题让学生感受到数形结合的简洁，同时渗透转化的思想，本题通过一题多解，启发了学生的思维，开阔了学生思路。一题多解，培养学生综合分析、解决问题的能力。通过构建图形培养学生的探究能力，发散思维能力，激发学生学习的积极性。

应该说，一题多解对于培养学生从不同角度、不同侧面去分析问题、解决问题，加深对教材和知识的理解，提高他们的学习能力是十分必要的。但一题多解的最终目的不是来展示有多少种解决问题的途径，也不是所有的题目都需要用多种方法去解决，而是要寻找一种最佳、最近的途径，也就是说，掌握一题多解的最终目的是为了一题一解。

解决问题的过程实际上就是寻求认识问题的正确途径，找到解决问题的有效方法，这是培养学生提高学习能力的根本所在。因此，教学中教师不仅要善于诱导学生去发现问题,更要善于帮助他们总结归纳问题,使其认知水平有所提高。

在一题多变、一题多解的基础上,启发引导学生对本节课归纳总结:

(一)研究向量问题常用方法及应注意问题

方法 $\begin{cases} \text{运用向量知识运算,} \\ \text{构造几何图形,} \\ \text{建立坐标系,利用坐标运算。} \end{cases}$

注意 $\begin{cases} \text{向量的大小(模),} \\ \text{向量的方向(夹角),} \\ \text{自由向量的可平移性。} \end{cases}$

(二)注重数形结合及转化等数学思想方法的应用

通过学生的归纳总结,一方面了解学生对本节课的接受情况,另一方面培养学生的归纳总结能力,使知识系统化、条理化。在此基础上布置课后作业。

课后作业

必做题:

1. $\triangle ABC$ 中,已知 $AB=2, BC=3, \angle ABC=60°, AH \perp BC$ 于 H,点 M 为 AH 的中点,若 $\overrightarrow{AM} = \lambda \overrightarrow{AB} + \mu \overrightarrow{BC}$,则 $2\lambda - 3\mu$ _____.

2. 在平行四边形 $ABCD$ 中,$A(1,1), \overrightarrow{AB}=(6,1)$,点 M 是线段 AB 的中点,线段 CM 与 BD 交于点 P.

(1)若 $\overrightarrow{AD}=(3,5)$,求点 C 的坐标;

(2)当 $|\overrightarrow{AB}| = |\overrightarrow{AD}|$ 时,求点 P 的轨迹.

选做题:

已知原点 O 是 $\triangle ABC$ 的外心,$AB=2, AC=3, x+2y=1$,若 $\overrightarrow{AO} = x\overrightarrow{AB} + y\overrightarrow{AC}$ ($xy \neq 0$),则 $\cos \angle BAC =$ _____.

课后作业设计为必做题及选做题,以满足不同层次学生的需要,同时注重训练学生一题多解和一题多变,也是对本节课内容的进一步巩固。

另外,在把变式题布置给学生的同时,还可要求学生运用一题多解,甚至要求学生自己对题型进行变式。这样的作业方式不只可以达到复习巩固的目的,还可以提高学生的探究能力及学习数学的兴趣。

在课后追踪过程中,我们惊喜发现,通过本节课的教学,大多数学生都掌握了向量问题的解决方法,能选择适当方法顺利解决与向量有关的问题。

总之,在数学教学中,精选例题及习题,尽可能采用一题多解与一题多变的形式进行教学,有助于启发学生分析思考,逐步把学生引入胜境,从而使学生开拓知识视野,增强能力,发展创造思维,同时还可以帮助学生对知识系统性、特殊性、广泛性有更深刻的理解,这样的课堂无疑是高效课堂。

参考文献

[1]中国人民共和国教育部. 普通高中数学课程标准[M]. 北京:人民教育出版社,2017.

[2]马复. 设计合理的数学教学[M]. 北京:高等教育出版社,2003.

[3]郑毓信. 数学教育:从理论到实践[M]. 上海:上海教育出版社,2004.

[4]皮连生. 学与教的心理学[M]. 上海:华东师范人学出版社,2003.

[5]徐斌艳. 数学教育展望[M]. 上海:华东师范大学出版社,2001.

[6]周春荔,张景斌. 数学学科教育学[M]. 北京:首都师范大学出版社,2001.

[7]徐斌艳. 数学课程与教学论[M]. 杭州:浙江教育出版社,2003.

[8]张大均. 教与学的策略[M]. 北京:高等教育出版社,2003.

[9]李小文,王莹. 教学策略[M]. 北京:高等教育出版社,2000.

[10]熊川武. 反思性教学[M]. 上海:华东师范大学出版社,1999.

[11]吴庆麟. 认知心理学[M]. 上海:上海科学技术出版社,2000.

[12]皮连生. 知识分类和目标导向教学——理论与实践[M]. 上海:华东师范大学出版社,1998.

[13]刘安君,孙全森,汪自安. 数学教育学[M]. 济南:山东教育出版社,1997.

[14]吴庆麟,等. 认知教学心理学[M]. 上海:上海科学技术出版社,2000.

[15]马复. 设计合理的数学教学[M]. 北京:高等教育出版社,2003.

[16]陈琦,刘儒德. 当代教育心理学[M]. 北京:北京师范大学出版社,1997.